RUNNING WITH SHERMAN

The Donkey with the Heart of a Hero

一起奔跑吧，小毛驢耍曼！

熱血跑步專家
跟一隻小毛驢的雄心壯志

Christopher McDougall
克里斯多福・麥杜格——著
莊安祺——譯

謹代表雪曼，

把本書獻給三位

把歡樂和冒險帶入我們生活的女性：

美嘉、瑪雅和蘇菲。

要成就偉大的志業，需要兩個條件：
計畫，以及不太夠用的時間。

——李奧納德・伯恩斯坦（Leonard Bernstein）

目次

1 黑暗中的影子

小貨車駛進我們車道的那一秒，我就知道事有蹊蹺。我等魏斯已經等了一個多小時，現在他雖然連車子都還沒停好，但他眼中的神情卻已經警告我：要鼓起勇氣來。

「牠的情況不好，」魏斯下車時說：「比我想的還要糟。」我認識魏斯已經十多年了，幾乎是我們夫妻從費城移居到這個賓州艾米許（Amish）社區的小農場那天起，就和他交上了朋友，但我從沒看過他這麼沮喪。我們一起走到小貨車後面，拉開拖車的門。

我往裡面看了一眼，接著立刻伸手到口袋裡拿手機。幸好我有我需要的電話號碼。

「史考特，你得過來一趟。情況真的很糟糕。」

「好，」史考特說，「你只要讓牠舒服就好，我明天早上就過去。」

「呃，不行。我想你最好，嗯，非得——」我停頓了一秒鐘，解開打結的舌頭。史考特才是專家，我不是，但我認為情況很緊急。我再度向他描述我看到的情況。

拖車裡面是一頭灰色的驢子，皮毛上都是結塊的糞便，使牠的白肚子變成了黑色。在毛皮撕裂的地方，幾乎可以確定綻開的皮膚上長滿了寄生蟲。牠的體型像桶子，因為食料不佳而浮腫，牠的嘴巴一塌糊塗，一顆牙齒爛到一碰就掉。最糟的是牠的蹄子，長得太長了，簡直就像巫婆的爪子。

「史考特，說真的，你非得來看看這個不可。」

「不用擔心，」史考特說，「我什麼都見過。明天早上過去你那裡。」

這頭驢子的主人是魏斯的教友。魏斯本來就是個大好人，他又是門諾會信徒（Mennonite），奉行信仰，致力幫助有需要的人，或者在本例中，幫助動物。魏斯發現有個教友有囤積動物的毛病，他光是收容動物，卻不好好照顧。他把山羊和一頭驢子都關在搖搖欲墜的汙穢穀倉裡。這人失了業，因此他這種癖好讓他家人也很困擾；原本要用來買食物和付房租的錢被用來買動物飼料。魏斯和幾位教會長老試圖說服囤積者放棄這些寵物，但他不肯讓步。最後魏斯硬著頭皮，把他奉行不渝的誠實原則伸展到極限。他問對方，如果我們把這些動物送走兩年怎麼樣？就兩年而已。我們會給牠們找個好家庭，讓牠們保持健康，讓你有時間打造圍欄，並清理畜舍。魏斯告訴自己，這不算真正的謊言，而比較像是希望——希望兩年的時間足以讓這名囤積者忘記這些可憐的動物，過他自己的生活。

「試試看吧？」魏斯不屈不撓地問。

「好吧，」囤積者答道，「但是得要為牠們找個好人家。」

魏斯立刻開始著手。山羊很容易安排——蘭開斯特（Lancaster）郡的居民都把牠們當成免費割草機，但是驢子卻很難送掉：牠們的脾氣壞得出名，總是咬人和踢人，在農場上毫無用處。牠們不能擠奶或屠宰，在許多情況下甚至連騎乘也不行。用乾草和飼料餵養牠們可能要花不少錢，而且這還不算為牠護理牙齒、驅蟲和接種疫苗要花的大把銀子。

那我為什麼想要養牠？

我可不想，至少在我仔細瞧牠的這個時候，這是可以肯定的。從都市移居到鄉下的我們，一開始對農場生活一竅不通，我們夫妻先試著養了一些入門動物，覺得很有趣。首先是出現在我們家後門的一隻流浪黑貓，牠不但活了下來，而且留在附近，接著我們就進一步在後院養雞，然後又從一位艾米許鄰居那裡借來一隻羊，想看看我們能不能應付牠，就像幼稚園學童週末把班上的寵物龜帶回家養養看一樣。魏斯的農場就在我們農場隔壁，他問我願不願意養他要營救的一頭驢子，我想有何不可？我們可以把牠放養在後院，讓孩子們餵牠吃蘋果核。不過在我們看到牠之前，我並沒有答應，魏斯倒不在乎，他說，驢子的主人很難纏，而他對我也有同感。

因此一天下午，我帶著兩個年幼的女兒赴囤積者的家去察看情況，不過這只是表面的幌子；私底下，我們連車都還沒上，女兒和我就已經下定決心，除非這頭驢子是狂暴撒野的瘋子，否則我們一定要帶牠回家。一路上我們規劃了各種方案，要設法說服媽咪同意養驢子，我們也討論了未來寵物的名字。

「撞頭機？」

「不要！」

「蘇洛？」

「不要！不過，也許吧。」

可是等我們一到，就再也說不出話來了。囤積者的穀倉在一片泥濘之中，搖搖欲墜，彷彿打個噴嚏就會讓它倒塌。我們艱難地走進去，在陰暗中使盡眼力，還得把陷入泥中的靴子拔出來。前一天下了一場大雨，使其中一個畜欄水淹得很高，兩隻山羊不得不站在稻草上，才不會被水淹到。山羊旁邊是另一個畜欄，像地牢牢房一樣漆黑又狹窄，裡面有另一個生物，牠靠在後牆上，根本看不清。囤積者出聲喚牠，還吹口哨，並伸手拿出一些飼料。

慢慢地，陰影從黑暗中冒了出來。牠的長耳朵豎起來，緊張地抽動著，奮力朝我們邁出一步。這頭驢子被糞便和腐爛的稻草淹到膝蓋，狹窄的畜欄緊緊箍著牠，幾乎難以轉身。囤積者把飼料倒入我女兒的手中。她把手伸出去，驢子把頭朝我們伸來，輕輕地在她的手掌嗅聞。女兒和我默默地凝視著牠。我們不再在乎養不養寵物，我們只想讓牠趕快離開那裡。

囤積者同意把牠讓給我們，但是一夕之間又改變了主意。次日一早，魏斯拉著拖車出現時，囤積者又堅持不讓驢子走，說驢子和他是一家人，一家人就得在一起。

「記得嗎，只是等到牠好一點為止。不過是兩年而已，」魏斯一遍又一遍地重複，直到最後囤積者讓步，打開了畜欄的門。這時魏斯才發現驢子的蹄子因為疏於照顧，幾乎不能走路。魏斯和囤積者一起努力，一次一步地把這頭病懨懨的動物從黑暗的穀倉中放出來，進入陽光下，然後轉往牠的新家。

「如果牠沒辦法行走，我們怎麼讓牠從拖車上下來？」我問魏斯，一邊擔心他可能真的胸有成竹說出答案。我屏住呼吸，沉默地敦促他說辦不到，他得趕快把驢子送到某種動物庇護所或急救機構，或者任何可以處理絕望動物的地方。

「我想應該要慢慢來，」魏斯答道。他拉住了驢頸周圍那破舊的綠色籠頭，輕輕地向前拉。我

雪曼來到我們家。

該做什麼，到後面去推？那看起來會像攻擊行為。而且就我對驢子不多的瞭解，推牠可能會使我置身危險，憤怒的驢蹄可能會踢上我的膝蓋。或許我該把牠抬高一點？

我用雙臂圍著驢子的背，兩手抱住牠的腹部，笨拙地想把牠抬高，讓牠的體重從有毛病的蹄子移開。要是牠一腳踢來，我也已經準備好跳開，但牠似乎毫無鬥志，看起來茫茫然，像是從地下室拖出來的發霉玩具，而不是活生生的動物。牠小心翼翼，一步一步慢慢地走。只有在我們催促牠時牠才走，如果我們不催牠，牠就停下來，彷彿不記得自己曾經有過自行思考和行動的時候。等我們到了卸貨車道的盡頭時，驢子甚至不會咀嚼腳下美味的青草；牠又變回了絨毛玩具，垂著頭，一動也不動。

魏斯急著要走。他家裡有一百五十頭乳牛等著要擠奶，而他和那囤積者最後一回合的人質談判花了太多時間，使他的工作早就落後。魏斯祝我好運，並承諾第二天會來看看我們和這頭病驢的情況如何。我在依舊不動的驢子面前放了一桶清水和一些乾草，看了一下我的手表。兩個女兒馬上就要放學回家，我想要先準備好一個行動計畫，減輕驢子外表會造成的衝擊，讓她們知道這頭動物總會沒事的，只是我一點頭緒也沒有。我們原本是想幫助有需要的動物——但是這種需要超出了我的任何想像。

2 弓鋸手術

第二天一早，我們的救世主大駕光臨。「別擔心，」前一天晚上我向女兒保證：「史考特知道該怎麼辦。」果不其然，史考特帶著自信的笑容從卡車上跳了出來，只是他的微笑很快就消失了。

他說：「我什麼都看過，就是沒見過這個。」

白天，史考特是賓州丹斯柯（Dansko）公司的業務代表，這家公司生產的木屐鞋深受廚師和舞者的喜愛。晚上，史考特的注意力從人腳轉移到蹄子，這才是他真正的熱愛。史考特在紐約上州長大，他學會了釘馬掌，靠著這門技術掙學費讀完大學。後來他搬到我們這附近的蘭開斯特郡——美國最大的艾米許之鄉後，只要本地農民工作用的大騾子和拉車的馬需要幫助，他便是不二人選。

有的週末，史考特偕妻子譚雅會以非官方的動物維權人士四處逛馬匹拍賣會，看到有需要照顧的馬匹時，就會大聲疾呼。有一次，譚雅擋在前往屠宰場的動物拍賣拖車前，掏出錢包，要司機為她看到的車上那頭迷你驢開個價。這頭小驢子已經不行了，所以司機免費送給她。譚雅認為她可以把牠治好，果真如此。不久之後，譚雅和史考特駕著馬車出去兜風時，小小的瑪蒂達便跟在旁邊小跑。但出現在我車道上的這個動物，情況可比瑪蒂達更糟。

「老兄，怎麼會這樣？」史考特問。

「動物囤積者，」我回答。

「老天，這……」史考特沒說下去。他思索了一會兒：「聽著，最人道的方法可能是讓牠現在就安樂死。」

他解釋說，只要蹄子出問題，就等於是宣判死刑。驢子通常為了覓食，會在崎嶇的石頭地面上長途跋涉，蹄子自然就會磨平。但如果你把牠們關在獸欄裡，底下墊著潮濕的稻草，或甚至讓牠們一直站在茂密的草地上，到頭來牠們的蹄子就會像印度教聖徒的指甲一樣捲曲。一旦蹄子變形，就無法挽回，會導致極其痛苦的死亡：因為馬科動物的胃特別小，大部分的消化是靠牠們走路的搖擺動作讓腸子翻攪而進行。如果把牠們拴住，遲早糞便會阻塞腸道，教這頭動物腹痛如絞。

史考特說：「這種死法非常可怕，除非……」他猶豫了一下：「你有弓鋸嗎？」

我跑去工具棚裡把它取來。史考特把驢子的韁繩綁在籬笆柱上。「嗨，夥計，」他撫摸著驢子的耳朵說：「見過這玩意兒嗎？」他把弓鋸放在驢子的鼻子下，讓牠嗅一嗅，接著說：「我們現在要這樣做。」他向驢子解釋他將要進行的程序。我覺得很尷尬，但驢子卻把牠的耳朵轉向史考特，好像在專心聆聽。

「我希望在開始前讓牠先習慣我的聲音，」史考特告訴我：「驢子自我保護的本能很強，程度比馬更嚴重。牠們不喜歡有意外。」史考特想到的做法可不簡單：我們孤注一擲，要為牠動緊急手術，要握住牠的每一個蹄子，像鋸樹枝一樣把它們鋸掉。如果史考特能把每一隻蹄子切掉至少一半，就能再試試用鋼剪和粗銼刀整修蹄子。不妨想像你有四顆蛀牙去看牙醫，結果得知每顆牙齒得鑽不只一次，而是連續三次，只是你這輩子還從未見過牙醫，因此在你看來，拿著鑽子死抓住你下巴的這傢伙是個變態。那就是驢了和我即將會有的體驗。

「準備好了嗎？」史考特問。

「我？還是牠？」

「你們倆。抓住那隻腿，抓緊了。」

我們開始動手。我靠著驢子的腰窩，把牠牢牢地壓在我的身體和柵欄之間，而史考特跨在驢子的一條腿上，把第一隻蹄夾在他的兩膝之間。他小心翼翼，慢慢地用鋸子切。一切出溝紋，他就使勁往前傾，用鋸子在像車胎一樣堅硬的蹄子上又推又拉。他的臉上大汗淋漓，但儘管他大口喘氣，依然用沉著而親切的聲音對驢子說話。

「還好吧，夥計？」他說，「我們差不多要鋸完第一隻蹄子了。」驢子身上的每一條肌肉都緊繃著，牠看起來似乎快要爆發了，但出人意表的是，牠還是穩穩地站在那裡。史考特終於把鋸子放了下來，站直身體，擦了擦額頭上的汗水。

「你覺得這怎麼樣？」他問道，手上舉著一塊切下來的蹄子，幾乎是我腳掌大小，其臭無比，好像這蹄子生在驢腳上時就已經開始腐爛了似的。

我說：「我真不敢相信牠肯讓你那樣做。一定是因為搬家，讓牠餘悸猶存。」

「也許，不過牠真是頭乖驢，」史考特邊說邊撫弄著驢子頭上的毛。「你看到我們說話時牠的耳朵轉來轉去？」果真，只要我們開口，驢子的耳朵就從我這邊轉向史考特，有時甚至兩耳朝相反的方向分開，一隻耳朵對準我，另一隻耳朵對著史考特，就像警察在指揮交通一樣。

他說：「牠正全神貫注，而且牠認為我們站在牠那一邊。」史考特跪下來，開始鋸另一隻前腳的蹄。「不過不要放鬆，現在只會越來越難受。」

我們接下來必須要解決後蹄的問題，史考特告訴我，世上沒有任何一頭驢子會喜歡有人在牠身後。「這是牠們最大的恐懼，」史考特說。在野外很難殺死驢子，牠們是群居動物，緊緊跟著群體，所以任何想吃驢肉的掠食動物都必須衡量一下，對抗又踢又咬的驢群有多少生存機會，這種體重達七百磅的動物曾經把獅子踢死。可是驢子仍然不敵偷襲。只要有驢子掉隊落單，多停留一下吃草，野狗就會突然跳到牠的背上，咬斷牠的喉嚨。這頭小灰驢雖然生病虛弱，但在牠DNA的深處還是有上萬年歷史的生存本能，就像陸軍特攻隊員一樣敏銳，時時保持警覺，提防後方，對牠背後看不見的威脅迎頭重踢。

史考特拿起鋸子，他輕輕地把手放在驢的後腿上。「乖孩子——」他說，然後在驢腿往後猛彈時向後急退。

「我說的就是這樣，」他彎下腰去揀掉在地上的鋸子，「很可能在你看到牠動作之前，就踢斷你的腿。」他自己的小驢子瑪蒂達就曾經對一隻凶狗猛踢，結果狗不得不截肢。

「把牠抱緊，我們再來一次，」史考特說。我把胸部緊貼住驢子的肋骨，死命地把牠壓在柵欄上，史考特撫摸驢頭安撫牠，然後順著牠的身體往下摸，一點一點地撫摸並按摩牠的背，直到牠的臀部。他的雙手順著驢子後腿往下滑，朝蹄子的方向移動。驢子看起來好像是被搶劫的受害人一樣，

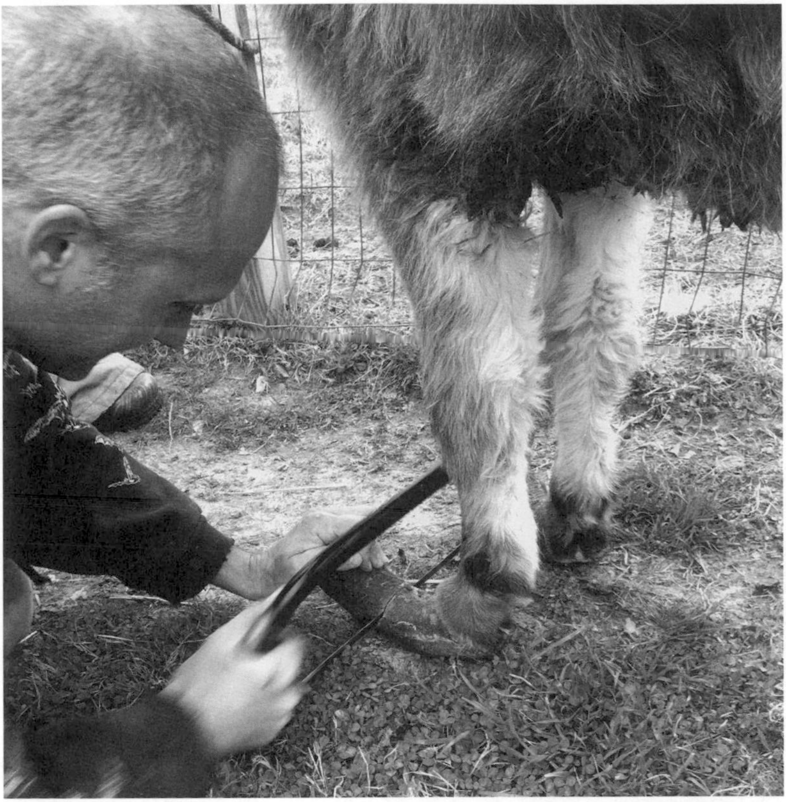

史考特正在鋸雪曼的蹄子。

牠的耳朵伸得筆直，彷彿被槍口頂著，不過在史考特慢慢抬起牠的一隻後蹄時，牠仍然一動也不動。不論我們今天能不能成功，我都對史考特這種像醫師對病人的親切態度感動不已。儘管他像鐵匠一樣揮汗如雨，而且隨時都準備被踢斷肋骨，依舊繼續低聲哄著驢子，彷彿要給牠甜滋滋的蘋果，而不是揮舞的鋼鋸。

好不容易，最後的一大塊蹄子掉了下來。史考特喘了口氣，擦掉臉上的汙垢，但苦難還沒有結束。史考特從他身側的口袋裡掏出一把大得駭人的鋼剪，簡直就是為德州電鋸殺人狂，藏在他的謀殺廂型車而設計的。史考特在空中試剪了幾下，算作熱身，然後再回身靠著雪曼，開始以專業的技巧修剪，盡力把鋸子鋸過的殘蹄剪成像健康動物蹄子的形狀。他修完每一個蹄子後，又拉出一呎長的金屬銼刀，做最後的打磨處理。

「好了！」史考特宣布。他筋疲力竭，倒在草地上，鬆了口氣。他原本一塵不染的T恤和牛仔褲現在看來像是剛從沼澤裡撈出來似的。他還來不及放鬆，就又彈起身來，因為雪曼的動作而警覺：可是雪曼什麼動作也沒有。

「不妙，」史考特說，「不太妙。」我們才剛讓這頭動物經歷了相當於兩小時的牙科手術，可是這頭小灰驢卻依舊站在方才我們離開牠之處，而沒有逃走。牠的蹄子已經修剪好了，可以自由走動，為什麼不趕緊逃命，讓我們捉不到牠呢？

我們兩個人盯著驢子，用念力敦促牠趕緊往前跑，可是等了很長的時間，牠卻連一步都沒有邁出。「我不知道，」史考特說，他的聲音聽起來很疲倦灰心，「如果牠明天還不邁步，我們也只能盡量讓牠舒服而已。」

安撫驢子屬於他太太的勢力範圍。沒過多久，譚雅就駕著她那輛滿是灰塵、轟隆作響的老休旅車駛上我們的車道。她拿著醫藥包和剪刀開始行動，前前後後地一直轉頭，一下子輕聲哄著驢子，一下子又回頭高聲命令我。

「乖驢子！」她呢喃道，「乖——」她停了下來，「牠叫什麼名字？」

「唔……」我知道此事攸關緊要，可不能搞砸。先前我們在這方面犯過錯，到現在還在吃苦頭。我們有史以來養的第一批山羊中，有兩頭是用我女兒在故事書上看到的名字命名：「欺騙羊」和「逃跑羊」。這兩個傢伙雖然足足有四英畝茂密的青草和美味的野草供牠們大快朵頤，卻依舊熱愛逃亡，成天鬼鬼祟祟地在柵欄前探頭探腦，就像挖地道越獄的墨西哥大毒梟「矮子」（El Chapos，即華金．古茲曼 Joaquin Guzman）一樣，想尋找適合挖地道的地方投奔自由。牠們成功突破幾個月後，甚至懶得蠕動身體鑽過鐵絲網；而是縱身一躍，飛過五呎高的柵欄，無視周圍兩百英畝的玉米田，直奔馬路，在校車前漫步，差點讓我心臟病發作。

最後我投降了，把「逃跑羊」和她的姊妹「露露」賣給一個農夫，讓他的孫子馴養，也把「欺騙羊」送給離我們家最近的艾米許鄰居。第二天一早，我們朝窗外一望，卻看到「欺騙羊」和我們大眼瞪小眼。牠從新主人家溜了出來，在小徑上跑了半哩，逃進我們家院子。兩個女兒很高興——她們愛「欺騙羊」，想要留住牠——但我已經受夠了像馬戲團小丑一樣追趕和伸手捕捉牠。幸而艾米許鄰居的孩子一定找到了阻止牠逃亡的辦法，因為自從那回我把「欺騙羊」送回去後，牠再也沒有脫逃。幾天後我經過他們家，問他們最後是怎麼制伏牠的，他們露出迷惑的表情。

其中一位說：「哦，你是說佛瑞德。我們現在叫牠這個名字。」

是的，佛瑞德——和許多坐在牛皮椅上一邊吃午餐一邊就睡著的老公公名字一模一樣。我不知道給「欺騙羊」換個新名字怎麼會讓牠改頭換面，性情大變，不過可想而知，我應該也找個機會自己來試一試。

結果我們卻沒有這麼做。我們又收養了一隻流浪小貓，命名為「聰明貓」，結果這隻原本只待在戶外的野貓卻成了進屋的天才，在我們全家正要外出旅行時衝進房內，消失在裝襪子的抽屜裡。「聰明貓」和我們一起，過了幸福長壽的一生，牠走後，由「邪眼」取代。「邪眼」也是流浪貓，因為生了一雙像撒旦一樣的邪惡蛇眼，教人毛骨悚然，因而得名。邪眼對我們所養其他的貓都很凶（而且現在仍然如此），在邪眼吃飽離開之前，牠們（原本就是揀垃圾維生的半野貓）根本不敢接近那三只貓碗。

因此要為這頭病驢取名時，我可不敢造次。牠已經在為自己的性命奮戰，不能再因我給牠取個招來霉運的名字而讓情況雪上加霜。兩個女兒前一晚建議了一個名字，而我從各個角度衡量後，看不出有什麼危險。我決定告訴譚雅，看看她的反應。

「我們想要叫牠，嗯，……雪曼？」我說。我們最近才看了電影《大夢想家》（Saving Mr. Banks），很喜歡劇中開朗樂天的作曲家雪曼兄弟。誰會不喜歡〈讓我們去放風箏〉（Let's Go Fly A Kite）這首歌？

譚雅對迪士尼電影或巫毒教的霉運毫不在乎。她現在正處於急診室模式，對她來說，名字只不過是另一樣手術工具。「乖雪曼！」她輕聲哄牠，咔嗒一聲拿起她的大剪子。她得設法解決從驢子身上發出的陣陣臭味，亂蓬蓬的毛皮，把毛一條條剝開。隔一陣子，她就回頭從肩上喊出她需要我由屋裡拿出來的東西：抹布！嬰兒洗髮精！水管！

「我弄完後，你得要把牠泡在水裡，為牠從鼻子到尾巴打肥皂，」她命令我道，「給牠好好洗一洗。一開始牠會不高興，但你要堅持下去，一直洗到牠身上的汙垢都清除掉為止。」突然，譚雅放下剪刀，轉身面對我。

「聽著，」她說，「如果牠能活下來，你可不能光是在牠尾巴上繫一條絲帶，讓牠像屹耳（Eeyore，小熊維尼裡的驢子）那樣站在田野上。牠已受過虐待和遺棄，這會讓動物因絕望而生病。你得給這頭動物一個目的，你要為牠找個工作。」

找個工作？我要讓驢子找什麼工作？挖金礦嗎？到西部墾荒？不過我還來不及問她是什麼意思之前，就有了個點子。不，那太荒唐了，我自忖道，並且閉上了我的嘴。我不能把這個想法告訴譚雅，顯得比自己已經表現的更加茫然和無能。不過她越努力梳理雪曼殘破的身體，我就越專注於我這個幻想。我無法把這點子拋諸腦後，而且我知道為什麼：專心思索美好的童話故事，比面對眼前醜陋的現實愉快得多。

就在此時，我突然意識到我的無能的確也有好的一面：這是雙向的。由於我不知道雪曼病得多嚴重，也就不知道牠有多強健。就我所知，牠可能是個鬥士，兇猛的鬥士靈魂被深深地埋藏在牠的體內，一直潛伏著，直到它凝聚了足夠的力量，開始在雪曼的血管中悸動。如果雪曼能恢復生氣，或許我能為牠提供比工作更好的事物：我們兩個可以並肩面對的瘋狂冒險。

但我們首先得讓牠活下來。

3 沒人喜歡我們，我們也不在乎

「哎呀，糟了！」譚雅突然發現已經快要下午三點：「來不及接孩子放學了。」她抓起剪子和其他用具，不消片刻，她的休旅車就噴出碎石，颼風譚雅旋即從車道消失。每天早上和下午，譚雅都擔任司機，接送住得太遠，無法徒步到只有一間教室的學校去上學的艾米許兒童。她把孩子們送回家後，整個晚上都得忙著照料自己的動物，包括三頭驢、兩匹拉車的馬、一隻山羊、一頭豬，一池小鴨，以及一匹從屠夫手下搶救出來的馬，她就用這匹馬教一個鄰居少女騎馬。她要到第二天早上才能再來檢查雪曼。

「我們現在怎麼辦？」內人美嘉問。我們站在柵欄旁等著，看雪曼會不會移動。沒有。

「牠如果不好轉，那麼——」我環顧四周，確定孩子們聽不見，「牠恐怕就不久於人世了。譚雅說，現在我們無計可施。」

無計可施。這話教我難受，因為這是在我這輩子當中，少數幾次真的無能為力：沒辦法打電話向其他人求救，沒有其他可以嘗試的治療方法，沒有朋友可以請教。一分鐘前我所感受到的那一線希望消失了，取而代之的是當你的汽車在冰上打滑旋轉時那種胸悶氣短的恐懼感。雪曼獨自在這條隧道裡，牠如果不能靠自己的力量由另一頭走出去，就會消失在黑暗中。

我只希望能知道牠在想什麼。如果沒辦法把牠拉回來，至少我們可以藉由親切關懷，讓牠的離去舒服一點。但若我們不知道牠在想什麼，又怎能讓牠平靜？牠是為自己的生命而戰嗎？還是已經放棄？牠是視我為朋友，還是另一個折磨牠的人？康復的第一個原則是「不傷害」，但雪曼讓我明白：我對動物所知太少，連自己是在安慰牠還是在嚇牠都分不清。

美嘉和我不只是因為自己陷於這種困境而驚訝，其實到現在，我們都不敢相信自己怎麼會搬到這個地區來。

我在費城外工人階級所住的郊區長大，就在高架鐵路和西費城的排屋變成上達比（Upper Darby）的大家庭和小後院之處。我和鄉間生活唯一的接觸來自書本；我對《山居歲月》（*My Side of the Mountain*）這本書十分著迷，因此才九歲就逃家，只帶著一個威猛（Wham-O，加州玩具公司）牌的迴力棒，一心一意要住在樹林裡的空心樹上，像書中主人翁山姆·格魯比（Sam Gribley）一樣用鷹狩獵。大約凌晨一點，州警在史普林菲德購物中心（Springfield Mall）附近離我家六哩的一片樹林中找到了我，把我拖回去，讓雙親一頓好打，打消我未來任何出走的妄念。

那夜之後，我很少遠離至少一百五十萬名鄰居。我在北費城上高中，經常在街頭廝混，課後的時間成天都和朋友在城裡閒晃，打打街頭籃球。大學畢業後，我換了許多工作，到過許多城市，最後一躍而到海外，探索馬德里的生活。我教了一陣子英文，也學會西班牙文，足以讓我矇到美聯社新聞報導工作的面談。我沒有做這種工作的資歷，但馬德里分社主任蘇珊．林妮（Susan Linnee）是身經百戰的新聞從業員，她看不起紐約總部不斷派來給她的溫室花朵編輯，喜歡用自己的方法來尋覓善於變通的人才——用她的說法是「未經雕琢的璞玉」。

「在你之前的那個傢伙，他打動我的原因是他長得像是『年輕食人族』（Fine Young Cannibals，一九八〇、九〇年代的英國合唱團）的主唱，」蘇珊告訴我。幸運的是，這個食人族表現太出色，不到一年就被徵召去當波士尼亞的戰地通訊員。所以她需要有人取代他，而且是馬上，這是我得以進門面試的唯一原因。蘇珊拷問了我約一小時，就在我的毫無經驗變得明顯到十分尷尬之際，她突然站起身來，結束了面談。

「我聽夠了，」她伸出手說道。

「好，」我同意，恨不得趕快脫身，「如果你改變——」

「我們會在這裡訓練你一週，」她繼續說道，已經開始規劃她的計畫：「我們真的需要你在那裡。」

「那裡？」

確實，她提到那個食人族是她派在里斯本的記者，但我自以為他們會從馬德里另外調人過去，讓我留在基地學習這一行的竅門。我這輩子還沒去過葡萄牙，葡萄牙文更是一個字也不會，但這還不是我最大的問題。安哥拉再度爆發內戰，這似乎和我毫無關係，直到我的新老闆解釋說，安哥拉原是葡萄牙的殖民地，因此在我和她握手之時，它就成了我的事。

一個月後，我在非洲南部的叛軍陣地，竭盡所能地掙扎求生，同時假裝自己知道自己在做什麼。我和吉赫姆（Guilherme）搭檔，他是葡萄牙攝影記者，會說西班牙語。因此如果我要從安哥拉士兵那裡收集新聞，唯一的辦法就是透過迂迴曲折的過程：先用西班牙語把問題告訴吉赫姆，讓他翻譯成葡萄牙語去問士兵，然後再把答案譯成西班牙語，讓我用英文記下來。吉赫姆有他自己的工作要做，沒時間理會我這些廢話，所以他聽了士兵眼淚汪汪的長篇故事，然後只言簡意賅地說「他們殺了很多壞人。」

「就這樣？」

「大意如此。」

我沒意見；他引述的越少，我越快寫完。我每天都得四下搜羅新聞材料，採訪難民、救援人員和前線將士，然後把他們的訊息濃縮為美聯社新聞報導，在日落前發到紐約。天黑是我的截稿時間，因為從戰場傳送消息的唯一方法是用大約登機箱大小的衛星電報。你可不想在晚上爬上小山，用那個玩意兒尋找信號；因為巡迴偵查的叛軍手指發癢，隨時等著扣扳機，而夜幕下唯一可見的就是在我控制板上閃爍的綠光，放送「射擊我！」的訊息。我一按下「傳送」鍵，馬上就蓋上蓋子，火速躲進安全的地點。

就像那個食人族一樣，我也撐了很長的時間，掌握了這工作的竅門。兩年後盧安達發生大屠殺，我奉派隨圖西族（Tutsis）叛軍匆匆越過邊境，要從展開大屠殺的掌政軍團手中解救族人。我們只是一小群隨圖西人一起走的記者，而且人數越來越少。一名美國記者被飛機接走，她的攝影記者腿被射穿，她不得不徒手幫他止血。另一位法國廣播記者得了腦性瘧疾（cerebral malaria），差點沒命。我的攝影記者也在半途離開，因為我們進入一所學校，發現幾十具被大刀砍死的幼童屍體；他的手到第二天早上還在顫抖。圖西族終於把兇手趕進剛果，戰況緩和下來後，我渴望休息。其實我根本無法入睡。

該是回家的時候了。

＊＊＊

或許離開里斯本，放棄美麗海濱城市的理想工作，是個餿主意，但其實我並不是唯一犯這個錯的人。我回到費城，辭去了美聯社的工作，成為為雜誌供稿的自由作家。一天下午，我和美聯社費城分社的朋友珍一起去跑步，她談起有個夏威夷記者輪調到費城來工作一年的事。這位檀島女孩並不喜歡這裡的新家，不必珍說，我也知道為什麼：外地人可能會覺得費城人冷酷無情。如果你熟悉費城最殘酷警察首長法蘭克．李佐（Frank Rizzo）的紀念碑，或者在老鷹隊（美式足球費城老鷹隊）比賽中，聖誕老人一出場，球迷就用雪球砸他的屁股，或是老鷹隊二〇一八年贏得超級杯後，球迷大唱「我們來自費城，ＸＸ的費城，沒人喜歡我們，我們也不在乎」，你就知道這對外地人絕非最溫暖親切的地方。對想家的夏威夷人來說，在這裡過日子並不容易，所以珍告訴我這個檀島女孩在上非洲舞蹈課時，我想我可以把從安哥拉帶回來的ＣＤ給她，為她打氣。

那個週末，珍邀我參加晚餐聚會。我手上拿著ＣＤ抵達，環視客廳裡的人，搜尋那位悶悶不樂的太平洋島民。就在我東張西望時，一位動人的美女帶著熱情的微笑走來，彷彿剛從大溪地島上捧著滿手珍珠浮現。我幾乎連招呼的話都說不出來，因為我的神經被兩個彼此衝突的念頭塞住了：

1、你真天才，竟然帶了這些CD來。

2、絕不要提到你以為所有的夏威夷人看上去都像美式足球的線鋒（lineman）一樣。[1]

她告訴我她名叫美嘉，[2]我們的談話到此為止。我把CD交給她，然後竭盡所能躲到離她最遠之處，接下來的時光我一直待在角落，和攝影同好米波茲一起看照片。這輩子我已搞砸了太多第一印象，因此很清楚我給美嘉那份禮物時，已經達到了第一印象的巔峰。這個女郎我高攀不上，多說話只會把她嚇跑。美嘉後來為我帶來一盤食物，我轉頭簡短地道謝，接著又回頭看米波茲的相簿。我看得太久，連米波茲都感到不耐。但如果說他陷入困境，那麼我也一樣進退兩難。我正在用「史蒂夫之道」孤注一擲。

我最近才看了一部獨立電影，提出的理論是：要吸引某人，最好的辦法是遵循佛教禪宗和史蒂

1 我毫無藉口來搪塞自己對異地文化的無知，不過有位夏威夷朋友也有同樣的想法。他頭一次造訪紐約，看到自由女神像時，失望地說：「我認識的薩摩亞人比這還高大。」

2 如果你想親眼驗證我犯了多大的錯誤，那麼費城國際機場停車場的壁畫就有美嘉七呎高的畫像。右邊數來第三位舞者就是她。

夫・麥昆（Steve McQueen）和《無敵金剛》（Six Million Dollar Man）劇中人物史蒂夫・奧斯丁（Steve Austin）這兩位沉著的性感台柱之道。「史蒂夫之道」可不是把妹達人的泡妞之道那種玩意兒，而比較像是藉由控制衝動來改善生活的指南，它的理論是，惟有在你不去渴望你想要的目標時，才會得到它。每當你遇到一個使你臉紅心跳的人，就該採取三個步驟：

- 清心寡欲
- 拿出最傑出的表現
- 離開

憑著運氣，我做到了前兩點。我抵達時像個英雄，如果我不想搞砸，就得閉上嘴，趁著美嘉還覺得我很親切又冷漠之時離開。到餐會結束，暴風雪開始吹襲時，美嘉邀我們一群人搭她的小貨車，由她送我們回家，我還很酷地拒絕了。（是的，這位來自異地的記者也像駕著夏威夷衝浪板一樣，在費城四處跑。說我高攀不上應沒有異議吧？）另外兩名男子興高采烈地擠進卡車的駕駛室，美嘉問我是否確定。

「是的，我沒問題。」我說。我一腳踏進冰冷的雨中，希望自己看起來不要像我覺得自己明明就是的傻瓜。在跋涉穿過北費城的那段慘痛步行中，我突然想到，「史蒂夫之道」和所有的道一樣，沒有提到最後該怎麼辦。究竟「消失」之後該如何復出，我不知道。

幾天後答案揭曉。美嘉從珍那裡問到我的電話，來電感謝我的CD。我提到費城西邊有些非洲食品店，說不定她會想去看看。我們很快就開始約會。我得知美嘉實際上是非裔和華人，或許是泰國人的後代？她不確定，因為她母親在讀大專時與一名交換學生有過一段短暫的感情，但他在美嘉出生前突然消失了。不久之後，美嘉的母親嫁給了她的真愛，陸軍護士戴夫，不論奉派到全美的什麼地方，他都會帶著新家人同往。美嘉在一個又一個新城市裡長大，總感覺自己像異鄉人，她的長相和其他人都不一樣，直到他們抵達夏威夷。這是頭一回，人們不會因為她的長捲髮和卡布奇諾般的膚色而一直盯著她瞧，問她「你從哪裡來？你是做什麼的？」夏威夷成了她的家，因為它像對待家人一樣對待她。

美嘉從未打算離開檀香山，不過她決定趁著男友在香港學習酒店管理時，來美國本土過一年。也許我還在遵循「史蒂夫之道」，不過她的男友和滴答滴答倒數計時準備離開的時鐘都沒有讓我放棄。美嘉和我在一起玩得很開心，我們漫遊二手書店，還嘗試做我記憶中的烏干達燉山羊菜，不過結果不佳。我告訴美嘉我想回非洲的計畫，按照傳說中開普敦到開羅的路線，騎摩托車跨越整個大陸，她對於跨坐在我背後同遊表現出真正的興趣時，我頭一次感到我們可能會有未來。

但我們並沒有去，而是來到西維吉尼亞州的一間農舍，討論婚嫁。這對我們倆都是意想不到的改變，可是我們可以感覺到我們正慢慢朝共度人生的方向走，我們得瞭解該如何才能讓它成真。這表示要揮別凱魯瓦（Kaylua，檀香山的一處海岸）海灘，向騎著咆哮的凱旋牌（Trumph Bonneville）機車衝向塞倫蓋提（Serengeti，坦尚尼亞地名）夕陽的日子說再見嗎？美嘉已經處理了最棘手的問題，和男友分手了，她男友直奔機場，從香港飛來，想要說服她放棄這個念頭，卻無力挽回。她也延長了在費城輪調的時間，這是我大部分自由撰稿工作的基地。但在我們一頭栽進這樣的生活之前，美嘉提出了最後一個壓力測試：她建議我們離開城市，完全憑自己的力量度過一週，就像在荒島上一樣，沒有朋友或城市分散我們的注意力，看看我們能多麼快樂。

她可選對了地方。我們從費城開了四小時車，轟隆轟隆來到阿帕拉契山下一條寂寞的泥土路上，最後到了一棟藏在林中的舊農舍，離最近的鄰居有數哩之遙。我們打開吱吱作響的老舊大門，發現了這個保存得很美的璞玉，有鑄鐵打造的柴爐和溫室改建的熱水浴室。頭幾天我們覺得有點怪怪的，因為無處可去，沒有朋友可以探訪，甚至連窗外都沒有讓我們昏昏欲睡的賓州東南捷運系統（SEPTA）巴士晃動。不過在一週結束時，我們卻感到像回到家一樣自在。我發現自己可以整天都泡在小溪裡，卻仍然能透過小木屋嘎吱作響的網際網路撥號連線回傳文章到費城。於是我們彼此互問：「為什麼這是假期？為什麼我們不能就過這樣的生活？」

我最擅長的就是放下工作，去忙一些不急之務（不妨問我如何修理古董鋼筆），所以一回到家，我就開始尋找我們明知我們不可能買的房子。我先去查我們在西維吉尼亞州的那個地區有沒有DSL，以及我們租的那棟小木屋是否有意出售。兩個答案都是否定的。接著我把網撒得更廣。美嘉和我開始在費城和紐約之間那些精緻的鄉間漫遊，用一連串瘋狂的條件糾纏房地產經紀人，逼著他去找溪邊被其他人意外忽略，便宜而舒適的小木屋。我們想要的是經過整修的舊屋，要與世隔絕，但可以搭火車抵達，雖然地處鄉下，卻備有DSL，而且當然要符合阮囊羞澀的作家預算，這表示它現在的價格要與當初在一八七〇年的售價相同。

一直到我們的大女兒瑪雅出生時，這個計畫仍然毫無進展，但我們並沒有因此而清醒，反而繼續尋寶。我們拖著瑪雅，一路上聽了無數小時的童謠，看了一個又一個的死亡陷阱，包括德拉瓦河（Delaware River）附近一塊濕地上被燒毀的房屋殘骸，僅存的幾面牆壁上還用噴漆噴上巨大的陽具圖案。我們的經紀人說，「以您所出的價格，這算是不錯的了。」

兩年來，我們一無所獲。但在某一個深夜，網路上出現了不可能的結果。我坐在黑暗中，凝視著照片，喃喃自語：「不可能。」在四英畝土地上由人工搭建的小木屋，用大石頭打造的煙囪，一條小溪，自家的甘泉，一條通往薩斯奎哈納河（Susquehanna River）的泥土路，四面八方都是保留農地。離費城市中心僅九十分鐘車程，而且月租竟比我們的公寓還便宜？十全十美！

只是……

「你知道那是哪裡，對吧？」第二天早上我打電話給房地產經紀人時，他拉長語調提醒我，明白表示他絕不為這個愚行負責。那塊地只有兩棟房子。周圍數百英畝全都是開闊的農田。桃花谷（Peach Bottom）沒有警察，沒有地方政府，甚至沒有雜貨店。十五哩內唯一可以買到食物的地方，是艾米許人農場後方只有　個房間的商店。他警告說，如果我們搬到那裡去，就得完全自給自足。這就是為什麼儘管這棟房子照片上看起來很美，但賣了一年多都沒有人出價的原因。

不論如何，它總是比那天殺的陽具房子好吧？但是在從費城出發去看房子的路上，我們開始明白經紀人警告的意思了。我們彷彿揮別了幾個世紀，而不是幾哩；不到一個小時，兩百年的歲月景觀消失了。櫛比鱗次一式一樣的速成豪宅和迷你購物中心變成紅色的穀倉和風車；凱迪拉克Escalade越野車變成馬和拖拉乾草的馬車。我們知道蘭開斯特郡的艾米許社區很有名，但我們並不知道我們是朝更深，更鄉村的核心地帶前進：賓州「南端」（Southern End）的河谷山坡。就是以蘭開斯特的標準來看，南端都是另一個世界，在這裡，郵局前有拴馬用的馬樁，兒童可以過「開曳引機上學日」，狩獵季的第一天不用上課，你還很可能在屋後找到靶場，就像鞦韆架一樣普遍。

我們找到要出售的小木屋時，不由得目瞪口呆。就是溫斯洛・霍默（Winslow Homer，十九世紀美國風景畫家）在世，也畫不出這麼美的風景。我們駛進泥土和砂石的車道，看到馬在柵欄邊吃草，西洋菜的花朵在小溪裡盛開，一個艾米許農夫乘著鋼輪馬車經過，車聲轆轆。要是現在有擠牛奶的女孩肩上扛著一桶冒著泡沫的鮮奶油出現，我也不會太驚訝。我們打開車門，讚嘆眼前的美景，直到我從眼角看到了一件奇怪的東西。還是我眼花了？我扭過頭去張望，只看到午後炫目的陽光。奇怪，我想道，看起來就像——

接著它再度出現。在那裡，走出眩光的，是一個騎在馬背上的孤獨騎士，從路對面的山坡上望著我們。他戴著寬邊帽，披著毛披肩，一副西部殺手喬伊・威爾斯（Joey Wales）的打扮，馬鞍上掛著一把大刀和一支步槍。我舉手揮舞，但他撥轉馬頭，毫不理會，疾馳而去。

屋主解釋說：「查克又去獵豬了，」他走過來迎接我們。他的解釋：住在山坡那頭的十三歲少年騎馬穿過玉米田去獵土撥鼠（又名雪豬）。「不用擔心，他不會在這裡開槍，除非你要他這麼做。」

在接下來的時間裡，孤獨的獵雪豬少年和一個艾米許農民，是我們僅見有人居住的唯一標記。如果我們搬來這裡，那的確就像是自願參加火星任務一樣。要是下起雪來，房子停電了，我們要怎麼生存下去？最近的醫院在哪裡，學校是什麼樣子？

這些都是合情合理該問的問題，但美嘉和我卻一個都沒問，就把仲介拉到一邊出價。幾週後，我們就離開費城，前往「南端」。

孤獨將會是我們最大的問題，或者該說，我本來以為如此，直到我聽到美嘉的尖叫。我把正在開封的箱子丟在地下室，匆匆跑上來。我發現她在後門廊上，懷裡抱著兩歲的瑪雅，小心翼翼地避開盤據在她腳邊的六呎黑蛇。她原本在給一排植物澆水，正當她從一棵植物移到另一棵植物時，那條蛇由門廊屋頂上掉下來，砰地一聲落在美嘉前一秒所站的位置。

我抄起鏟子，以為可以把那個怪物拋出去，但是牠開始沿著門廊的柱子往上滑向屋頂。我把鏟子用力擋在牠面前，逼牠退後，但這條蛇卻滑過鏟子上方，消失在屋簷中。怎麼辦？唯一比在屋外發現巨大肉食爬行動物更糟的是，把牠趕進了室內，尤其是房裡還有一個馬上就要準備睡覺的幼兒。我必須在天黑前解決這個問題，所以我穿過房子後面的玉米田，再度去糾纏我們最近的鄰居，一位上了年紀的艾米許農民，大家都用他姓名的字首稱呼他為「ＡＫ」（如果他想玩文字遊戲，倒是很睿智：ＡＫＡ（又名）ＡＫ。

我們才搬進新居幾天，但我已經去找ＡＫ請教如何修理快要崩坍的井，去哪裡找書桌和購買二手弓鋸，他把弓鋸賣給我，又教我如何操作。在我因最新的問題再度登門時，他不明白我為什麼大驚小怪。「你很幸運，」他說，「那是鼠蛇（rat snake）。牠會吃你們家的老鼠，而且不會來惹你。」

我們家有老鼠？這可真意外，就像我馬上就要告訴美嘉的好消息，說我們有蛇作室友。我告訴AK：「我想我們寧願有老鼠。」

「那沒什麼關係，」他說，擺出半滿玻璃杯的態度，「你不會兩者兼得。」

在離開之前，我一如既往向AK道謝，問他有沒有什麼可以讓我效力之處，作為回報。這回他頭一次請我幫忙，而這個忙在接下來的幾個月中將會改變我的人生：「你可以順道載我去五金店嗎？」

這個要求讓我發現本地艾米許人行為準則中的一個小漏洞。每個艾米許社區都有當地自訂的規則：有些可以用滑板車（foot scooters），但不允許騎腳踏車；其他的則可以開車，但僅限灰色或黑色。在「南端」，艾米許人大多屬於舊派（Old Order），他們雖不能開車，但可以搭車。在蓋瑞特・坎普（Garrett Camp，Uber 創辦人）看出優步（Uber）的潛力之前，我們的非艾米許鄰居就創造了不錯的現金經濟，為需要外出，但用馬和馬車都到不了的舊派艾米許家庭擔任計程車司機。

「沒問題，」我說，雖然我不知道美嘉對於我駕車兜風，而她被困在有掠食動物守候的家裡有什麼感想。AK和我步行穿過麥田，到我家去開我的老野馬（Ford Bronco），他恭喜美嘉獲得理想方案，可以解決她還不知道自家有的囓齒動物問題，他動聽的說詞和逗趣的幽默，讓她——和我都覺得，或許那條蛇並沒什麼大不了。AK和我上了野馬，沿著蜿蜒的農家路出發，走了幾哩，到達我如果靠自己絕對找不到的地方：在一個穀倉後面，從馬路上根本看不見的白色地堡。我把野馬擠進兩輛馬車之間的停車格，然後進門，進入十九世紀。

這家艾米許人的五金店內點著嘶嘶作響的煤氣燈，一片昏暗。身穿黑西裝、戴草帽的男人在走道上搜尋閹割羊睪丸的工具、手搖冰淇淋機、手推車備用手柄。找不到需要的東西？沒問題；櫃檯後的老先生有對講機，是由一個漏斗連接在塑膠水槽排水管上，伸到店後的另一個漏斗。他會按腳踏車的喇叭，讓存貨助理注意，然後他們倆就會來回對著漏斗呼叫，就像兒童用紙杯電話通話一樣。整個場景就像亨利．福特傳記片的布景，只是知名品牌電動工具的標價很高。

我發現一把斧頭的價格很划算，但是當我去結帳時，老先生看著我手中的信用卡搖了搖頭。沒有人在門上張貼只收現金的牌子，因為任何能夠找到這個地方的人早就知道（a）喂，沒有電就表示不能刷卡，而且（b）舊派艾米許人不欠債；他們只購買自己買得起的東西，所以信用卡沒用。於是我只好把斧頭放回原處，但再一次地，AK又出手幫忙，眼睛都不眨就借錢給我。

幾天後，我接到了AK兒子阿莫斯（AK〔又名〕小AK）的電話。我聽到阿莫斯想要的東西後，不由得精神一振。整個早上我都困在地下室的書桌前，為已經遲交的雜誌文章絞盡腦汁，生怕接到編輯的電話，所以很想找個藉口脫逃。沒多久，阿莫斯和我坐上野馬，前往另一個藏在穀倉後的熱點。這次他帶我去離我家不到兩哩的一個農場，屋前沒有任何招牌，但瞭解內情的人都知道後面的小棚屋其實是半職業的肉店。按法律，他們不能賣肉，但你可以租用他們的技能，因此如果你帶自家的牲畜來，他們會幫你屠宰，讓你帶著滿箱的牛排、豬排、香腸、肉乾和波隆納臘腸回去，把你家地下室的冷凍櫃塞得滿滿的。

阿莫斯運氣很好；他想為狗要點免費的骨頭，肉店夥計給了他兩個大垃圾袋，裡面滿滿都是血淋淋的牲畜屍體。在開車回家的路上，我不由得感受到此刻的怪異：在人生旅途的諸多道路中，我怎麼會落得載著一車裝滿廢棄牛骨巡遊，而且還是和一個說古德語，不相信拉鍊的人廝混？阿莫斯和我聊了起來，結果發現我們有比我想像更多的共同點。他剛滿三十歲，而且和我一樣，仍在適應初為人父和成為屋主的生活。他說了很棒的故事，尤其是關於他弟弟，他在暴風雪中划獨木舟橫渡薩斯奎哈納河去探望女友。阿莫斯和我很談得來，我們約好第二天早上一起去砍柴。

從那時起，阿莫斯就成了我在「南端」的叢林嚮導。每隔幾天，他就會來電，提議去另一個冒險，我立即把手提電腦關上出門。阿莫斯帶我去參加我畢生頭一個「泥漿買賣」，這是本地消防局每年春季雪融時舉辦的募款聚會，他也介紹我參加週二晚上的家禽拍賣，我一個不小心，就買了十七隻大公雞而非母雞。阿莫斯簡直是天眼，他可以感覺到電力公司什麼時候要砍偏僻小路上的樹木，又因為我們倆都靠木柴為房子供暖，因此我們會搶在其他人之前，一起去用電鋸鋸木頭，並把它們搬上我的卡車。

一個寒冷的二月下午，阿莫斯緊急來電通知：他哥哥要趕走三隻大野豬，如果我們當晚把牠們宰了，就可以得到很多新鮮的便宜豬肉。美嘉的家人正好來訪，直到今天，我還是不明白我為什麼會以為她父親會喜歡這個經驗。午夜過後許久，我們在冷得刺骨的穀倉裡，僅靠著頭燈照明，幫忙阿莫斯用手鋸肢解這幾頭巨大的動物，可憐的岳父渾身顫抖，滿手血汙，努力避免砍掉自己冰凍的手指。我們回家時天色已快破曉，血跡斑斑，蓬頭垢面，就像小說《蒼蠅王》（*Lord of the Flies*）裡一直被困在荒島無法逃離的孩子。

美嘉與阿莫斯的太太凱蒂交上了朋友，後者告訴她，對乳糖不耐症的人，羊奶是絕佳替代品。美嘉開始與凱蒂一起製作起司，她也開車送凱蒂去看助產士，看著阿莫斯和凱蒂的家庭成員增加為五個孩子。我們生了二女兒後，兩家人聚餐時，孩子也會一起著色，玩桌遊。

一天晚上，我出門跑步，經過ＡＫ家門口，他揮手把我攔下來，問我要不要牛奶槽裡剩下的一些生鮮奶油？他建議我把鮮奶油裝在兩個半空的罐子裡，在我跑步時，它就會因晃動而變成奶油。我們正在談話時，欣喜若狂的阿莫斯出

美嘉抱著一頭母羊。

現了，他用弓箭狩獵，射了三頭鹿，有很多肉可以分享。我的雙手已經滿了，所以唯一的選擇就是把他給我的鹿肉塞到我短褲的後面。我回到家，走進大門，女兒正在吃晚餐，看到鮮血從我的雙腿滲出來，手上還拿著兩罐凝結物，不過那時她們已經很熟悉「南端」的怪事，不再因此而大驚小怪。

就我個人而言，我感覺到自己的身分認同由都市變成鄉村，是在三個陌生人經過我們家門口，而我想道：「這些怪人究竟是誰？」的那一天。他們並不像艾米許人那樣，安靜地向我揮手打招呼，也不像其他人一樣駕駛四驅皮卡，而是乘著兩頭養得很好的馬所拉的大輪馬車，得得作響向前行進，就像伊麗莎白女王去視察白金漢宮偏遠處可能會乘的一樣。

「**哈嘍**，」駕馬的那名婦女揮舞著長長的鞭子喊道。一個男人和她並排坐在長凳上，就在她旁邊，另一個在車後擋泥板保持平衡，像腳夫一樣。他們大喊並招手。要是他們還沒發現我，我一定會躲起來。可是現在我只能做出「嘿」的嘴型，並以最難以察覺的姿態向他們點了點頭，以便擺脫他們。接著我趕緊退回屋內。接下來幾個月，我經常碰到他們，通常都是當我在通往河水的泥土路上跑步時，碰到他們乘著馬車閒逛，總是他們三個，揮鞭的女子和她的兩個同伴，他們歡喜的模樣和高明的馬術教我警惕，我不知道他們怎麼融入「南端」生活。他們看起來很像……局外人。

我盡量和他們保持距離，直到有一天正巧在樹林裡碰上他們為止。美嘉、女兒和我與一些朋友在附近的康內斯托加小徑（Conestoga Trail）遠足，沿著有「洛磯山以東最難爬的十哩」之稱的石坡向上爬。等我們回到小徑的起點時，聽到了身後馬蹄得得。我們趕緊讓路，這時經常坐在馬車上的那兩名男子騎著馬衝出樹林，他們後面則是持鞭婦女，她騎在驢子上。我從沒見過有人騎驢子——

南端最好的驢子教練譚雅·麥金（Tanya McKean）。

至少除了扮演聖母或墨西哥歹徒的人之外，沒有人這樣做，因此，儘管我對這群人心存疑慮，但卻忍不住上前細看。

「我的驢子（ass）真是折騰我的屁股（ass），」持鞭女喊道。她從鞍上滑了下來，拍了拍自己的後背：「南端今天挨了打了。」孩子們被驢子迷住了，我則不得不承認喜歡這位持鞭女直截了當開玩笑的方式，而且也喜歡她還來不及提自己的名字，就把「鬆餅」介紹給我們，然後立即忙著向最害羞的小女展示如何把一小撮馬零食推進「鬆餅」的嘴裡，她為她打氣：「幹得好，小朋友！」

「我是譚雅，」最後她走來告訴我們，另兩人是她的丈夫史考特和他們的馬術表演夥伴保羅。大約就在我第一次見到他們的時候，譚雅和史考特剛從外縣搬到本地，買了一個比我們的農場更難找到的小農場。保羅是工程師，住在三小時車程開外，但每個週末他幾乎都會開車來騎馬，和史考特與譚雅廝混。他們都沒有孩子，把時間都花在馬車比賽的技術上，而譚雅更是把心力投入在她遇到的幾乎每一個動物。譚雅是養女，她的英國養父母雖然和藹，但也很嚴格，她很小就明白：和動物在一起，她才不必壓抑自己熱情的天性。在擁抱狗時，牠們不會全身僵硬；不論你怎麼梳刷馬身，牠們都會以愛和感謝回報，讓你體驗到同樣的催產素作用。幸好養父母很疼譚雅，她十一歲起就擁有一匹自己的馬，後來也在大學和獸醫專校學習馬科學。

現在我覺得自己好像白痴，竟然無緣無故躲避譚雅和她同伴這麼久。主要是因為他們很有趣，但部分（好吧，同樣重要的）也是因為鬆餅本身就是明星。在近距離接觸時，驢子散發著魅力。是的，牠們看起來很可笑，生著粗短的身體和兔寶寶耳朵，但這使得牠們的拉丁情人眼神更教人感動。我們聊天時，馬兒來回踱步，用蹄觸地，但鬆餅卻靜靜地站著，迎著我們的眼光，彷彿牠真正地，深情地想要和我們建立關係，或者騙走我們手上的燕麥棒零嘴。無論如何，鬆餅都絕對比那些馬更上一層樓。譚雅和她的夥伴把他們的坐騎趕上拖車，準備離開的時候，我們全都很捨不得。

在開車回家的路上，美嘉、女兒和我一起天馬行空地東拉西扯，說得好像真的，但你心裡明白所說的一切絕不會實現。我的小女兒蘇菲胡說一氣，她說她十歲生日只想要像鬆餅這樣的驢子，我們可以把牠養在屋後，只要她想，就可以為牠上鞍，騎過牧草地。等一下……她甚至可以騎牠上學，我可以晚一點再去學校把驢子牽回家！

當然，為什麼不可以？有朝一日，我們真的該去弄一頭我們自己的驢子。

有朝一日。

4　山羊勞倫斯

「我不敢相信牠竟沒死，」我把雪曼的照片發給一位在紐約上州飼養綿羊的朋友，她驚駭地說，「我曾見過這裡的農民把比牠情況好得多的動物安樂死。」

史考特為雪曼作了弓鋸手術，再加上譚雅強制剪了牠的毛之後，當天我們讓雪曼安靜休息。我們屏住呼吸，等著看牠能不能走路，但是牠整天都靠在我們小小的棕色穀倉旁邊，頭垂得低低的，好像是被帶到那裡，等著處決一樣。究竟牠是受到驚嚇、疼痛，還是困惑，我們仍然不得而知。

不過現在天色暗了，這表示情況不妙。

當天我已經把我們養的那一小群山羊和綿羊遷到了另一片草地上，我想如果雪曼能夠獨自探索自己的新家，會比較容易安頓下來。可是太陽下山後，羊開始在大門口咩咩叫，想要回到畜棚過夜。我不知道如果牠們衝進去，結果在牠們的圍場裡看到這個外表邋遢的陌生動物，會有什麼反應，而此時雪曼最不能面對的就是任何形式的肢體挑戰。我們的動物都很溫柔，但有一隻公綿羊和兩隻公山羊，按照嚴格的科學標準，牠們是一群傻蛋。對新來的動物，牠們正常的問候方式是用後腿人立，直奔而去，直到撞頭為止。這不是惡意的；我已經看過牠們多次撞頭，明白這只不過是牠們類似人類擊掌的方式。不過不論這是否嬉戲，我今晚都絕不會讓牠們靠近雪曼。

要讓牠們經過雪曼，而不讓任何一隻羊亂走很困難。我的想法是，如果我等到天黑，羊群就會匆忙地進入畜棚，衝過雪曼身邊而不停步。過了這一夜，牠們就會適應牠的氣味，（但願）到日出時已習慣這個奇怪新動物的存在。這不是什麼大計畫，不過不論綿羊和山羊都很聽話。我打開門，牠們都以全速飛跑經過雪曼，直奔羊欄。

直到突然間，其中一隻羊在半路停了下來。我在黑暗中瞇眼一看，希望不會是……

可不是嗎！正是勞倫斯。

在擺脫「欺騙羊」和「逃跑羊」後所解決的問題，全都又因我養了勞倫斯而回來了。是的，我知道那是個錯誤，但相信你也會有同樣的做法：三月的一個週六早上，我開車去艾米許朋友伊蘭的農場，去歸還他借給我們家，讓兩頭母羊──按艾米許人的說法「精神一振」的那頭公羊。這幾年來，我們組成了本地養羊者的小交易圈，大家每年都交易種羊，以防止羊群近親繁殖。伊蘭的公羊以生育雙胞胎聞名，所以我們可以期待在幾個月內草地上就會有四個新的小動物。這表示不論伊蘭有哪一種可愛小動物待售，我們都沒有多餘的空間飼養。美嘉提醒我，歸還公羊時，一定只能放下羊轉身就走。

「當然，」我同意。

我到達伊蘭家，花了一陣子才終於在穀倉後面找到他。他正凝視著一個隔欄的半門。

「牠們可不是很漂亮嗎？」他說，「我聽說了牠們，根本無法抗拒。」

每週五晚上在蘭開斯特郊區的綠龍農夫市場都舉行牲畜拍賣會，伊蘭是常客。他總是帶回一些寶貝，例如會像狗一樣掉毛而不必剪毛的卡塔丁（Katahdin）羊，和田納西發昏羊（Tennessee fainting goat），只要牠們一害怕，就會全身僵硬，像活的雕像一樣一動也不動。有一次他甚至帶回一隻駱馬，牠像看門狗一樣，保護他的羊群不受掠食動物侵害。但這回，難道他找到了一對——

「瞪羚」？我脫口而出，「你弄到了瞪羚？」

「看起來很像，對吧？」伊蘭說。「其實牠們是歐伯哈斯利（Oberhasli），是一種高山山羊，在這附近很難找到。牠們以產奶和容易駕馭而知名。」

在羊欄裡有一頭母山羊和牠的小羊。兩隻都是美麗的巧克力棕色，生著奇怪的寬捲角，沿著脊柱有一條黑紋，使牠們看起來既高貴又狂野，彷彿剛從非洲大草原漫步而來一樣。

「這羊寶寶怎麼了？」我問。牠耳朵的上半部不見了，就像被剪刀剪掉了一樣。

「還記得幾週前天突然冷下來嗎？飼主說牠在深夜時出生，直到早上才被發現。母羊為牠全身保暖，只有耳朵尖端顧不到，所以它們凍傷脫落了。」

在開車回家的路上，我拚命想藉口：「看看我在街上找到了什麼流浪動物！……我想伊蘭會吃掉牠們……不，牠們會幫我們賺錢。」就在我駛入車道之前，我突然發現自己拿著一張不需要撒謊的王牌；這兩頭棕色的山羊如此可愛，我最好的辦法就是閉上嘴巴，等美嘉看到牠們為止。幸好這招奏了效。少掉一半耳朵的羊寶寶教人心軟，我的妻子和女兒看到牠的第一眼就投降了，而羊媽媽天性溫馴，奶量驚人。但是我們不願冒任何風險；這頭羊寶寶是公的，這意味著牠比較可能惡作劇，我們可不想給牠取個像「陰間大法師」這種會釋放牠內心魔鬼的名字，免得到頭來又得處理另一頭「欺騙羊」。我們認為，最安全的選擇是叫牠勞倫斯，也就是在電影《搖滾校園》（School of Rock）裡那個溫順的四年級書呆子鍵盤手。

十全十美，毫無包袱。

很快地，我們在清晨五點就被一陣急煞車吵醒，接著憤怒的鄰居錘我們的後門，說他們差點撞上路中間一頭毛茸茸的傻瓜。沒幾週，勞倫斯就長成瘦削長腿的少年羊，身體的設計符合空氣動力學最大的跳高和滑翔力。我眼睛都來不及張開就急匆匆地出門道歉，打著赤腳追趕勞倫斯回到籬笆後面。起初我怪勞倫斯這個名字——他原本確實加入了傑克．布萊克（Jack Black）所飾代課老師的造反，並且對鼓手不客氣，但後來我去查了《現代農夫》（*Modern Farmer*）雜誌，讀到關於歐伯哈斯利這個品種的好消息：

是山羊世界的狗，安靜而友善。

還有壞消息：

但這並不表示牠們不會逃跑。牠們後腿強勁，可以輕鬆地躍過籬笆或跳上車頂。

換句話說，勞倫斯在基因上就像狗那樣渴望摟抱，而且會設法克服想要阻止牠的事物。暴風雨時，我們會因突如其來的敲門聲而嚇一大跳，接著才想起那是勞倫斯，牠感到孤單，想要進來。我們最要好的艾米許友人凱蒂和阿莫斯有一次提議，把勞倫斯送去他們家，讓他們的波爾山羊（Boer Goat）和勞倫斯交配，培育友善、多肉、多奶的超級羊，趁牠不在，我們也有機會喘口氣。帶勞倫斯出門很容易，我在牠的脖子上扣上皮帶，就像遛狗一樣，漫步半哩到凱蒂家。我把牠留給阿莫斯的一群保母山羊，向牠道別，牠歡天喜地跑去見這群羊女士。兩週後，一輛曳引機駛上我家車道，後面放著一個狗籠，裡面是勞倫斯，顏面盡失地回來了。儘管阿莫斯的柵欄比我們家的還高，上方還裝有電擊網加強，卻依舊不是歐伯哈斯利山羊彈跳的對手。凱蒂得不停地跑出去把勞倫斯趕出她的花園，這已經夠糟糕了，電話簿又成了最後一根稻草。艾米許人把電話放在穀倉外面，通常是在一個看似屋外廁所的小棚屋。有一天大清早，凱蒂出去打電話，發現勞倫斯在裡面，正在大嚼寫滿這家人畢生收集電話號碼的厚筆記本。

不過，無論勞倫斯有多教人惱火，我都生不了太久的氣。我會在黎明時奪門而出，把牠從馬路上帶回家，卻看到牠興高采烈朝我奔來，彷彿整個早上都在期待著見到我一樣。在牠看來，突圍而出不是為了自由，而是為了友誼。儘管勞倫斯變得又高大又強壯，但牠的心裡依舊是來到這個世界的第一個晚上，挨在母親身旁瑟瑟發抖，凍掉耳朵的小毛球。

勞倫斯一如往常，在羊群晚上進來的時候總是排在最後，天黑時，牠總是最後一個離開遊戲場的孩子。牠突然轉過身來，高高地揚著頭，保持警覺。牠嗅著空氣，把注意力集中在靠著穀倉牆壁，那個一身粗毛，一動也不動的怪異輪廓上。雪曼被逼到角落，即使牠突然有力量移動，也沒有空間逃避接下來即將發生的一切。

勞倫斯雖然很友善，我卻絕不希望牠接近一頭昏昏沉沉，受到創傷的驢子，這頭驢子嚴重受損的腳和數個月來被囚禁在小棚子裡的經歷，使牠幾乎不能動彈，根本是等著挨打的生病目標。勞倫斯蹦跳的歡迎總是嚇跑初次見到牠的孩子和其他動物，主要是因為他們不知道這隻頭上有兩根大骨矛的飛跑瘋子為什麼全速對他們猛衝。我沒辦法及時趕去阻止勞倫斯，而不冒著驚嚇牠，使情況變得更糟的風險，只能硬著頭皮，希望勞倫斯改變主意，發現自己落在羊群後面，趕緊走開。可是牠卻做了我以前很少見到牠做的事：從從容容地慢慢來。

勞倫斯彷彿踮著腳尖一樣，小心翼翼慢慢走近雪曼，看到牠這麼緊張，我覺得很奇怪，後來才明白發生了什麼事：勞倫斯接近雪曼時，把鼻子直直頂住驢腹，滿懷好奇，從頭到腳細心地嗅聞。雪曼一動也不動，甚至在勞倫斯的角逼上牠的臉時，牠也沒有退縮。

我心驚肉跳地看著，只要這頭傻羊露出絲毫挑釁的跡象，我就得立刻行動。勞倫斯一路往下聞，順著雪曼的腹部，轉入牠尾巴後面的重大衝擊區，牠繞著雪曼走，直到消失在雪曼另一側身後。最後牠終於從雪曼垂下的頭部那邊重新出現，牠完成了檢查之旅。無論勞倫斯的鼻子聞出了什麼故事，都一定使牠感到困擾，因為牠接著做的事立即彌補了牠曾經破壞過的每一個花壇，驚嚇過的每一個駕駛人，和我必須更換的每一道破損的籬笆。

山羊勞倫斯。

勞倫斯在那頭病驢旁邊躺下來，把牠的腿蜷在身下，然後安頓下來過夜。

第二天早上我走出房門時，勞倫斯還在原地，這真教人不解。每天日出時，勞倫斯從來就不會在牠前夜所在的位置。平常牠此時已經去和其他動物廝混，然後急匆匆趕到前門，看看在我們車道盡頭趕校車的孩子們會不會從午餐盒中分些點心給牠，或至少撓撓牠的耳朵。

可是今天卻不然。什麼都不能讓牠拋下這個生病的陌生動物。什麼都不能——

只除了早餐。

我拉開乾草間的門，突然，貪吃的勞倫斯站起身，朝我直衝而來，使勁殺入已經聚攏來的綿羊和山羊陣中。我把半捆乾草塞進飼料槽，轉身退開，讓這些動物狼吞虎嚥。我感到身後有東西正在接近。我一轉身，才發現雪曼試探地緩緩走了幾步。牠在離乾草槽幾步的地方停了下來，和那一團混亂保持距離，但是在勞倫斯向左移動時，雪曼也向左移動。等勞倫斯發現更有利進攻食物的地點，移到右邊時，雪曼也悄悄地跟隨。整個早上，雪曼都與其他動物保持距離，但只要勞倫斯一動，這個長耳朵的陰影就跟在牠身後。

我坐在草地上，看著勞倫斯填飽肚子，然後開始牠每天的惡作劇。牠火速展開行動，和我們用奶瓶從小餵大的可愛閹羊把弟撞頭，把弟容忍了一會兒，然後把勞倫斯擠回籬笆那邊，把牠趕去和比較小的動物胡鬧，終結了牠的無聊行為。牠在約四十碼外發現了一個完美的目標：我們的另一頭公山羊「辣椒狗」，牠正在安靜地吃草，不知道自己已經被身後找碴的飛彈鎖定了。勞倫斯開始緩步朝牠的方向走——而跟在牠身後，雖然緩慢但堅決的，是雪曼。

這讓我做了一個決定，我想，該是嘗試一下的時候了。

我匆匆跳上卡車，趕去飼料店。譚雅等一下就要來檢查她的病人，如果我快一點，可能正好有時間在她明白我要做什麼之前，試驗一下我的計畫。

譚雅在下午駕車抵達。「你好啊，雪曼，」她邊喊邊爬出卡車，聲音流露出情感。「你好嗎，小傢伙？」在我聽來，她的語氣變得有點嚴肅：「牠得馬上清潔驢鞘。」

我說：「牠沒有驢鞘。」我猜那一定是某種馬毯。「牠只有那條破爛的韁繩。」

譚雅說：「我向你保證，牠有驢鞘。我現在正看著它，是牠的陰莖。」

「我們必須清理牠的陰莖？」

「不是我們，是你。這是『你』要做的作業。你現在最好學起來，因為如果牠活下來，你每三、四個月就得做一次。」

「你說真的嗎？」我從小就讀了很多有關馬的書籍，《小馬暴風雨》（*Misty of Chincoteague*）這本傳奇小說從頭到尾就沒提到畢比爺爺要清理馬的那個玩意兒。可是譚雅卻十分認真：因為雪曼已經去勢，所以牠休眠狀態的陰莖容易有蠟質堆積，可能會引起嚴重的問題。要完成這個工作，唯一的方法就是輕輕把手指伸入驢子的腹部，拉出牠縮起的陰莖，用溫肥皂水小心地擦拭，同時設法不要被踢進外太空。

「最後，你把手指伸進孔裡——」譚雅繼續說。

「什麼孔？陰莖？」

「就在那裡。你得拔出蠟球。那就是『豆子』。豆子是凶手，會徹底破壞牠的膀胱。」顯然，如果雪曼重獲新生，那我也會有新的活要做：每三個月，我就得提醒自己遞交每一季的稅表，還要幫我的驢子通一通下水管。

譚雅完成嚇唬我的大業後，準備察看她的病人。「讓我看看你，雪咪。」我們走過大門時，譚雅喊道。

雪曼的耳朵豎了起來。我不知道牠是否記得自己的名字，但牠對譚雅可是有刻骨銘心的印象。牠沒有抬頭，不過牠的耳朵可保持高度警覺，而且轉過身來，突然頭一回表現出對羊很感興趣。牠踏著沉重的腳步朝牠們前進，而且一直擠進羊群中央。勞倫斯發現牠的新夥伴正在移動，因此趕過來，也擠進其中，直到牠們倆都被羊包圍。這雖不是很好的躲藏地點，但我對雪曼的嘗試刮目相看。

「你看牠會走！」譚雅說，她一點也沒生氣：「而且牠交了一個朋友！老兄，太神奇了。」

她跟著雪曼走進羊陣中，伸出手來撫摸雪曼的鬃毛，但牠把頭一甩，她只摸到空氣。她再試一次，又錯失目標，因為雪曼擠進更深的羊群中。這個焦躁的動作看起來實在有趣。雪曼左躲右閃，就像成龍出拳一樣。無論愛剪毛的這個瘋女人今天想幹什麼，雪曼絕不合作。

譚雅說：「有人終於想到自己是驢子了，我喜歡。」

我們終於抓住雪曼的韁繩，然後把討厭的勞倫斯推開。譚雅從外套口袋裡拿出一管抗生素針劑，用牙齒咬掉蓋子，然後一手捏起雪曼臀部附近的皮，一邊用迅雷不及掩耳的動作扎了下去。她的動作靈巧，雪曼似乎根本沒有感覺到針頭。譚雅把手伸進另一個口袋，掏出一管驅蟲膏，要治療雪曼的腸道寄生蟲。「牠會喜歡，這東西的味道就像新鮮的蘋果。」譚雅說，「讓我們用它來分散牠的注意力。」譚雅指示我打開驅蟲膏，先讓雪曼細聞這金冠蘋果的香味，然後噴一點在牠的牙齒之間。譚雅盯著牠，一等雪曼張嘴要舔驅蟲膏的那一剎那，她就撲過去把體溫計插進牠的肛門，以絕佳的無痛護理，在雪曼注意到發生什麼之前，量好了牠的體溫。

她說：「有點燒。」於是又從她的流動藥房外套口袋中掏出一管止痛消炎藥 Banamine，這種糊劑可以讓雪曼退燒，並緩解可能使腸道收縮的肌肉疼痛。她說：「這應該能讓牠舒服多了，就像驢子的泰諾（Tyleno，一種止痛藥）。」整體而言，譚雅的態度謹慎樂觀，她猜可能要過幾週，我們才會知道雪曼的腸道是否正常，血液是否沒有感染。但是最重要的是牠的腳，它們現在看起來很有希望。

譚雅說：「牠走得很好，比我預期的要好得多。」

「對，」我說，「但是牠不肯踩任何硬的地面，連車道上的碎石子都不肯。」

「你為什麼要牠去踩？」她問，語氣流露出只差大聲說的不以為然：我才把這生病的病人交給你一個晚上，你就要把一切搞砸嗎？

「我有個主意，」我說，譚雅一聽到「主意」一詞，就懷疑地把眉毛挑高，教我不安。「你昨天談到絕望，我仔細想了一下，這就是我想到的……」

5 礦工、騙子和他媽的混蛋

十年前，我曾去過科羅拉多的萊德維爾（Leadville）探幽尋舊，這是洛磯山脈中古老的採礦小鎮。我到那裡是為了探查一九九〇年代超馬賽事的真相。當時有一群穿著裙子和涼鞋的男人突然現身參加知名的萊德維爾百哩賽跑，後來也同樣突然地消失。他們是塔拉烏馬拉印第安族人（Tarahumara Indian），這是個隱居的部落，住在墨西哥偏僻的銅峽谷（Copper Canyon）深處。幾個世紀以來，關於這族人非凡跑步能力的各種傳言不斷，早就聲名遠播。很少有外人真正見到他們跑步，但見過的人都說他們是幾近超人的運動員，從一個峰頂跑到另一個峰頂的速度比馬還快，可以一口氣跑十場馬拉松（是的，超過二六〇哩），不用停步。

塔拉烏馬拉人幾乎從沒出過峽谷參加賽跑，因此一九九三年約十二名族人在萊德維爾出現時，立刻引起轟動。儘管他們名聞遐邇，但這些羞怯猶豫的傢伙穿著他們前一天才用廢棄輪胎所製的涼鞋走上起跑線時，很難不為他們難過，直到起跑槍響，他們把數百名比他們更年輕，裝備更精良的選手拋在身後為止。一位五十五歲的塔拉烏馬拉農夫跑出第一，緊隨其後的前十名包括另外七個塔拉烏馬拉村民。第二年，這些村民再度參賽，連續第二年擊垮了萊德維爾。然後他們離開了，再也沒有回來。

究竟發生了什麼事？吸引我赴萊德維爾的塔拉烏馬拉奧祕，不久後卻使我踏上了我在《天生就會跑》一書中所述的瘋狂冒險之旅。我鼓起勇氣赴萊德維爾，準備面對討厭記者問東問西的頑固老礦工，沒想到不到五分鐘，那些礦工就打開話匣子，讓我明白我對萊德維爾不懂的事還多得很。抵達鎮上的第一個早晨，我就和肯恩．克勞勃（Ken Chlouber）面對面聊了兩個小時，這位礦場負責人在礦場關閉後，創辦了萊德維爾百哩賽跑，拯救了他的城鎮。我提出的每一個問題，肯恩都不厭其煩地回答，直到他坐累了，於是建議：「嘿，我們穿雪鞋去走走。」

沒多久，我們就踩著及膝的積雪，爬上洛磯山脈，讓我親眼看看塔拉烏馬拉人究竟是在哪裡獲勝。肯恩已年近七十，但卻以如此粗獷的力量衝上山，我上氣不接下氣，連請他放慢的力氣都沒有。我眼前金星直冒，像溺水的泳者一樣吸著空氣。比起有哩高城（Mile High，因丹佛高度為一哩而得名）之稱的丹佛，萊德維爾更接近太陽一哩，因而是美國大陸最高的城市。這裡的空氣異常稀薄，第一次來訪的遊客下車後常常會頭痛。

「不過很值得，對嗎？」肯恩說。我抬起下垂的頭，映入眼簾的是一群在下方吃草的麋鹿，蜿蜒的阿肯色河閃閃發光，覆著雪的雲杉林木直上雲霄，美得教人屏息。

「是的，的確——」我開口，但肯恩突然想到一個主意。

「今年夏天你一定要回來！」他脫口而出，「來參加『隆隆日』（Boom Day）。我頭一次看到隆隆日，就知道自己一定會留下來。」

肯恩在奧克拉荷馬州肖尼（Shawnee）的農場上長大，隨著一個又一個工作，最後流浪到萊德維爾。這裡的礦場酬勞還不錯，但教他迷上此地的是在八月的一個早晨，他醒來時發現有一群動物以雷霆萬鈞之姿，奔過萊德維爾的大街。一群驢子拔腿狂奔，肯恩的礦工同伴則緊追在後，盡力抓住驢子的轠繩，跑得心臟差點都跳了出來。這群人繞過拐角消失了，他們衝上一條泥土路，準備爬坡十三哩，到蚊子山口（Mosquito Pass）。

這是肯恩頭一次看到 burro 賽跑，光這一次就讓他著迷。（「burro」是西班牙語「驢」的意思。就像「汽水」和「蘇打」一樣，用哪個名詞取決於你在洛磯山的東、西側，還是在山頂。）

人們告訴肯恩，驢子負重賽跑是緬懷淘金熱時代的活動，當時探礦者發現有價值的礦土後，會把裝備放在驢背上，帶著牠到鎮上申請挖礦。到一九一五年，老一輩的探勘者已經消失，但驢子仍然保留。採礦業已深入地下，由挖掘貴金屬轉變為工業礦物，但身體結實、個性穩定的驢子不會因炸藥爆炸而失控，依然需要牠們把沉重的礦車拖到地面。在黑暗中與驢子一起工作的礦工和牠們建立了深厚的情感，待牠們一如自己的寵物。週末，他們會帶孩子到鎮外的大畜欄裡，把手越過籬笆，餵蘋果給他們的好友。最後他們乾脆帶驢子出柵欄來，到山上溜達一天。

你可以看出這情況會怎麼發展，對嗎？一批突然獲得自由的動物和一群肯恩暱稱為「礦工、騙子和他媽的混蛋」混在一起，不變成某種鄉巴佬的牛仔競技還真不可能。到一九四〇年代，礦工們互相比賽小徑競走，直接走進萊德維爾市區中心。到後來，如果你在週六走進銀元沙龍（Silver Dollar Saloon），卻沒有驢子站在酒吧前陪著牠兩條腿的夥伴，還真稀奇。

久而久之，他們走的距離更長，速度更快，賭注也更大，直到一九四九年，有人提出了一場重量級的挑戰：任何愚蠢到願意參賽的人，都有資格參加二十三哩的驢子賽跑，從銀元沙龍往上，越過一萬三千五百呎的山脈，然後回到費爾普雷（Fairplay）的梅乾（Prunes）紀念碑，這個紀念碑是為了紀念在費爾普雷附近流浪多年，成為全鎮共同寵物的驢子「梅乾」。第一個抵達梅乾紀念碑的人就可以帶五百美元獎金回家，只要你還走得動。

埃德娜．米勒（Edna Miller）很嚮往這個比賽，但對參賽者則沒有那麼崇拜。她看到礦工零零落落地回到費爾普雷，有的人筋疲力盡，說不出話來，心想這些男人做的事，女人也都應付得來，尤其如果這意味著一天可以拿五百美元的話。

且慢，埃德娜問這些採礦和清除廢石的人，為什麼女人不能參加賽跑？

這些礦工面面相覷，聳了聳肩。誰說她們不能？

先看看國際奧委會、業餘運動聯盟（Amateur Athletic Union）和美國醫學會（American Medical Association）怎麼說？一九四九年後的數十年中，醫界還依舊大放厥詞，鼓吹運動過度會使女性的子宮和卵巢鬆垂這種理論。或者更氣人的是：就在二〇一〇年，國際滑雪總會（International Ski Federation）的會長還在說，跳台滑雪（ski jumping）「從醫學角度來看不適合女士」，因為，當然，眾所周知，落地時子宮可能會「破裂」。顯然我們不能信任女士照顧她們自己的器官，所以男性必須介入。直到一九八〇年，還禁止女性參加任何距離超過八百公尺的奧運比賽：十公里、五公里都不行，只能跑八百公尺——不到半哩。同時在波士頓，「女子賽跑」根本就是犯罪：在一九六〇年代，任何女性如果膽敢參加波士頓馬拉松，都會遭警察逮捕，或者，如果主辦的是這名女子的父親，那麼她還會挨一頓痛打。一九六七年，凱瑟琳．史威澤（Kathrine Switzer）用了一個無法辨識男女的姓名縮寫報名，混進賽場，比賽負責人威爾．克洛尼（Will Cloney）斥道：「如果那女孩是我女兒，我就揍她。」流傳一時。

但是在萊德維爾，礦工對事情有不同的看法。

「在西部，我們一向都知道女人和男人沒什麼兩樣，」傳奇的馴驢師柯提斯．伊姆瑞（Curtis Imrie）說。曾三獲賽事冠軍的他對芭柏．杜蘭（Barb Dolan）和凱倫．索普（Karen Thorpe）等女選手的欽佩之情溢於言表，「驢子賽跑完全不像你們在東岸聽說的什麼『保護』婦女的胡說八道。」

一九五一年，這些礦工不僅歡迎埃德娜上起跑線，而且還鼓勵她帶朋友一起來參加。不到四年，滿山遍野都可看到參加驢子競跑的女選手，占總人數四分之一。如今回顧起來，在波士頓，手拿雪茄、身披大衣、脾氣暴躁的老男人一直到一九七二年都一直主張女性太嬌弱，不能參加他們的馬拉松賽；而在科羅拉多州，「女士們」卻早已在二十年前就參與更艱鉅的挑戰，這未免太荒唐了。波士頓總愛誇耀它有美國史上最悠久的馬拉松賽，但那只是對某些美國人如此，對於另一半數十年來都遭禁參賽的人口，這項比賽就像根本不存在一樣。

對於所有的美國人，不分男女，這項最古老的馬拉松賽一直都開放。你不用花大錢報名，也不用爭取資格，只要蒞臨現場，借一頭驢來，準備戰鬥即可。

肯恩．克勞勃告訴我：「頭一次看到這個比賽的人，不是愛它愛到難以自拔，就是從此消失，再也不回頭。你的渴望不是不藥而癒，就是身陷其中，義無反顧。」

自肯恩頭一次看到比賽後，不到一個月就租了一片長滿牧草的地，買了莫克，這頭驢大到可以和肯恩眼對眼對看，而且肯恩很快發現，牠一腳就能踢到他胸口。肯恩在礦場工作整夜後，黎明時離開礦場，直接去訓練他的新搭檔，結果卻在一個小時後，一瘸一拐地回家，全身瘀青，滿腦子困惑：這種動物完全不可理喻。肯恩從小就在鞍上長大，他是騎牛賽的高手，照理說，駕馭驢子應不是難事，難的是跑的部分；肯恩討厭耗費自己的力氣做比漫步快的運動，但和莫克在一起，一切都反了過來。順利的時候，肯恩發現他喜歡和這個動物一起小跑穿過松樹林，兩個夥伴都努力飛奔，同步喘氣，配合得十全十美。

但是不順利時……

「如果你和那頭驢對於要去哪裡和速度多快有不同的意見，牠就會把你拖到懸崖邊，或拉你穿過大石場，」肯恩警告我：「你毫無辦法，只能緊抓住牠，大聲呼救。」

不過肯恩卻十分堅定。自從他開始參加比賽後，就從沒中斷過。接下來四十年，肯恩和萊德維爾都經歷了一連串的悲劇、勝利和轉變。肯恩最先抵達此地時是外地來的異鄉人，為了養活妻子和寶寶而努力奮鬥的家具推銷員。後來他成了炸石團隊的老闆，再後來成了失業的礦工，最後則是拯救他第二故鄉的傳奇人物。後來極點礦場（Climax Mine）關閉，鎮上幾乎不剩任何工作，萊德維爾差不多成了死城，但肯恩想出了一個天才的點子，舉辦百哩賽跑，讓萊德維爾重獲新生，變成像知名滑雪勝地阿斯本（Aspen）那樣，冒險運動經濟蓬勃發展，也讓肯恩一路當上州眾議員和州參議員。但是不論發生多少變化，有件事卻從未改變：每一年，萊德維爾的驢子都會站到起跑線前，而且每一年，肯恩也都會和牠們一起參賽，即使他必須鋸開因前一場比賽摔斷腿而上的石膏，才能參加下一場賽事亦然。

我八月回到萊德維爾時（是的，他說服了我），和肯恩握手，發現他的手纏上了繃帶和夾板。「我上週在石頭上摔倒，」肯恩聳聳肩說。他在附近的費爾普雷參加二十九哩驢子賽跑，驢子興奮過度，高速奔馳，結果連他一起跌倒。肯恩摔傷了三根手指，也斷了腿，但他仍然站起身來，追上自己的驢子，繼續走到終點。當時他六十八歲。

儘管肯恩摔傷了手，依舊迫不及待地要拉我和他一起到萊德維爾的跑道上。我們沿著當地的主街哈里森大道走，到銀行後面的停車場，肯恩的牲口拖車就停在那裡。距起跑槍響還有足足一小時，但氣氛已經開始焦灼起來。驢子正緊張地來回踱步，扭動身體，被參賽者緊緊抓住，讓牠們遠離已經開始擠到路邊來的觀眾。

肯恩解釋說，再沒有比這更基本的基本規則了：任何大小的驢子都可參賽，從迷你型到巨無霸，但騾子不行！（騾子是半匹馬。）你和你的驢子上山再下山，賽程總共二十六哩，但你不可以騎驢，驢子必須身負三十三磅的馱鞍，裡面裝有採礦者的傳統工具：淘金盤，鐵鍬和鎬。如果你的驢子亂跑，你得抓住牠，帶回原先跑開的地點，然後才能繼續比賽。如果你是和「未閹的傑克」（性活躍的公驢）跑，牠的速度快，體力強，但容易出差錯。公驢最出名的就是好鬥，總是去追母驢，也可能因為不知道聞到什麼就跑進樹林。

「嘿，哈爾！」肯恩對一個全身曬成褐色的瘦子喊道，這人穿著破舊的卡哈特牌工作褲（Carhartts），正從皮卡走出來。肯恩對我說：「那是哈爾．華特（Hal Walter），很厲害，很聰明。他總有非常好的驢子。」哈爾因為太傑出，所以轉為職業選手。這項運動在一九八〇年代蓬勃發展了一陣子，科羅拉多和亞利桑納州有很多小鎮都舉辦比賽，因此哈爾可以把他的驢子裝進拖車四處巡迴，以賺取獎金為生。我們朝哈爾走去，想和他打招呼，但他心不在焉，似乎離我們百萬哩遠。他的視線幾乎不和我們接觸，而是望著遠方，喃喃自語關於雪堡的事，然後信步走開了。

「山路上還有雪嗎？」我問道。

「他說的是『薛巴爾』」，我們邊向前走，肯恩邊解釋說，「他想知道湯姆．薛巴爾（Tom Sobal）有沒有來。湯姆是少數可以跑贏哈爾的人。」肯恩說，哈爾通常都很友善，喜歡談驢子，但即使他是這種比賽最偉大的冠軍之一，賽前依舊會緊張。「不要因此而覺得奇怪，」肯恩說。

我們來到肯恩的拖車前，他把後門打開，一吹口哨，兩頭驢子就急呼呼地跑了出來。肯恩把牠們綁在一根「停」的標誌牌，然後回到拖車上。車內深處有個動物在砰砰重擊。肯恩又吹了一次口哨，然後開口咒罵。「該出動法寶了，」他說。他從皮卡中拿出一條二乘四（實際是一．五吋乘三．五吋，也就是三八乘八九公釐）的木材，從拖車側面的板條縫中滑進去，然後用力往後傾，想要用槓桿原理把最後一隻動物從車裡趕出來。可是沒效。

肯恩招呼兩名旁觀者一起幫忙，接著又找了一個，我們五個總體重達半公噸的人拉著驢子的韁繩和牠拔河。還是沒轍。肯恩火起來了，他把繩子拴在皮卡上，開始四輪驅動駕駛。一頭近六呎高的驢子一次一步，慢慢地冒出頭來。

肯恩把繩子遞給我，「這一頭給你。」

比賽時間快到了。「把孩子帶開！」播音員大喊，「這些動物會闖入人群，造成流血。」家長把孩子們推到身後，然後更進一步打量驢子的大小和要拉住牠們的參賽者身材，接著自己也往後退。

「牠叫藍調，」肯恩大喊，接著又嘰哩咕嚕說了一堆話，但是群眾的喧鬧聲教我聽不清楚，只聽到牠是頭公驢。好傢伙，是頭公驢。我把藍調的韁繩抓得更緊，想阻止牠在焦慮中一直不停地兜圈子。我正因牠轉圈轉得頭昏腦脹時，突然聽到播音員大喊：「十！」

群眾跟著數下去——「九！八！」這時肯恩提供我最後一點建議。「驢子賽跑有兩種方法開始，」他說，「你可以把帽子扔到空中，乾脆俐落。」

「四……三……」

「還有一種是我們的方法，」肯恩最後說。

萊德維爾的市長用雙管獵槍宣布比賽開跑，哈里森大道頓時變成了潘普洛納（Pamplona，西班牙北部城市，以奔牛節聞名）。驢子拔腿狂奔，藍調和我落在中間。我猛拉藍調，想要讓牠減速，但牠因尖叫的人群和得得蹄聲而太過興奮，我只能勉強跟著繩子，一邊轉彎離開哈里森大道，在第七街開始陡峭的攀登。

突然，我聽到一聲尖叫——不是歡呼，而是像恐怖電影裡那種魂飛魄散的尖叫聲。我急急轉頭，看到自一九七四年以來年年參賽的馴驢大師柯提斯仰面倒地，被我有生以來所見過最大的驢子拖著跑。柯提斯的一條腿被韁繩纏住，他想要把繩子踢掉，但他越掙扎，這頭瘋狂的動物就越想逃跑。我開始放開我的繩索，但卻又再次抓住它。如果我去幫忙柯提斯，藍調會怎麼做？牠會不會暴衝到人行道上的孩子和老太太中間？

肯恩的兒子柯爾跳上了他的登山自行車，飛快地衝向柯提斯。藍調繼續往前跑，我看不見他們了。我頭暈目眩，急需空氣，無法思考，只能想「你一定要堅持下去……一定，一定……」突然，我一頭撞上藍調的屁股。牠在路中間停了下來。另一名參賽者把韁繩繞在停車的標示牌上，讓他的驢子停步，藍調也加入了他們的行列。那名跑步選手和我把雙手垂到膝蓋，吸著空氣，兩頭驢子望著我們。萊德維爾的驢子賽跑，我才撐了三分鐘，還有四小時五十七分鐘得捱。

我還在喘氣，卻聽到身後有蹄聲，教人不敢置信的是，那竟是老柯提斯，他不但重新站起身來，而且還繼續比賽

柯提斯在萊德維爾隆隆日大賽中和他的大驢子搏鬥。

中。「我討厭這麼早就流血，」他抱怨道，一邊停下來看看我們是否還好。我們三個人一起出發，穿過沙沙作響的杜松隧道，攀上黃土路。在大約十一哩處我開始思索我該不該退出，這時藍調再度踩了煞車。

「嘿呀！」我喊道，柯提斯和另一位選手依舊大步前進。「嘿呀！」我用力拉藍調的韁繩，然後雙手拉住牠的籠頭，死命地以腳後跟為重心朝後拉。什麼動靜也沒有。一名觀眾跑上前來幫忙，他說：「我只試過一次，但我放棄了。我把韁繩綁在樹上，自己跑。」

他拉藍調的頭，我推，然後我們互換。哈爾・華特和湯姆・薛巴爾飛奔超過我們，下坡而去。一個又一個跑者緊隨其後，他們全都喊話鼓勵。蚊子山口已經很近，我幾乎可以看到它，但是藍調一動也不動。半小時後，肯恩和柯提斯最後一個跑回來的時候，我還在同一個地方。

「把那狗娘養的帶回去，」肯恩氣喘吁吁地說，「棄賽的是牠，不是你。」說得好。我把藍調轉了個身，這回牠動了——勉強算是。牠跑了幾碼，停下來吃草，然後再度開始。不知怎麼，我們交換了角色：我變成了負重的牲口，拖著重擔。起跑槍響五小時後，我終於回到了哈里森大道。

肯恩喊道：「你並不是沒有力量或決心」，他一直在等我，為我打氣。

隨便。我的表現很糟糕，甚至連倒數第一都算不上。「最後一頭通關驢」可獲特別獎，但你好歹得要通過山口才有資格。至少我仍然有獲得我真正想要唯一獎項的資格，我就像拖著被寵壞的學步幼兒的媽媽一樣，邊拖著藍調向前邊想：我只要衝過那討厭的終點線，然後這輩子再也不要看到任何一頭驢子。

6 萬獸之王

「那是你的點子？」譚雅輕蔑地哼了一聲，「驢子賽跑？」我邊講這個經歷，她邊歪著頭，緊緊地瞇起眼睛，好像設法不看我的樣子。「牠要跑多遠？」她問。

「世界錦標賽有兩種距離——」

「世界錦標賽。」她傻笑起來，好像剛剛聽到什麼笑點似的。「不只是賽跑，而且還是世界錦標賽哩！」

其實我有很好的理由，說明為什麼我們該參加這場最困難的比賽，但現在這個情況比我預期的要糟糕很多，而我甚至還沒有告訴譚雅壞消息：我已經偷偷帶雪曼去試跑。我原本並沒這個打算，今天早上我起床時，甚至還不敢確定雪曼是不是還活著。但我看到牠整個早上都以慢速跟著勞倫斯打轉後，實在無法抗拒。我去飼料店買了一袋馬零食和一條六呎長的拉繩。然後我把勞倫斯帶走，關在門後，把拉繩扣在雪曼的籠頭上。

我抓起一粒蘋果味的零食，放在雪曼的鼻子下面。牠懷疑地嗅了一下，然後一口咬住，開始咀嚼，一次嚼一下。我向後退了兩步，又給牠一塊零食。「來這裡，雪曼。」我揮舞著零食勸牠。雪曼看著我，但沒有動，只是凝視著我，就像一頭有屹耳那種悲傷眼神的受虐填充動物，再次變成昨天的雪曼。

我覺得自己很可惡，我對自己說：「你真是個混蛋。」這可憐的傢伙一輩子都遭受折磨，現在你正該讓牠恢復對人的信任時，卻拿誘餌騙牠？「對不起，雪曼，」我說。我決定不再逗弄牠，以免對牠造成嚴重的傷害，只等譚雅抵達——就在這時，雪曼向前走了兩步，從我手裡攫走了零食。

遊戲開始！我往後退一點，伸手從口袋再掏出另一塊零食。我手還沒拿出來，雪曼就已靠到我身上。我把零食給牠，然後再次退後。一塊又一塊，牠踏著沉重的腳步，一邊吃一邊越過小片的草地，直到我們抵達大門。我推開門，走到碎石車道上，伸手進口袋，雪曼把脖子伸向零食，但腳不動。我朝牠走了半步，再次揮舞零食。

「兄弟，這邊來。」我哄著牠。我輕輕地拉了拉繩，但繩子好像被綁在樹上一樣動也不動。雪曼低下頭，盯著碎石地面。牠的神情突然間似乎有點不同，牠的腳釘在地上，耳朵朝後，看起來好像死死頂住，擺好架勢準備打架。我們剛才用零食和走步練習建立的關係，現在不但已經結束，而且被一頭嚇壞了的驢子用來作為譴責我背叛的證據，牠覺得自己上了大當。

老天爺，我想牠一定害怕極了。「好吧，走吧，」我說。我把最後一塊零食餵了雪曼，然後從牠的籠頭解開繩索。我伸出手拍拍牠，但繩子才剛從雪曼的脖子上解下來，牠就回過身來，邁開腳步，直奔後門，勞倫斯正在門後來回踱步，等著牠。

哇，原來牠能跑，至少可以跑一小段。而且只在草地上跑。我很高興，但這種興奮感很快就消失了。我有個希望能使雪曼恢復生氣的計畫，但是如果牠的腳受損嚴重，無法踩在堅硬的表面上，我就不能強迫牠。我已經看到牠光看著碎石就有多麼害怕，我不會讓牠再經歷同樣的恐懼。牠有沒有可能在幾週內復元？幾個月內？

永遠？

雪曼似乎和我在科羅拉多見過的驢子截然不同。在我眼裡，科羅拉多的驢子都是在山間鍛鍊出來的強健野獸，可以一連跑好幾天，就連面對海嘯也不在乎。我想像不出我要怎麼讓雪曼從身心兩方面的創傷復元——牠被鎖在臭呼呼的隔欄裡度過絕望的寂寞歲月，以及牠那差點致命的腳部情況，我該怎麼讓牠和我肩並肩，在超級馬拉松賽事中與那些勇猛的驢子對抗。

一想到這裡，我就感到一陣興奮，卻又伴隨著恐懼。與雪曼一起跑步，意味著我得要與這種地球上最惡名昭彰的古怪生物建立關係，在可怕的天氣中和牠肩並肩踩在路況惡劣的小徑上長程訓練。我親眼目睹過萬一出了差錯，牠的蹄子可以造成什麼樣的後果；去年春天，鄰居的兒子伊蘭在為一頭騾子調整牠身上的犁具時，被一腳踢到臉上。雖然他已做過四次手術，顴骨現在變成了塑膠製的，但他的整張臉依舊像是凹下去的面罩。

但就是因此，使它難以抗拒。直覺告訴我，唯一能拯救雪曼的——比起撫摸、保護，甚至抗組織胺 Banamine，牠更需要的是運動。運動是萬靈丹；這是對我們身體每個細胞發出的信號，不管我們遭受了什麼樣的傷害，我們都準備好要重建，離開死亡，回到生命。受傷之後如果休養太久，你的身體機能就會衰退，讓你準備平靜地下臺一鞠躬。但如果你努力奮鬥，重新站起來，就會啟動神奇的開關，加快荷爾蒙分泌的速度，讓你身體強健所需的一切都加快復元：骨骼、大腦、器官、韌帶、免疫系統，甚至連你胃腸裡幫助消化的細菌，都會因運動而獲得提升。你該為此感謝你採集打獵的祖先，他們因為保持運動而演化存活。如今，不論是癌症、手術、中風、心臟病、糖尿病、大腦傷害、憂鬱症的病患，以運動為藥物都已成為求生的真理。因此為什麼血管中流著非洲野驢血液的雪曼不這麼做呢？

多年前我聽過影星詹姆斯．史都華（Jimmy Stewart）一個不可思議的故事，正當我在思量雪曼的問題時，這個故事又突然浮現我的腦海。我一直都記得這個故事，因為它描述的是我小時候一直想要擁有的超能力。當我在週六早上的卡通片裡看到水行俠用傳心術控制魚類時，不由得希望我也能對動物有同樣的能力，召喚我家附近所有的狗逃出牠們家後院，集合到我身邊，就像郊區的狼群等待我的心靈感應發號施令。成為萬獸之王是我的夢想——而據好萊塢的傳說，史都華就是這等人物。大家說他身上有一種力量，能促使動物信任他，只要他動口，萬物都會聽從。史都華就有這樣的天賦。

這故事聽來瘋狂，但史都華說它千真萬確。他說有一匹名叫「派」的特技馬非常危險，西部片的明星都難以駕馭牠。史都華說：「牠桀驁不馴，傷了好幾個人。葛倫．福特（Glenn Ford）都被牠摔在樹上，差點喪命。」但不知道為什麼，史都華和派惺惺相惜。「我們之間建立了像人類的情感。我相信我們彼此喜歡。我對牠說話，知道牠聽得懂。我知道，我就是知道。」

他怎能如此確定？因為曾經發生過如下這麼奇特的經歷：有一次，史都華和派要拍攝一個很難拍的場景，要用到一個小鈴鐺，還牽涉到一群土匪。史都華要在馬鞍上繫個鈴鐺，然後從馬背上溜下來，讓馬自己走到鎮上，而他悄悄跟在後面，出其不意突襲壞人。問題是該怎麼向派解釋這一切？史都華是演員，不是動物訓練員，但拍攝現場並沒有訓練員。

「好吧，讓我和牠談談，」史都華告訴導演。他對派說：「現在要拍很難的一幕，因為你知道，你是馬，但是你得直直走過去，沒有人騎在你背上。你得一直往前走，到場景的另一頭去。」拍攝小組認定這一定很難拍，準備整晚長期抗戰，沒想到一次就完成了。史都華很高興地說：「派一次就做對了，真了不起。」

也許史都華很幸運。也許他是世界一流的吹牛大王，但有沒有可能像我相信的一樣：使他成為偉大演員的同理心和想像力讓他能與其他生物溝通？與牠們平等交流？史都華在快要結束演員生涯時，曾上過強尼・卡森（Johnny Carson）的談話節目《今夜》（The Tonight Show），他從口袋裡拿出一張紙，讀出他寫給愛犬波兒的詩，教卡森熱淚盈眶：

有時我感到牠嘆息，我想我知道原因。
牠晚上醒來
會有一種恐懼
對黑暗、對生命、對許多事物，
而牠很高興有我就在身旁。

沒錯；很多人都願意不計代價，想瞭解為什麼愛犬在門口叫個不停，但史都華的獵犬在凌晨兩點打個呵欠，卻能讓他看到牠的靈魂深處。這些故事聽來雖奇怪，但我們可以說，在談到瞭解動物時，科學實際上是支持史都華的說法的。知名的動物行為學家卡爾・薩菲納（Carl Safina）指出：「聲音有時可以跨物種傳遞情感，我們都有感知它的能力，這是我們深遠的傳承。不論聆聽聲音的耳朵是屬於人類、狗，或馬，幾聲短促的高亢呼喚會引起興奮，越來越低的長鳴使人感到平靜，而突然發出短促的呼聲，會讓淘氣的狗或手伸進餅乾罐中的小孩暫時停止動作。」

在人類生存的長遠歷史中，對動物的直覺不僅很普遍，而且攸關生死。我們的祖先時時都在思索動物：從他們的眼睛一睜開，到晚上他們閉上眼睛，就連在睡夢中，他們也想著動物。他們必須瞭解動物，立即且深入地瞭解，否則就會滅亡。波兒和史都華的故事基本上就是我們生存的故事。

要瞭解這一點，不妨想想薩菲納的問題：是我們訓練了第一批的狗，還是牠們訓練了我們？曾有一段時間，人類在獵人中的排名很落後。我們不如尼安德塔人，他們體型更高大、更強壯，甚至可能更聰明，我們也不如狼，牠們有更厲害的獠牙、更快的速度，追蹤的能力也更強。在石器時代的食物大戰中，你真的不會想在強權表上排名老三。不過我們確實有一項長處：我們是很棒的賊，只要看到有好點子（或者其他野獸留下的野牛肉），我們就偷走它。我們的祖先學會跟著狼群跑，只要狼群捕獲獵物，吃了個飽，我們就去撿些剩餘的肉。久而久之，我們採取了和牠們一樣的騷擾與包圍策略，但真正使我們躍居食物鏈之首的，是在我們停止模仿狼的行為，而開始與牠們合作之際。

薩菲納認為，我們該為此感謝狼，因為邁出第一步的可能是牠們。狼生性好奇，牠們有能力嗅出人類的焦慮，使牠們知道什麼時候接近我們最安全。那是個旋乾轉坤的日子：我們的祖先滿腹狐疑地蹲伏在地，看著這頭野獸向他們慢慢逼近，做出了改變歷史的決定。就像好萊塢片中浪漫的邂逅一樣，雙方馬上卸下心防，因為狼比其他任何生物都更吸引我們。牠們很快就瞭解我們的想法，因為牠們的大腦和我們的感應理解力類似，薩菲納稱之為「類似人類的社會認知」。

我們和狼的團隊搭檔無往不利。我們的連結讓我們主宰了地球。在犬類的協助下，我們成為宇宙的主人。這些新同伴成了我們的守夜人，是我們的GPS，擔任先鋒突擊隊。在生存之戰中，牠們為我們提供了關鍵的競爭優勢，在我們的競爭對手尼安德塔人逐漸滅絕時，我們依舊能堅持下去。

此後我們所向無敵，再也沒有人能阻止我們。從那時起，我們建立無數的動物聯盟：我們馴服了馬和大象，牠們載我們南征北討，鷹和雪貂為我們獵殺兔子，並將牠們帶回我們腳下。野貓順服我們，保護我們的五穀不受鼠類侵害。我們學會為馴鹿上鞍，養鵝，讓牛上軛耕種。動物不僅讓我們獲得食物，保護我們，也啟發我們。我們研究牠們，畫牠們，尊重牠們。許多宗教崇拜動物，以牠們為神；倫理學者在牠們身上找到人生的教訓；尋道者以牠們為精神導師。我們以牠們為部族和嬰兒命名，埃及法老王死後也與牠們同葬。

但之後我們卻忘記了牠們。

從歷史來看，多年來熾熱的情感在轉瞬間消失了。我們迷戀動物達三十多萬年，但有朝一日，愛迪生和福特卻偷走我們的心。有了電燈，負擔得起汽車後，我們搬進室內，把動物拒之門外。我們不再需要守衛犬，耕馬或新鮮的獵物；我們在冷凍櫃的走道而非森林中狩獵，需要代步工具時，是發動我們的豐田Prius，渴望陪伴時，依賴的是電腦螢幕。人最好的朋友成了大麻煩，在我們的人行道上便溺，整夜吠叫，必須關在屋後房間的籠子裡，或是公園的小監獄中。小白和咪咪現在成了另一種垃圾；美國愛護動物協會（ASPCA）統計，每天都有逾四千隻遭遺棄的貓狗被人道毀滅，好騰出空間給每年被拋棄在收容所的六百萬隻動物。

「好吧，但這就是現代生活的代價。」你可能會這麼說，沒有人可以說你錯了（也許有點殘酷，但仍然……）。我屠宰過自己養的雞，為自己的羊擠奶，乘坐過艾米許人的馬車，相信我，談到飲食和日常的交通，只要一次這樣的經歷，你就會感謝有機器能讓你的手擺脫這一切血汗、乳房，和馬糞。科技減少了我們與動物王國面對面的接觸，我們的生活變得更輕鬆，在許多方面也更安全、更健康。雖然我們直到二十世紀才辦到，但畢竟我們戰勝了大自然。

現在我們得付出代價。

7 殺人犯厄爾和山羊

愛德華．威爾森（Edward O. Wilson）在一九八四年首先感覺到人類的世界可能會有麻煩。

威爾森是哈佛大學知名的科學家，他是阿拉巴馬州的鄉下孩子，皮到在釣魚時傷了右眼，卻不想上醫院浪費當天的美好時光，所以繼續釣魚而不告訴父母，造成右眼失明。那件意外成了他傳奇故事的起源：威爾森失去一半的視力，不得不改變他看世界的方式。他沒辦法看清森林中的動物，但是他尚存的好眼睛可以把昆蟲看得一清二楚，看到牠們幾乎難以看見的體毛舞動。他後來成為螞蟻的世界權威，這讓他對大自然有了像上帝一樣的視野：他可以從上方凝視，觀察整個螞蟻社會做出決定，因而永遠改變這個社會的方式。這甚至也改變了威爾森。他發現自己已經成為意外結果方面的專家。他會一而再，再而三地看到蟻群在受到環境壓力後做出反應，例如為了尋找更美味的食物或逃避威脅而遷移，幾代之後，這個蟻群已經演化成全新的物種。威爾森明白，你永遠不知道前方會有什麼樣的懸崖。那些螞蟻雖然只是改變牠們的住處而已，但這卻改變了牠們的ＤＮＡ。

到一九八〇年代，威爾森開始為自己所屬的物種擔心。他是自然學家，但他周圍的世界卻不再自然。這真瘋狂！如果讓我們在自由與監獄之間做選擇，我們會快樂地走進牢房，把身後的門砰地一聲關上。我們把自己關在盒子裡——辦公隔間和汽車、厚窗戶的房屋，和隔音的健身房，並讓自己切斷與我們所知最重要的視覺，聲音和氣味。威爾森知道，我們之所以能成為今天的我們，是因為動物之故。我們的大腦，身體，意識和潛意識——它們全都是回應我們周遭的生物而演化出來的。這攸關我們吃或被吃，意味著我們任何一秒都無法忘記牠們。人類的神經系統發展成為偵測動物的預警設備，隨時隨地都在掃描活生物接近的警訊。動物既是我們最親愛的朋友，也是我們最致命的敵人。而在我們建立連結三十萬年後，不可能這麼簡單就結束這樣的關係，而不付出任何代價。威爾森認為，如果我們遠離自然界，就會招惹我們所不瞭解的力量。我們改變了我們的住處，卻不知道自己去向何方。

威爾森稱這些力量為「親生命假說」（biophilia hypothese），字面上的意義就是「熱愛生物」，但可以更精確地翻譯為「你的大腦可能記不得，但你的身體卻永遠不會忘記動物自石器時代以來一直都在守護我們。」你為什麼會如此難以抗拒擁貓入懷的感受？那是你內心的穴居人在說話，告訴你：只要那隻小貓呼嚕呼嚕撒嬌，就沒有任何生物會謀害你。我們的史前動物夥伴是我們眼睛和耳朵的延伸，牠們用敏銳的千里眼和順風耳提醒我們注意危險。現在如果有一隻虎斑貓蜷縮在你的膝蓋上，或者甚至你看到漫畫中的史努比在牠的狗屋頂上睡覺，你就會感到祖先傳下來的平靜本能，告訴你：放輕鬆，目前你是安全的。狗比你的另一半更讓你安心，至少在晚上是如此：二〇一八年，凱尼休斯學院（Canisius College）的動物行為學家研究和寵物同眠者的睡眠習慣，發現在近千名婦女中，大部分摟著狗而非與丈夫同眠者「睡得更沉更香」，而且不僅僅因為狗比較會分享好枕頭，關閉手機。研究還發現：「她們的狗不但比人類伴侶更不會破壞睡眠，而且帶來更強烈的舒適和安全感。」

拜生病的員工瑞秋・皮爾斯（Rachel Pierce）之賜，使聯邦調查局在幾年前發現了動物與人之間有多強大的聯繫。瑞秋在FBI擔任心理研究員，她患有急性類風濕性關節炎，有時情況十分嚴重，痛到甚至連站都站不起來。她想知道服務犬能不能幫上忙，因此去流浪動物之家領養了多爾切，這是一隻哈士奇和德國狼犬的混種。瑞秋和多爾切一起訓練，沒想到多爾切成了明星：牠學會如何為瑞秋開燈，如何為她從冰箱裡取一瓶水出來，甚至還會把沉重的待洗衣物放進洗衣機，讓瑞秋只要按下按鈕即可。瑞秋太喜愛多爾切了，因此甚至違反她受教的服務犬最重要的規則：絕對不能共享。如果朋友和陌生人與你的伴侶狗一起玩耍，餵牠吃零食，他們有可能會混淆牠的注意力，破壞牠的訓練。

不過瑞秋還是忍不住想到，如果多爾切能和她工作中的證人合作，會多麼出色。她經常接觸受虐兒童，以及在校園槍擊事件中倖存的老師。他們的回憶是重要的證詞，但是人們在驚嚇過度時，很難清楚地思考。要是他們身邊有堅強、溫柔的保護者，會有什麼結果？瑞秋開始自行實驗，她和多爾切到安養院和受虐兒安寧訓練營（grief camp）當義工，效果驚人。身為心理學者的瑞秋很興奮地發現，她的狗可以比她自己更快創造信任和安全的氛圍。FBI授權她帶多爾切一起處理綁架和凶殺案件，他們成了出色的搭檔，瑞秋在二〇一二年還獲得了FBI的局長獎。

順帶一提，只要FBI探員出現，你會發現：這些人可不是兒戲。我曾報導過黑手黨汽車爆炸案，以及墨西哥毒梟飛到費城，由當地醫師為他做手術換指紋一案。只要FBI探員的藍色外套一出現，犯罪現場便氣氛凝重。你可以在犯罪現場的黃色膠帶前與當地警察聊天，但是只要聯邦探員駕到，你就得閉嘴退後。嫌犯在逃時，每一秒都很重要，因此FBI探員受的訓練就是保持冷漠的表情，維持機器般的效率。他們絕不會容忍狗在腳邊，除非那隻狗有傑出的成績。他們發現多爾切對案情很有幫助，牠讓壞人不會在街上橫行。調查局探員看到目擊證人一撫摸狗，就突然恢復記憶，提供行動的線索。在牠的陪伴下，兒童在法庭上提供了更有力的證詞。

多爾切成為明星，FBI也因牠的傑出表現，而在快速部署小組（Rapid Deplyment Team）中，增設了緊急救難犬計畫（Crisis Response Canine）。二〇一五年加州聖貝納迪諾（San Bernardino）兩名恐怖份子殺害十四人，造成數十人受傷，並乘休旅車逃離，FBI火速趕往可能發展為全國性的緊急狀況。救難團隊中就有兩隻拉布拉多犬，名喚威利和喬凡尼。探員很樂於見到牠們，不過並不完全是出於專業因素。聯邦調查局副局長大衛．鮑迪奇（David Bowdich）後來向媒體表示：「指揮所的人工作時間很長，壓力很大。狗兒在此地漫步時，我看到探員和專案組員會花時間撫摸牠們。」另一位FBI高層對牠們的表現非常激賞，她放棄用執法的行話和術語來描述牠們的成果：「對承擔莫大壓力的人，狗發揮了某種魔力。」

這種魔力對壞人也有效，而這正是威爾森「親生命假說」的奧妙之處：人類與動物之間的連結是本能，即使我們不特地去追求它，或甚至根本不值得有這樣的連結。利馬州立精神病罪犯醫院（Lima State Hospital for Criminal Insane，位於俄亥俄州利馬市，二〇〇四年關閉）的守衛在一九七五年發現到這一點。當時有個病房的囚犯顯得古怪。關在利馬的都是重案犯人，暴力風險太高，不能和一般犯人關在一起。有位個案主管說：「如果你被關進利馬，那麼你一定是犯下非常大的案子。」可是有個病房一連好幾天都很平靜，啟人疑竇。病房裡的罪犯不會自動自發地乖乖合作，如果他們突然這麼乖，警衛就要準備應付麻煩了。

然而，他們發現了一隻麻雀。

這隻鳥飛到病房裡，而且受了傷。一名囚犯把牠偷偷帶入房間，照顧牠，讓牠恢復健康。牠很快就成了病房裡的吉祥物。管理員知道他們該沒收這隻鳥——萬一病人折磨牠，或者為了接下來該由誰餵牠而起爭執，該怎麼辦？但是要取走一群罪犯的寵物很棘手，不值得為此引發騷亂，所以警衛決定睜隻眼閉隻眼，看看情況怎樣再說。在他們等待時，病房異常寧靜。醫院決定把這個意外實驗再推進一步，開始接受人們棄養的動物，送到門口來的任何動物，他們幾乎照單全收。短短幾年內，利馬塞進了近兩百隻有翅膀和毛茸茸的朋友，包括山羊、雞、天竺鼠、鴨子、熱帶魚、兩隻鹿和一隻遭狗攻擊而失去一隻翅膀的鵝。

「看那裡，」一位個案主管對《紐約時報》的記者說，他指著一個囚犯，他正在撫摸名喚「友誼」的山羊。「厄爾因殺人來這裡，而且還殺了好幾個人。他曾逃獄，且在逃亡的路上綁架一名警衛。」但在這些小動物出現後，厄爾變了個人，他在醫院裡的打鬥和自殺企圖大幅減少，因此藥物減半。不妨想想；這麼簡單的解決方案，教你幾乎忘記它值得諾貝爾獎的事實。在俄亥俄州內地的某處，一直忙著處理暴力攻擊和企圖逃獄的典獄長決定賭一把，讓地球上最危險的人接觸沒人要的農場動物。這場賭博很可能會出差錯，然而這些危險人物非但沒有傷害動物或彼此，危險性反而降低了一半。守衛和民眾現在更安全了，因為厄爾不再拿刀架在他們的喉嚨上，也不再需要服用藥物而昏昏欲睡。生命獲得拯救，病人也加快速度康復，這全因為那頭神奇的動物，山羊「友誼」。

在當時，現代心理學認為動物療法是無稽之談，因此這位典獄長的勇氣更了不起。一九七〇年代，紐約市葉史瓦大學（Yeshiva University）的心理學者鮑瑞斯．李文森（Boris Levinson）想要說服他的同事，說他最近的突破完全是因為他的愛犬叮噹。李文森原本正在治療一名「受到極大驚嚇的兒童」，這時叮噹溜到房間裡。李文森正努力要這個孩子開口說話，所以他不想讓狗在場使孩子分心。但是叮噹在附近時，兩人的對話漸入佳境。李文森治療其他患者時，也試著讓叮噹在場，結果病人也有相同的反應：這隻狗能讓兒童和成人都放鬆，並促使他們敞開胸懷。

就像佛洛伊德一樣！李文森記得精神分析史上的一個註腳：佛洛伊德認為情感宣洩並非輕鬆的事，他覺得聆聽病人深藏在心中的創傷，壓力實在太大，因此有時他會讓愛犬喬菲坐在他的腿上，作為舒緩。過了一陣子，佛洛伊德發現他的病人也喜歡喬菲陪伴，只要這隻鬆獅犬在旁，就連最沉默壓抑的病人都比較願意探索痛苦的主題。

有叮噹和佛洛伊德的鬼魂作陪，李文森認為他有了重要的發現。他收集他的臨床治療記錄，寫成論文提交給美國心理學會。但他在會議上發表這篇論文時，卻遭嘲笑。有觀眾喊道：「你的治療費有多少百分比要分給你的狗？」通常在這種聚會時，很少出現這種起鬨質問的情況。心理學就是培育大膽的想法，因此當整天都在容忍生病心靈的專業人士嘲笑你時，你就知道自己又創高峰了。

一位在場的治療師說：「當時人們用的並不是讚美敬重的口氣。」

幸好獄卒擔心的是獄中的流血事件，而不是學者的爭執。在他們看來，只要山羊和雞能防止利馬的囚犯越獄，那就讓這些牲畜來。其他監獄不久就跟隨利馬的先例，各自採行了親生命計畫。他們招募囚犯和收容所的狗互動，讓這些狗適合收養，也讓囚犯訓練援助動物，協助身障人士。在美國西部，牛教囚犯如何馴服野馬，讓牠們作為騎乘的坐騎。許多這樣的囚犯獲釋後，有非比尋常的表現：他們沒有再回籠。通常囚犯獲釋後，有百分之七十五會在五年內再次被捕。但與動物合作的囚犯回籠率往往低至百分之十。

好吧，讓我們暫時踩個煞車。誰說這些計畫的成功是因為幼犬和小馬？說不定這些囚犯只是需要有趣的新嗜好，讓自己再站起來，也或許他們需要的是更多的戶外活動，或者能增強他們自尊心的挑戰。也許這些動物只是這段旅程中的附件。說不定就是如此，因而在一九八〇年代，兩位科學家合作，想要找出真相。普渡（Purdue）大學的心理學者阿藍・貝克（Alan Beck）和賓州大學的精神科醫師艾倫・卡徹（Aaron Katcher）讓數十名志願的受測者參與各種巧妙的實驗。比如為了測試這些人是否需要更多戶外活動的理論，他們把一群注意力不足過動症（ADHD）的學生分為兩組：一組去泛舟和攀岩，另一組則負責照顧同伴動物。到研究中途，兩組互換活動。

結果兩位學者發現：「與戶外活動相比，接觸同伴動物可以改善過動症狀、學習更有效率，學業成績更優異。」但這才開始而已。「同伴動物的經驗也提供語言上更多的收穫，非語言行為更佳，專注力提升，控制衝動行為的能力也提高。」而且在計畫結束六個月，這些差異仍然很明顯。這些字是我加的，因為老天爺，這可是效力持久的靈藥。

是的，「靈藥」，因為最瘋狂的部分如下：貝克和卡徹也監控受測者的生理反應，他們發現這些狗不僅僅是取悅兒童，而且創造了藥理反應。只要拍撫狗兒五分鐘，你的心跳和呼吸就會減緩，血壓下降，肌肉放鬆，呼吸和緩。這樣的速度可說快得驚人。如果要用鎮靜劑在五分鐘內緩解壓力，必須要用面罩，和一大桶笑氣才行。

或者要用「愛的荷爾蒙」——催產素（oxytocin），而後來的研究證明，這正是當時所發生的：實驗中的兒童在愛撫狗兒時，體內的催產素會激增，這種荷爾蒙能引發強烈的信任、同情和情感。催產素這種大腦化學物質讓我們感到安全和被愛，它能減輕疼痛，幫助你入睡，甚至增強你的免疫力，降低你生病的可能。催產素是在溫馨的擁抱後，讓你更堅強的原因，新手媽媽也因此才能哺乳；這種荷爾蒙不但讓母親和新生兒建立更親密的關係，也帶來安全感，讓她覺得哺乳是安全的。當你覺得世界很美好，你很幸運能在這裡的陽光時刻，通常都是你體驗到催產素的激增。

愛的荷爾蒙力量非常強大，甚至可以用在現代心理健康中最艱鉅的挑戰：治療有創傷後壓力症候群（PTSD）的退伍軍人。受到「勇敢面對」訓練的軍人往往不願求助，即使他們求助，也很難區分並治療各種各樣的症狀：從憤怒到沮喪、對孤獨的偏執、對危險逞能的強烈恐懼。每三名PTSD患者中，就有一人無法用傳統療法治療。幸好有一種藥物不但有效，而且沒有危險的副作用，而且牠戴上艷色領巾，酷得不得了：那就是狗兒。其實狗本來是B計畫；研究人員起先以為可以用鼻噴劑朝PTSD患者的鼻孔噴催產素。如果可以在口袋裡放吸入器，何必真的弄隻狗來？可是每當我們想要克服大自然時，大自然就會突然反撲。如果劑量正確，鼻噴劑效果是不錯（八十多位受到創傷的荷蘭男女警察反應極佳），但即使只不過是一點點的計算錯誤，就會成為不折不扣的噩夢，會讓人做恐怖的夢、失眠、不安和幻覺。

可是和三歲大的拉布拉多犬盧格納特就不會有這樣的問題。美國軍方曾用牠來協助結束戰鬥任務，從前線返國的士兵調整情緒。軍方對動物療法的態度發生極大的轉變，甚至任命一位少校擔任「人與動物關係顧問」，並成立全美計畫，其中包括「紫心動章犬」（Paws for Purple Hearts）和「戰士與犬關係」（Warrior Canine Connection）等計畫，協助從戰地歸來而有適應困難的退伍軍人。如果你讀到受助家庭感激的證言，一定會熱淚盈眶：這些陪伴犬讓受痛苦和恐怖回憶所困，而無法在沒有家人陪伴下搭車或上街的退伍軍人，現在又能恢復正常，而且不會有鼻噴劑劑量不正確的困擾。除了軍方外，狗也協助受過性侵的人面對他們對安全和人類接觸產生的焦慮。服務犬能鼓勵牠們的主人走出噩夢，並且在主人背過身來操作自動提款機時提供安全感。

但最特別的是這些動物對身體健康的直接影響。以心臟病人為例：如果你養狗，那麼在重大心臟病發作後存活一年的機率就會增為兩倍。有其他哪一種治療法能夠在沒有藥物處方的情況下提高你存活機率的一倍？化療的癌症病人每週只需要動物協助治療一小時，就能讓沮喪焦慮減少一半。養老院甚至不用狗，只要在曾祖父的房裡放一缸魚，他的食慾就會更好，體重適度增加，也更樂於社交。

為什麼會這樣？沒有人真正知道，但又何必知道呢？這就是讓威爾森想一頭撞上哈佛磚牆上的問題。重點不是我們從動物那裡得到什麼，而是如果沒有牠們，我們會失去什麼。如果人和動物之間的關係能以種種方式改善我們的生活——讓病人變得更強壯，受創傷的人感到更安全，讓孩子們學得更快，讓監獄變得更平和，那麼反之亦然：沒有動物，我們就變得更脆弱，病得更嚴重，更憤怒，更暴力，更害怕。我們讓自己回到了過去，回到了人類獨自在地球上的絕望日子，盯著遠方的狼和鷹和野貓，希望我們能夠和牠們建立關係。只要我們結盟，一切都會好轉——直到我們轉身背棄了我們有史以來最美好的友誼。

幸好我們已在努力修復我們所破壞的關係。

可是壞消息是：我們或許等得太久。

我們已經失去了我們的動物直覺，看看西薩・米蘭（Cesar Millan）的銀行戶頭就能證明此言不虛。這位《報告狗班長》（Dog Whisperer）的主持人當年還是青少年時，從墨西哥鑽過暴雨排水管，一文不名地來到美國，如今卻捐出一百萬美元給耶魯大學，雖是為了一個流浪狗收容所的計畫，但也顯示他現在富裕到可以捐錢給已經有二七〇億美元經費的學校。西薩從地球上最簡單的工作賺了大筆銀子：教人們如何遛狗。養寵物的美國人比養孩子的還多；美國人有近兩億隻狗和貓，每年在牠們身上花費近七百億美元，可是西薩卻是活生生的證明，顯示我們根本不知道自己到底在做什麼。西薩教你如何防止你自己帶進家門的狗在家裡撒野，每天收費一千美元，等著參加他研討會的名單長到地老天荒。雖然我們內心深處依舊感覺到與其他生物連結在一起的古老渴望，但在我們真正嘗試時，卻是一場災難。

西薩跟我解釋：「狗並不是在想『感謝老天爺，西薩終於來了！』」

西薩說：「人們以為我有一種特殊的力量。我一走進來，狗就會有改變，大家覺得這很神奇。但是狗並不是在想，『感謝老天爺，西薩終於來了！』牠是回應我的活力。在動物的世界裡，一切都和活力有關。」西薩本人自己也不明白這種神祕的活力。他唯一受過的訓練是觀看他的老祖父在自家農場上教導獵犬。然而看看哪些名人曾向西薩求助：脫口秀女王歐普拉・溫芙蕾（Oprah Winfrey）、著名潛能開發專家東尼・羅賓斯（Tony Robbins）、身心靈性大師狄巴克・喬普拉（Deepak Chopra）、情境喜劇《歡樂單身派對》主角傑瑞・賽恩菲德（Jerry Seinfeld），甚至還包括《馬利與我》（*Marley and Me*）的作者約翰・葛羅根（John Grogan）。這些天生的萬人迷雖然吸引數百萬人，但卻得不到他們自家愛犬的心。東尼・羅賓斯！這人是德蕾莎修女和納爾遜・曼德拉的人生教練，但卻不是四磅重㹴犬歐小妹的對手。

不過認真地說，狗是小菜一碟。說到訓練動物，狗不過是初級班，純初學者的水準。畢竟是我們發明了牠們。狗是唯一一種人造的物種；在我們開始與狼合作時，也接管了牠們的血脈，開始修修改改。每當我們有新的需求，就創造新的種；我們創造科學怪人法蘭克斯坦，並為雌雄配對，創造我們所渴望任何奇怪的突變：短腿、長鼻、脾氣暴躁、皮毛柔順。同時，石器時代的西薩．米蘭早就生意興隆；沙烏地阿拉伯古老的砂岩蝕刻就顯示獵人用十三隻獵犬引導他，其中兩隻綁在他的腰上，這些狗似乎都訓練有素，很像當今沙漠游牧民族依舊當寶的迦南犬（Canaan dogs）。自人類歷史的曙光以來，我們一直在選擇和繁殖我們最喜歡的狗，用基因遺傳設計牠做事，而且光做一件事：服從。在大約三萬年後，我們創造了動物王國的MacBook（蘋果筆記電腦），開箱即用的生物。

換句話說，狗和驢不同。

我們操弄驢子的時間才不過幾千年，只占投資在狗時間中的一小部分，結果令人動容：驢子幾乎完全沒有改變。你可以把雪曼留在擠滿牠的非洲野驢祖先的地區，只要約五分鐘，你就根本無法從驢群中看出牠是哪一頭。驢很難馴服，我們把牠們留到最後；我們先養馴了所有其他有蹄的動物——牛、羊、山羊，甚至駱馬。到北非部族最後終於嘗試馴驢時，他們發現驢子有兩種非常特殊的性質：

- 嚇，這種動物很堅強。[1]
- 牠們裝聾作啞。

驢子不作反應；牠們推理。牠們不像馬會因恐懼而被迫服從。牠並不真正固執；而是求生存。如果驢子感到危險，那麼牠頭一個也是最強烈的本能，就是變成像石頭一樣。你可以強迫馬跳進河裡，但如果驢子不知道牠會落在哪裡，牠的腳就不會離開地面。對於非洲平原和山上的野驢而言，這種瞬間凍結的本能是了不起的生存適應能力。掠食者無法嚇唬牠們，讓牠們落下懸崖或洩漏行蹤，因為牠們移動的次數越少，暗褐色的毛皮就越能融入景觀。馬的速度很快，但是在穩定性、耐力，以及對高溫、寒冷和口渴的英勇抵抗方面，絕對無法勝過驢子。我們用來馴驢的全部努力都無法減弱這種本能，這很好：使牠們十分好用，難怪形形色色的邊緣人和帝王——先知和探礦者、征服者和獵人、隱士和探險家、耶穌和聖母、所羅門王、先知穆罕默德，甚至英國的維多利亞女王，都選擇這種長耳朵動物作為代步工具。

據湯瑪斯・傑佛遜（Thomas Jefferson，美國第三任總統）說，就連「當年最偉大的騎手」喬治・華盛頓，私底下也愛驢子。這位美國首任總統解甲歸田後，也成為頭號驢迷。西班牙國王卡洛斯三世送了兩頭驢子給華盛頓，華盛頓非常喜愛牠們，把牠們培育成美國唯一的種畜群。不過華盛頓還是及不上一位古埃及國王。考古學家剛發現他的墓地，打開墓穴時，以為在國王屍身四周「高身分地位」區形成保護環的，會是他的心腹朝臣，沒想到卻是十頭他最心愛的驢子，牠們犧牲了性命，作為他來世的守護者。其他哪種動物曾經獲得這種榮譽？沒有。

---

1 這是粗略的翻譯。更不用提牠們的頑固了。

不過若你選錯日子問伊姆瑞，就會聽到背道而馳的說法，他說，「如果想掂掂自己殺人的斤兩，不妨試試毛驢賽跑。」再沒有人比伊姆瑞更瞭解驢子的想法了。他用野驢培育自己的冠軍，並連續四十二年參加長達二十九哩的費爾普雷大賽，教人咋舌。然而，經過這四十多年，伊姆瑞對自己功力的評價只比普通高一點點。有一次他在科羅拉多州布納維斯塔（Buena Vista）參加十五哩賽跑，接近終點時，他的驢子傑克森突然在一座木橋前停步。這場比賽的賽道是一往一返，儘管傑克森不到一個小時前在去程才跨過同一座橋，沒有任何問題，但現在不論伊姆瑞怎麼勸說，都不能讓牠踏上橋一步。最後伊姆瑞不得不把傑克森綁在樹上，自己進城，然後開一輛有絞盤裝備的吉普車來，把這頭重七五〇磅的動物一絞盤一絞盤地慢慢拉過橋。

「印第安人沒有驢子，」伊姆瑞說，「他們看到我們的驢子，以為牠們叫做『天殺的畜生』。驢子懂得牠們自己有什麼權利，牠們可以很快就讓你無技可施。」如果像伊姆瑞這樣的專家都制伏不了傑克森，像我這樣的菜鳥對雪曼還有什麼指望？但想想如果我能達到目標，會有什麼樣的收穫。如果我能打破驢子的語言障礙，讓雪曼加入我的冒險行列，就能為其他想要與動物合作卻不知道如何開始的人指明道路。石器時代的獵人做了什麼來激發他忠誠的夥伴，米蘭向東尼．羅賓斯低語了什麼祕密，讓他瞭解歐小妹的心思，那就是我和雪曼建立連結後，可以學到的知識。我沒有辦法自己做到這一點。我得找到一位懂得驢語的專家，而我只知道兩位，一位是七十歲的伊姆瑞，遠在兩千七百哩之外。另一位就是在我面前的譚雅，只是她目露凶光地瞪著我。如果我不能改變她的心意，這個計畫就胎死腹中了。如果雪曼連我們自家車道都不肯踏上去，我又怎能讓牠在洛磯山脈賽跑？

8 厄運的水坑

「問題可能出在牠的大腦，而不是在牠的腳，」譚雅說。

雪曼到我們家已經四天了，自我告訴譚雅打算把她那跛了蹄子的病人拖到路上，看看牠想不想試試慢跑，差點把她嚇出心臟病以來，也過了三天。那天早晨她來檢查雪曼的蹄子時，我知道她仍然對我打的主意心存懷疑，但她輪流提起雪曼的每一個蹄子，檢查上面柔軟的肌肉，以及修剪後蹄子的形狀，她微笑著站起身來。

「看起來不錯，」她說，「史考特創造了一個小奇蹟。」

「所以——，」我冒險發言，「你認為牠有機會到路上走走嗎？說不定可以跑一小段路？」

譚雅還沒有被我所提的驢子賽跑點子說服，完全沒有，但我可以感到她對這種智力的挑戰很感興趣。對於像她這樣老練的馴馬師來說，這就像為太空總署解決數學問題一樣。她並沒有承諾要把人送上火星，但她至少想瞭解一下自己能否破解這個方程式。

她回答說：「你不知道牠原本過的是什麼樣的生活，牠那兩隻耳朵之間的腦袋可能承受了很多創傷，需要化解。」她瞥了車道一眼，然後回頭看著雪曼。「好吧，讓我們試試看。去把牠喜歡的那隻山羊帶來。」

我把勞倫斯帶過來，並且用繩子扣住牠的脖子。勞倫斯最愛冒險，尤其是可能有點心可吃時，所以牠熱切地小跑步跟住我。我們經過雪曼面前，但奇怪的是，牠連看也不看我們一眼。

譚雅說：「把牠帶到路邊這裡來，讓我們看看雪曼先生會不會跟過來。」

我可以確定雪曼在瞄我們，因為一等勞倫斯和我往前走幾碼遠，牠就開始若無其事地朝我們的方向漫步。勞倫斯和我靠近大門時，雪曼加快了步伐，先是變成大步走……然後變成急行軍……然後牠開始衝鋒，像公牛一樣朝我們衝來。我渾身僵硬，趕緊擺出架勢，準備迎接牠撞上來，接著才明白牠是朝大門去。老天爺，牠想要逃走嗎？雪曼擦過我身邊，然後急速停步，轉身打橫，用身體擋住大門。牠的頭又低了下來，耳朵也耷拉下垂，就這樣，牠又變成了悲哀、無辜的屹耳。

「哦，我的天哪！」譚雅大喊，「我喜歡。你看牠怎麼逗你！」

勞倫斯仍然盯著譚雅，認定她正在準備點心，但當牠扭動身體，經過雪曼，準備穿過大門往她那裡去討食時，雪曼卻擠進中間，不肯移動。雪曼不讓勞倫斯在不帶牠的情況下去任何地方，這表示要是勞倫斯不明白那扇大門外的世界有多危險，雪曼唯一的選擇就是採取行動，拯救牠們倆。

「雪咪，你這個大明星！」譚雅大笑，「全都給牠搞砸了，但牠聰明得很。老兄，牠就像驢子的心靈捕手。」

她開始動腦筋。她凝視雪曼，心裡想著牠剛才的小伎倆。在雪曼遭囚禁的那段時間裡，牠失去了很多東西。牠的肌肉萎縮了，身體鬆弛下垂，牠對人的信任就算沒有完全喪失，也嚴重受損。可是那種舉動？營救勞倫斯的瘋狂衝動？無論雪曼喪失了什麼，牠似乎都表示自己仍然堅定、勇敢，並且非常忠誠，更不用說這小子有一點小聰明。

「比賽是什麼時候？」譚雅問。

「明年七月，」我說，「只差一點就一年。」

譚雅抿起嘴唇，模稜兩可地來回搖頭。「牠要跑多遠？」

我說：「二十九哩。短跑道的話是十五哩。」

「十五哩，是短跑道。」譚雅翻了個白眼，「好吧，是我要你幫牠找件事來做，不過這並不容易。雪曼可以想出一百萬種方法，讓你的人生變成地獄。你看到你想把牠帶出大門時牠是怎麼做的？牠已經搶先了幾步，而你甚至連開始都還沒有。」

譚雅又恢復了送人上火星的模式。她說：「只有一種方法有可能辦到。你想要驢子做任何事，都必須讓牠認為這是牠的主意才行。讓我們試試看。」

她走回自己的卡車，把腰包裝滿馬的零食，一隻手餵勞倫斯幾塊，讓牠走開別擋路，另一隻手則徹底地把雪曼的耳朵撫摸了一陣。幾分鐘後，雪曼似乎放鬆了一點。譚雅餵牠一點零食，然後解開勞倫斯脖子上的繩子，扣在雪曼的籠頭上。她再一次撫摸牠的臉，然後很有威嚴地站直身體，讓牠明白誰是老大，並帶牠往……

牠不動。

譚雅拉了拉繩子，動作溫和卻堅定。雪曼一屁股坐下來，前腿頂在地上，準備對抗。「很好，」譚雅說，「現在我們等著瞧。」她緊緊握住繩索，但並沒有拉扯，避開和雪曼勢均力敵的拔河。「等一下……」

逐漸地，雪曼讓步了。牠邁出了一步，然後又邁出一步，直到抵達繩索另一頭的譚雅。「好乖！」譚雅輕聲道，餵了牠幾塊零食。她再次開步走時，雪曼緊跟在後。

可是等我們走到路邊時，雪曼卻退縮了，彷彿那是熔岩流一樣。「也許牠以前從沒見過柏油，也許牠以為這是無底的湖，誰曉得？」譚雅說，「但是對驢子，不論任何事，只要你開始做，就必須把它做完。」她走上馬路，把繩子圈在她的臀部下面，然後坐了下來。雪曼則耗盡全力倒車。一位鄰居開著曳引機隆隆駛過，不得不猛轉方向盤，以免壓到譚雅。譚雅微笑揮手，穩穩坐在馬路中央。

最後，雪曼把一隻腳放在柏油路上。

「雪曼好棒！」譚雅歡呼道，「好小子。你看到了？你信任我，而且沒有因此而死。」

譚雅朝雪曼走去，一邊接近一邊收緊繩子，讓牠不得不把那隻試探的腳留在馬路上。「現在我們有個選擇，」譚雅告訴我，「這是你對雪曼最重要的選擇。無論你選了哪條路，都會決定你和牠這輩子的關係。」她說，該是決定要用「緩解」（easing）法還是「淹沒」（flooding）法的時候了。

譚雅讓雪曼留在同一地點，那隻蹄還停在馬路上，她向我解釋了「緩解」和「淹沒」兩種方法的差別。「淹沒」一隻動物，意思是用新的感官轟炸牠，迫使牠遵從你的命令，不給牠時間去思索發生的情況。比如你的狗一聽到大的聲響就心驚膽跳，坐立不安，那麼你該敲鑼打鼓來管束牠：把小狗用短繩緊緊拉好，讓牠聽驚心動魄的框啷框啷聲響，讓未來所有的噪音和這些聲響一比都微不足道。用超載的分貝淹沒這隻狗的感官系統，牠對噪音的恐懼應該會永遠消失才對。

對雪曼來說，淹沒法的意思是要趕牠繼續穿越那條柏油路，無論前面會有什麼奇怪的危險：紅色的停車標誌、鄰居巨大的耕馬、馬路對面的潺潺小溪、AK鋸子店吱嘎作響的金屬路標。雪曼腦海的警鐘會瘋狂大響，但也沒辦法：牠會學到只要我一下命令，牠就走。就是這樣。

另一方面，「緩解」法則是把那樣的洪水減少成涓涓細流，俗稱「對馬輕聲細語」（whispering），但如今，太多人拍胸脯自稱是這種懂得向對方細語的人，對象包括狗、貓、金剛鸚鵡、執行長、和精神變態者（是的，的確有一個「精神變態細語人」），因此沒人知道什麼才是細語，或誰有資格做細語人。無論如何，譚雅都不是喜歡花言巧語的人，她寧可平鋪直敘，直言不諱，在她看來，輕聲細語絕非對著動物的耳朵低聲呢喃，而是採取緩慢而輕鬆的步調。

「緩解」的方式能讓雪曼以自己的步調面對世界，牠不是遭人驅使，而是受引導。直到牠徹底瞭解前一個挑戰，而且消化了一陣子，終於告一段落後，我們才繼續進行下一個挑戰。這是較為溫和的做法，但它有個缺點：它會迫使雪曼直接面對牠的恐懼。牠不能只是個封閉大腦的僕人，盲目跟隨主宰牠的主人。牠必須充分瞭解我們正在進行的一切，並根據勇氣而非恫嚇做出決定。這種抉擇並不像你想像的那麼明顯，尤其是對像雪曼這樣的受虐動物。對牠而言，讓牠的大腦空白反而是一種解脫。

我看過自閉症患者天寶．葛蘭汀（Temple Grandin）的傳記電影《星星的孩子》，所以對譚雅所說的略知一二。我環顧我家四周，想從雪曼的視野來看它，找出一些小訊號，我雖不會受這些訊號影響，但它們卻會嚇壞超級敏感，天生準備逃跑的獵物。離我們的車道大約一百碼，是一條穿過樹林的泥土路，這是帶雪曼步行的理想地點，只是如果我們要全部都採取輕聲細語的做法，恐怕要花一個星期的時間才能帶牠走到那裡，一路上每隔幾步都有牠必須吸收的新事物，而我一點也不想站在柏油路旁躲避卡車，等著雪曼在那裡衡量AK鋸子店的招牌有什麼風險。

「緩解」法要花我們非常非常漫長的時間，但我們沒有時間可以浪費。「淹沒」法實際得多，用這種方法訓練雪曼唯一的限制，就是我們必須堅持不懈。而開始的時間就是現在，馬上，就在我們讓牠把第一個蹄子放在路面上的時候。

或者不是。

「好吧，雪咪，去追山羊吧，」譚雅說，「我們到此為止吧。」她讓雪曼回頭轉身，領牠回到大門裡。勞倫斯還在等，牠的蹄子在欄杆上，頭從欄杆頂冒出來。顯然我完全誤會了譚雅的意思。在她看來，淹沒和輕聲細語的選擇全都是學術理論，根本不是真正的問題。她心裡對雪曼的需求早有定見，不容懷疑。

譚雅一邊打開大門，放雪曼和勞倫斯自由，一邊告訴我，緩解是唯一的一條路。「我不打算為娛樂自己而殘害其他動物。反正雪曼永遠不會嘗試，牠這輩子已經夠慘了。」譚雅保證她會在幾天內回來。在那之前，我的功課是以我們已做到的為基礎，看看我是否可以克服一切困難，用輕聲細語的方式，讓雪曼把四隻腳都踏上柏油路。

「這真的很重要，」譚雅離開前提醒我。「無論你開始做什麼，都必須把它做完。如果你覺得自己辦不到，就不要開始。懂了嗎？」

「當然，」我承諾說，並沒有特別在乎。光是坐在繩子上，有什麼好難的？

坦白說，儘管譚雅大談特談緩解、輕聲細語，和淹沒等方法，但其實她真正做的只是坐在那裡，給雪曼吃餅乾。我告訴自己：「坐在那裡餵零食，你應付得來。」卻沒想到，就像對普羅米修斯那樣，眾神要毀滅人的時候，會先讓他們變得莽撞。

在接下來這一週裡，我要完成的主要任務就是嚴密監控雪曼的臀部。我馬上明白要像譚雅那樣巧妙的使用直腸溫度計，唯有魔術大師大衛．布萊恩（David Blaine）才辦得到，幸好她沒有要我嘗試。她說，只要雪曼會吃東西，願意四處走動，我們就不急著量牠的體溫，可以等她下次來再說。而同時，我的任務是巡視雪曼的便便。我得觀察它們，歸為下面三類之一：正常、不對勁，和沒有便便。不對勁的意思是任何液狀、泛黃或者亂七八糟的便便，這可能意味著牠需要再一劑驅蟲劑。沒有便便則是紅色警報，表示牠的腸子出問題，我得立刻致電譚雅。

「正常呢？」我問。

「就是正常，」譚雅聳了聳肩，「漂亮、健康的便便。」

我說：「可是我從來沒有見過健康的便便，我只見過雪曼的。」

她說：「你會知道的。你往下一看，就會知道，是的，這便便不錯。」

我竭盡所能遵照譚雅的指示辦事，但就我所見，接下來幾天沒有任何值得驚慌或喝采的情況，至少這也算是不錯的成績。雪曼仍然迴避羊群，只要牠們在乾草旁搶食，牠就避開，不過現在春天的青草開始生長，公羊把弟和牠的夥伴在草地上吃草的時間更長，讓雪曼和勞倫斯可以一起安靜地嚼食。譚雅偶爾會過來，檢查雪曼的體溫，並探查牠的腹部。

她說：「牠正在復元。現在該是讓牠動一動的時候了。」

因此，那天下午我的兩個女兒放學回家後，我們把口袋裡裝滿馬零食，然後前往牧場。我們給雪曼套上籠頭，再把勞倫斯推到門後，接著把雪曼引向馬路。我十四歲的女兒瑪雅握著繩子，而沒事找事讓我們攪進這團渾水的始作俑者十歲小女兒蘇菲則到前面去注意來車。

「你只要坐在那上面，還有——」我說，一邊伸手握住繩子，把它套在我屁股下，展示譚雅被動但堅持的策略。正在我說話時，雪曼走過我身旁。牠一隻腳踩在馬路上……然後另一隻腳也踩了上去……。接著牠接受瑪雅帶領，跟隨蘇菲走到馬路中央，彷彿牠這輩子一直都跟在她身後漫步一樣。這表示我們要不是世界一流的馬語者，就是有其他的事正在進行，一定是發生了什麼事。我們走到更遠一點，然後停下來，換蘇菲來牽牠。我教她如何牽著繩子：在她的臀部那邊拉緊，她的雙手拉穩，但卻鬆鬆地套在牠的頭上。

我說：「然後，你就往前。」

可是雪曼並沒有往前。我堅定地把繩索往前拉，但什麼反應也沒有。蘇菲也試了一下，但對我們倆而言，雪曼是一塊巨石。究竟瑪雅做了什麼我們沒做的事？蘇菲把繩子交還給瑪雅，看她能不能讓雪曼再往前走，片刻之後，謎團解決了：只要蘇菲一走，雪曼也跟著走；蘇菲停步，雪曼也停

用「緩解」法讓雪曼克服牠的恐懼。

步。我們又換人，讓瑪雅接手，雪曼很快就跟著她走，但換成我，牠就不那麼熱中了；我試著走在前面，雪曼就放慢腳步，變得像泥塑的一樣。我不能怪牠：現在牠明白，只要我一出現，就會有人拔出鋼鋸，或牽走勞倫斯。

雪曼似乎很高興夾在兩個女孩子之間，所以我退到一旁，讓她們去帶牠。譚雅沒有留劇本給我；我們倆都沒有料到雪曼會突然表現出對下午散步的興趣。該讓她們走多遠？這個問題教我有點不安。牠的蹄子撐得住嗎？還是該現在就叫停，讓女兒往回家的方向走？不過，這裡離泥土路已經很近——再走二十步就到了。這有點危險。我們正朝一個急轉彎走，卡車經常在這裡超越雙輪車輛，但只要我們繼續前進，很快就可以繞過去。「怎麼回事？」瑪雅問道：「牠看起來很害怕。」

我們一到轉彎處，雪曼就全身僵硬，耳朵像緊張的貓一樣放平。牠擺出奇怪的姿態，把身體拱成一團毛茸茸的大球，但四腿僵硬，就像牠既準備消失，又打算作殊死戰一樣。我環顧四周，想要用葛蘭汀的眼光找出問題，搜尋任何可能驚嚇牠的事物。沒有狗，沒有被樹卡住的塑膠袋。沒有——

且慢，不會是那個水坑吧？那塊濕濕的痕跡？它不到一呎寬，連水都沒有。但雪曼卻像個正準備高空跳水，往下方一看的小孩一樣，一動也不動地佇立在這個地方。

「也許我們該帶牠回家，」瑪雅說。

當然。隨時都可能會有卡車繞過彎道疾馳而來，發現路當中有兩個孩子和一頭驢。可是譚雅上次說的話仍在我耳邊迴盪，而且我不想糟蹋雪曼今天已經做到的驚人進步。我告訴女兒說：「我們先讓牠越過水漬，譚雅教過我怎麼做。」只需要兩個小步驟，牠就可以做到了。我把繩子放在屁股下面，準備坐下來，把這件事解決。

但那天早上學到東西的並不只有我。雪曼一看到我的動作，趁我還沒準備好，就使勁把頭往後拉，讓我失去平衡，差點倒在牠身上，好不容易才回穩，狗娘——

我吸了一口氣，緊拉著繩子。好吧，現在我可以確定兩件事：問題就是那攤水漬，還有，我必須解決它。雪曼似乎並不害怕；而是露出反抗的模樣，就像小孩抿緊雙唇，無論如何堅決不肯吃藥一樣。牠的鬃毛直豎，眼神表現出這一回合牠不會輕易認輸。我暗忖，你最好現在就控制住情況，否則你永遠控制不了。

我說：「小姐，注意路上有沒有車。」然後我想到了更好的主意。「不然，還是回到靠近籬笆這裡。」這可能得要一陣子，我不想讓女兒待在雪曼蹄子踢得到或者超速汽車駛來的範圍。我蹲在我這頭繩子的末端，緊緊拉住，直到雪曼的頭在水漬上方，儘管牠的腳還是頑固地停留在水漬邊緣。以生病的動物來說，牠的力量大得教人難以置信。我不得不把自己盡量壓低，以免被拖著走。我們勢均力敵，僵持不下，面對面互相凝視，雙方都不進不退。兩分鐘過去了……三分鐘……

我的手開始抽筋，不由得疑惑自己在做什麼。這半輩子以來，我一直在避免發生這樣的情況。二十五年前，我和弟弟在傑克森霍爾（Jackson Hole，美西懷俄明州的小鎮）滑雪時，曾看到告示，警告給來到這偏遠地區騎雪地摩托車的遊客：「絕不要離開你的交通工具，」它說：「曾有遊客步行接近水牛，結果被牛角頂死。」不知在什麼地方，悲傷的妻子告訴孩子說，他們的爸爸不會回家了，因為他想要撫摸野牛。從那時起，我一直對愚蠢的死法感到恐懼。我可不希望美嘉站在棺材邊，向親朋好友解釋說，不，我的心理狀況並沒問題，但是，是的，我人生最終的時刻是與一頭驢子在水坑裡角力。

「汽車！」蘇菲喊道。我遠遠就認出了那是我們七十歲鄰居所駕駛的農場老爺卡車。我知道山姆開得不會太快，所以我繼續堅持。山姆一定已經習慣動物與人在公共場合對峙，因為他繞過彎道時只是友好地揮揮手，按聲喇叭，就繼續前進。雪曼一聽到喇叭嚇得跳起來，正足以讓我把力量朝我的方向拉。牠還來不及站穩腳步，我就向後拉，一手接著一手，直到把牠拉到水漬這頭我這一邊來。

「零食！」我朝女兒喊，「我們趕快餵牠，然後離開這裡。」女兒從口袋裡掏出點心，雪曼的鼻子吸著點心，而我則摸著牠的頭說：「好孩子，」一邊又想起了譚雅交代的，不論雪曼給我多大的苦頭吃，每一次都要帶著微笑結束。我們都輕聲安慰牠，撫摸牠，然後轉身向家。女兒開步走時，雪曼緊緊地跟住她們，跟得很近，牠的鼻子幾乎靠在蘇菲的肩膀上。蘇菲走得更快，然後再快一點，直到我們四個全都拔腿奔跑。

孩子們笑了起來，她們開心地說，不論走多快，雪曼一拱一拱的頭都緊跟在她們身後。我們朝家裡跑去，因為我們對從未聽過，且連雪曼也不曾聽過的音樂而興奮：牠四蹄飛奔的節奏。

9 把驢之道

那天晚上，我上床時想到了一個問題，等我醒來，一個計畫已經成形。在入睡之前，我心滿意足地回想兩個女兒和我那天的成就。雪曼才不過第一、第二、第三次嘗試上路，就克服了牠對路面的恐懼，還跨過了厄運的水坑。最棒的是，牠突然放下恐懼，跟在我們身後一路狂奔，教我們三個人大吃一驚。當然，牠只跑了幾百呎，而且是的，牠渴望回家來找勞倫斯，但這仍然表示牠對我和兩個女兒感到很放心，而且認為那棕色的小穀倉是牠的家。

當晚我迷迷糊糊準備入睡時，想像著雪曼和我一起參加驢子世錦賽的模樣。我可以看到賽道上的障礙一個個落到我們身後，我想像自己在開跑槍響後安撫雪曼，然後鼓勵牠跑過那第一哩的路面，直到我們到達小徑。我們真的會在塵土飛揚的路上大步飛奔，拿下多次大賽的第一個——

我的雙眼突然大睜。小溪。我完全忘記科羅拉多那些層層疊疊雖然漂亮但卻如芒刺在背的山間小溪。世錦賽至少要跨過兩條小溪，說不定是四條，而且根據比賽當天融雪和天氣的情況，溪水可能是從平緩如鏡的及踝水深，到深不見底水聲如雷。雪曼才為了路上的一點水漬就像灰熊一樣與我搏鬥，我要花多少週和牠角力，才能讓牠踩進流水裡？我們沒有那麼多時間可以浪費，在接下來的十個月裡，牠和我都得要努力練跑，才可能有希望完成比賽，而且時間不等人。這些該死的溪流帶我們重回起點，回到了我們從一開始就面對的輕聲細語與淹沒法，該做鐵血教育班長還是慈母的兩難抉擇。如果我讓雪曼以牠自己的速度緩解牠對水的恐懼，我們就會花無數小時無休止地拔河。但如果我強迫雪曼跑，牠會肯嗎？

等我睡著時，再次感到絕望。可是當我睜開眼睛時，我想到了答案：史蒂夫之道。[1]

我的大腦一定整夜都在翻騰，因為它把十五年前的記憶與譚雅前天給我的小建議連結在一起。譚雅說：「你得讓雪曼認為一切都是牠的主意，」當時我只顧點頭稱是，但並沒有聽進去。你經常在搶劫電影、浪漫喜劇，和世界撲克大賽的評論中聽到這種話，但是算了吧，除了喬治・克隆尼（George Clooney）在《瞞天過海》一片中扮演的丹尼・奧申之外，有誰能這麼聰明，足以欺騙人們，堅持不顧你的「反對」，非得要把有祕密隔間的公文包放進賭場保險箱？但我睡著的大腦卻為我破解了密碼，因為等我起床時，已經明白自己該怎麼做。

我的錯誤在於把譚雅的建議視為一種騙人的伎倆。我初次邂逅美嘉，使用把妹絕技時，是真的沒想到自己。美嘉熱愛非洲音樂，但不想招惹莫名其妙的陌生人，所以我把我的邦哥（Bonga，非洲安哥拉民歌手）和西莎莉亞・艾芙拉（Cesária Evora，西非維德角歌手）的ＣＤ借給她，而自己很快就離開了。接下來發生的一切全都取決於她。如果我期望得到任何回報，這種把妹技巧絕對不會有效。我會感到焦慮、不滿或急躁，算計我對她的反應應該採取什麼樣的行動，散發出「喂你覺得我怎麼樣」的氣息，早晚會毀了一切。另一方面，如果做得對，把妹絕技就會讓你忘記未來，專注當下。你並不是在耍花招，而是認真地向前邁步。

我迫不及待地出門準備開始。這是個美麗的九月天，才上午九點，就已經很暖和，這天氣對我的計畫十分完美。雪曼和我要取出我塵封的老劇本，而且祝我們好運，要重新打造，把它用來訓練我們倆都可以派得上用場的方法：把驢之道。

兩個女兒去上學了，所以我把美嘉拉來幫忙。我們拿了幾條籠頭韁繩和一些馬零食，然後去召集其他的團隊成員。勞倫斯和雪曼正在牧場的另一端吃草，正如我所料，勞倫斯一聽到我們的聲音就揚起頭；牠已經發現：自從雪曼來了以後，我們就總是帶著點心現身。勞倫斯舉步，蹦蹦跳跳地朝我們跑來，雪曼在後面，等牠靠得夠近之時，我們把我為牠新買的紫色籠頭滑上牠的頭部，然後扣上繩子。我把雪曼留給美嘉，而去找把驢實驗所需的另一個盟友：脾氣暴躁、容易暈倒的白山羊，大名辣椒狗。

辣椒狗之所以加入我們的家庭，起因是一位名叫肯．布蘭特（Ken Brandt）的老伯安排的惡作劇。幾年前，肯買了我們家最喜歡冒險，不受圍籬束縛的兩頭山羊，逃跑羊和露露，要送給他的曾孫。究竟他為什麼這樣做，本身就是一個故事。

肯住在薩斯奎哈納河沿岸的村莊法爾茅斯（Falmouth），這地方比蘭開斯特還小，而且更深入賓州中部鄉下，車程要一小時。一九七〇年代，肯和他的夥伴總愛取笑一位朋友，因為他老是出去

1 第三章提過，記得嗎？

釣魚打獵，卻不照顧自家草坪。一個週末，肯和同伴惡作劇，在那朋友草已長得太長的前院放了兩隻山羊。這個玩笑有點失敗，一方面是因為這些山羊很可愛，另一方面是這個朋友因而獲得免費的園丁，因此肯想要惡搞，就得要再升級。下一回這個朋友離家上山時，肯在當地報紙上登了個廣告，宣布舉辦「第一屆法爾茅斯山羊賽跑」，並列出朋友家的電話號碼作為聯絡之用，供人查詢日期和位置。這回肯的惡作劇大獲成功，他的朋友週日晚上回家後，遭憤怒的家人砲轟，因為他們整個週末都在接聽詢問山羊賽跑的電話。

惡作劇的人都知道，受害對象的家人生氣時，你就放開手或裝傻，但肯與眾不同，他並沒有以在背後竊笑為滿足，反而要把這個惡作劇發揚光大。這個騙局揭露了一個隱藏的事實：顯然許多鄰居都有山羊，而且也都想參加比賽。肯想，如果他們那麼熱心去打電話，為什麼不乾脆就來辦這樣一個比賽呢？他知道完美的場地：就在法爾茅斯唯一的道路上，一路直到法爾茅斯唯一的「停」牌。肯在報紙上又登了一則廣告，這回是用他自家的電話聯絡。

肯的太太琴．布蘭特（Jean Brandt）回憶說：「很多人都想報名。我們真的不知道附近有多少人養山羊，也不知道他們願意到多遠的地方參加比賽。」在一九七八年第一屆的比賽中，肯並不太在乎規則。他把成年人歸為一組，兒童歸為另一組，只教他們要抓緊繩子，然後指向四十碼開外的「停」牌。

「法爾茅斯的朋友們，你們準備好了嗎？」他喊道。

「準備好了！」

「站上起跑線……預備……開始！」

南西．史威加特（Nancy Sweigart）當天就在場邊。她一向喜歡馬，就算第二喜歡的動物，也必定是狗——但她看到女兒的數學老師跟在一頭兩歲的侏儒山羊身邊，跑到心臟差點跳出來，結果和一位五十三歲四任的州議員幾乎同步到達終點，還得看終點的照片分出勝負，而這位議員猛衝之下，差點跌個狗啃地，胸部像風箱一樣起伏，但最後還是因為以毫釐之差失敗而跪倒在地，儘管他自己都幾乎無法呼吸，卻撫摸著他的斑點波爾山羊，氣喘如牛地說：「這不是你的錯，波波，不是你的錯，」……唔，你怎麼可能抗拒？

「這真的教我著迷，」南西告訴我。即使她當時已三十歲，根本不記得自己什麼時候曾經移動得比走路快，但山羊啟發了她。她去養了一頭名叫布巴的侏儒山羊，而且由於沒人知道該怎麼教羊賽跑，所以南西發明了她自己的方法。「我偷偷溜到牠身後，推牠的屁股，牠會拚命跑，讓我追牠，然後牠追我。接著牠會縱身一躍，在車上亂跳，直到外子出來，我們才只好下來。」

為免你看不起推屁股和在汽車引擎蓋上狂歡的健身策略，覺得這種做法太原始而且不科學，不妨想想南西曾三度獲得總冠軍，而且連續十五年從未缺席比賽。在那段時間裡，她從來沒有把自己當成運動員，但她在後院卻得到了莫大的樂趣，先是布巴，然後是熊熊，然後是巴尼，她花在練習上的時間和精力比整個早上都在上健身飛輪課程的人還多。二〇一七年我在第三十九屆山羊賽跑遇到她時，她已快七十歲了，正帶著她十歲的孫女奧登參賽。

奧登借了一隻名叫強尼的小白山羊參賽，但第一場預賽時，強尼跑了五碼就突然停步，不肯再移動。其他的孩子都和他們的山羊一起快跑到達終點，但奧登卻停在賽道中間，既尷尬又困惑。這時南西教導奧登什麼叫做冠軍的風範。她推開眾人，跑到孫女身邊，一把抱起強尼。南西就這麼抱著小山羊，與奧登一同慢跑到終點線，觀眾則在一旁歡呼打氣。

「瞧，人人都愛牠！」南西告訴奧登，她綻開微笑。「牠太可愛了，不能用來比賽。我們只要抱著牠就好。」

肯無心插柳，成果豐碩。到第五年，法爾茅斯路附近的巷子已經塞滿了找車位的卡車和追逐脫逃比賽夥伴的孩子們，因此肯把賽事移出村子，搬到了鎮外的馬牧場。他還加辦了一場除夕跨年活動，讓報時的玩具山羊從三十五呎高的旗桿上落下地來，並自封為第一個山羊守護者（或稱代罪羊），專司保護這個儀式玩具羊的保管和安全，因為肯說：「時報廣場的紐約人會嫉妒我們的羊，他們會來綁架牠。」

有了更大的空間後，這個比賽更熱鬧了，變成當地的嘉年華會。每年九月，數百輛汽車魚貫入場，放出成群結隊的兒童，他們直奔可愛動物區，跑去乘坐曳引機的小車，或者自製的蒸汽冰淇淋機，和糖果商 Tootsie Roll 舉辦的吐糖比賽。美國海軍學院的吉祥物山羊比爾也露了面，還有一對從夏威夷來此參加友人婚禮的年輕夫婦來閒逛時，因為肯越怪越好的主旨，因而被任命為他們從未聽說過的比賽的終點評審。

肯面對了一個擾人的問題：滿足人們的需求。頭一次來的人原本只是為了好玩而來，但到最後，他們就會糾纏肯，問他如何和從哪裡去取得山羊，以及他們是否可以自己養羊的問題。你只要拿一小撮玉米餵一頭——比如耳朵鬆垂的努比亞羊，可以很快發現，所有你想從狗身上得到的東西，從山羊那裡都能得到。山羊深情、溫和、好玩。牠們會奔跑、跳躍、嬉戲，但不會咬人、吠叫或打架。山羊不會騷擾你的貓咪，也不會攻擊郵差，牠們會幫你的忙，幫你清掉你一直想拔掉卻一直沒動手的所有毒葛和豬草。而且我們不是要滅狗的威風，但你的黃金拉布拉多什麼時候生產過能塞滿你冰箱的乳品？只要你願意動手，就會發現羊奶比牛奶好擠，而且每天依舊可以擠出多達一加侖，味甜、易消化（再見，乳糖不耐症！）和可以做起司的好東西。

當然，你可能會意外地得到一頭「逃跑羊」，但只要你明智地選擇，並且善做土地規劃，那麼一頭小小的反芻動物可能是你夢寐以求的寵物。這就是山羊可愛之處：牠們甚至是你尿尿的粉絲。幾年前，蒙大拿冰川國家公園的管理員看到野生山羊非但不再躲避遊客，而且甚至從高山上爬下來接近遊客，教他們大惑不解。通常遊客很難見到野生山羊，但突然之間，到處都是牠們的蹤跡。有些走進樹林中準備方便的遊客甚至發現一群山羊「埋伏」在那裡，教他們受到驚嚇。牠們準備做什麼？通常山羊並不會受到人類的食物吸引而接近人類，所以牠們並不是為了零食或住所而來。難道牠們認為人類可以保護牠們對抗熊、狼和美洲獅？可能。因此科羅拉多州大派了一個穿著熊裝[2]的

2 其實，生物學家為了科學的目的，而發揮方法演技（method acting）完全融入所扮演的角色有它引以為傲的傳統。例如，瑞士納沙泰爾（Neuchatel）大學的雷杜安・布沙里（Redouan Bshary）就披著豹皮，在非洲叢林爬行，因而對猴子遇險信號有了突破的研究。

科學家調查。是的：一位科學家，穿得像瑜伽熊（Yogi，卡通主角），追蹤山羊。

這位教授發出咆哮，四處亂跑，結果發現：是的，山羊害怕時確實會貼近人類。但是在教授休息時，事情卻變得十分有趣：他不再追逐山羊時，牠們四處嗅聞，直到發現岩石或樹有一塊發臭的地方，牠們接著就舔那裡。原來山羊是受人的尿液所吸引。我們超鹹的飲食使我們的噓噓富含山羊渴望的鈉和礦物質。「我拉開拉鍊的聲音就像是晚飯鈴一樣，」一位徒步旅行的背包客說，他在華盛頓州喀斯喀特山脈（Cascade Range）的英格斯峰（Ingalls Peak）體驗到類似的經歷，教他震驚不已。「我沒有尿完，甚至連開始都沒有。我把褲子拉鍊拉上來，趕緊走開。」真可惜，因為如果他能夠更有自信一點，[3]就能在眼前見證動物與人類夥伴關係的完整歷史，一場以鹽、安全和山羊建立的戀情。

不過你不能怪這人怯場：山羊的凝視的確太像人了，讓人覺得不自在。其實問題不在牠們的眼睛；人類的瞳孔是圓形的，適合遠距狩獵，而山羊的瞳孔則呈水平橫條，以便可以看清眼前的威脅。不，問題在山羊看我們的方式：山羊有一種稀罕的能力，能用眼睛和我們說話。自文明之初，農夫就知道這一點，但是直到最近，才有博士學者提出證據。倫敦瑪麗女王大學（Queen Mary University of London）研究動物認知的學者克里斯勤．諾羅斯（Christian Nawroth）表示，山羊可以用「指示和刻意的方式」[4]與人類溝通。如果你向山羊提出牠無法解決的問題，牠不會像貓那樣翹著尾巴走開，而會直勾勾地看著你，一言不發地尋求幫助。你不妨自己試試看：只需要一頭山羊和一保鮮盒的義大利麵。

設計這項研究的諾羅斯說：「牠們為此瘋狂。有的山羊喜歡蘋果，有的不喜歡，但我還沒有看過不愛義大利麵的山羊。」諾羅斯會打開保鮮盒，餵山羊一點義大利麵，然後再把蓋子蓋緊，觀察接下來的情況。幾乎所有的山羊都會有相同的反應：牠們會來回地望著諾羅斯和保鮮盒，一而再，再而三地轉頭做相同的「凝視行為」，就像你暗示警察：小偷正躲藏在你的壁櫥裡一樣。

人類幼兒就是以這種方式溝通，成犬和有些馬也如此，不過情況不同：牠們早已經被人類選擇，培育了許多世紀，在我們身邊做複雜的工作。而山羊則是自然地這麼做；就彷彿牠們相信可以和我們講理一樣。若非如此，肯的山羊賽跑就永遠沒有機會實現。在山羊頭一次被領到起跑線之前，幾乎沒有羊曾和人類並肩跑步。你會以為牠們身為獵物，頭一個本能就是有獵物的反應；你以為牠們會停步，或者掙扎，或者瘋狂逃跑，讓每一個人都被糾纏在巨大的繩結裡。

但結果並非如此。這就是為什麼法爾茅斯山羊賽跑會如此出乎意料立即大獲成功的原因。原因不在肯，他原本以為大家頂多只是捧腹大笑而已。原因在山羊，牠們明白了這個遊戲，並同意一起玩。

多年來，肯送出了許多參加賽跑的山羊，因此他得繼續增加自己的種畜，那就是他來到我們家

---

3 是的，有意的。

4 動物認知研究人員報告說：「貓的表現很差，幾乎不看人類，這可能是由於牠們孤獨的生活方式之故。」

的原因。儘管我們家離法爾茅斯有一段距離，但肯在免費分類廣告網站 craigslist 上看到了我們的廣告，決定來看看逃跑羊和露露。他一眼就認定牠們會是出色的賽跑羊，但卻對我們的價格不滿意。肯遞給我一張一百美元的鈔票，我一再說兩頭羊總共只要五十美元，他卻不聽。

「你一定要來參加比賽，」肯把我們家最後的兩頭山羊裝上車子時敦促我說，我還來不及提醒他我們沒有羊這一點，他就補上一句說：「你不必帶自己的羊，很多人會多帶。你可以用借的、租的，或者買下牠們。對，我打賭你一定會帶幾隻回家。等你看到現場的情況，一定會熱血沸騰。」

「天呀，不要，」我低聲對美嘉說。肯的卡車一離開我們家，我們好不容易終於沒有山羊了，而且我無意再重犯那個錯誤。謝謝，我們這樣很好，只有那幾隻性好和平，喜歡家庭，而且害怕柵欄的綿羊，而且不論山羊賽跑有多麼榮耀，都不值得為清晨五點在馬路上追逐另一隻欺騙羊而頭痛。不過，我們依舊很想知道山羊佳節究竟是什麼樣，所以在幾個月後，比賽日一到，美嘉就帶著兩個女兒一起去了——

而且她回家時，已經改變了心意。

我以為我們對不再養山羊已經達成共識，但是那天在法爾茅斯，她睜眼看到了一種全新的可能。在其中一場比賽中，一個小女孩正朝終點線衝，可是她的山羊卻像心臟病發作一樣突然倒地不起。牠躺在那裡，全身僵硬，靜止不動，而小女孩則耐心地在牠旁邊等候。過了一兩分鐘，山羊開始重新動彈，恢復了生氣。小女孩和牠一起跑了最後幾碼，到達終點。

一名觀眾告訴美嘉：「那是很酷的昏倒羊。」原來有一個稱作「田納西州昏倒羊」（Tennessee

Fainting Goat，或「肌肉強直症」myotonics）的品種，因為基因突變，使牠們一受到驚嚇，肌肉就會僵硬。養羊的牧農喜歡用牠們來保護羊群；如果放幾頭昏倒羊與珍貴的母羊一起吃草，萬一有狼或土狼襲擊時，昏倒羊就會倒地，讓羊群有機會逃跑。美嘉想到，對於像我們這樣的業餘農民來說，昏倒羊還有另外兩個優點：很容易捉住牠們，而且牠們也不會弓起身體去跳籬笆。美嘉慫恿我說：牠們非常適合擠奶，也適合賽跑。肯果然是對的：去法爾茅斯一次，就能讓你永遠都著迷。

幾個月後，女兒在我們家的聖誕樹下發現了一條長長的紅繩。她們跟著繩子穿過客廳，走出後門，穿過後院，來到花園裡的小棚屋，發現兩隻小昏倒羊正等在那裡。牠們全身雪白，才幾個月大。由於我已不記得，但全力支持的種種原因，我們把牠們命名為辣椒狗和不賴花。

我是十月在馬里蘭州朝陽（Rising Sun）鎮附近的一個小農場裡發現牠們的，那名農夫答應幫我留著牠們，直到聖誕節前夕我去把牠們偷偷帶回家，放進棚屋。辣椒狗膽小如鼠，我不得不把牠放在卡車的前座，和我一起，不賴花才不會在回家途中欺負牠。但後來牠長大了，冒出兩隻雄壯的彎角，如果穀倉裡的任何動物欺負牠，牠都會毫不猶豫地用角去撞。

美嘉對於昏倒羊的看法既對也錯：牠們不會跳，但偶爾牠們也會想要享受開闊的空間，因此就像脫逃大師胡迪尼（Houdini）一樣，從籬笆下面最小的縫隙鑽出來。我可以原諒牠們，因為牠們確實很適合和孩子一起賽跑。我們變成了法爾茅斯的常客，而且無論比賽當天多麼忙碌，總是很容易就看到肯。即使到了七十五歲，他還是喜歡早到，這樣他才能把車停在起跑線旁邊，看著最年幼的孩子緊張萬分地頭一次把山羊引到起跑線前。肯總是用他招牌的歡迎詞「法爾茅斯的鄉親們！你們準備好了嗎？」——然後把麥克風交給孫子尼可，他已擔起了實況轉播和講評的重任。

但二〇一六年，奇怪的事發生了。近四十年來頭一遭，比賽的日子到了，但肯卻沒有出現。我們在幾年前見到肯時，他完全沒有透露自己正在對抗癌症。他艱苦奮戰了十二年，時間足以讓他親自挑選要和第四代布蘭特同跑的山羊。他希望看到他們在四十週年時賽跑，但他沒有撐到那時。這回，法爾茅斯的鄉親沒有準備好。

肯永遠不會知道他幫了雪曼什麼樣的忙。要不是肯和他對我參加山羊賽跑的鼓勵，雪曼獲救之後，牠身邊就不會有一頭傻呼呼的棕色朋友等著用鼻子蹭牠、安撫牠。你可以從肯抵達我們家直接畫一條線，通往辣椒狗和勞倫斯。不過這個早上，我們要把那條線拉回到辣椒狗身上。昨晚我昏昏沉沉的大腦想到了清醒大腦沒耐心想到的點子：只要是我要雪曼做的，牠永遠不會做，但如果是我提供選項讓牠選擇，或許還有機會。我越想指使牠，牠就越會抵抗。我沒有辦法比驢更驢，尤其是像雪曼那樣受了創傷而成為堅強反抗戰士的驢，多年的囚禁使牠比我要牠做的任何事都更機伶、持久、更技高一籌。要發揮驢子之道，不能由我強迫；得要雪曼自動自發。

但這並不意味著我不能提供胡蘿蔔。或者按目前的情況，辣椒。

我發現辣椒狗在穀倉後面吃草。牠看到我拿著皮帶靠近，雖然想逃跑，但牠的後腿卻像昏倒羊那樣動彈不得，在牠恢復力量前，我把牠套上皮帶，然後帶牠朝美嘉走去，美嘉正努力同時控制雪曼和勞倫斯。我讓辣椒狗從牠們旁邊擠了過去，穿過大門，然後再回來牽雪曼。雪曼很乖巧地跟著辣椒狗，可能是因為牠還沒有意識到勞倫斯並沒有參與這項活動。

辣椒狗有法爾茅斯的經驗，[5]因此牠是很好的步行同伴。如果與勞倫斯一起走五分鐘，可能會教你趴倒在人行道上，或者像木乃伊一樣，緊緊地把皮帶纏在身上。勞倫斯雖然可愛，但卻是個過動的怪胎，在牠眼裡，這個世界充滿了驚奇和喜悅，因此除了撲向任何吸引牠視線的事物之外，什麼也不能做。專注和控制衝動並不是勞倫斯的強項，甚至也不是牠的弱點，它們甚至稱不上牠原子物質中的微量元素。這就是為什麼我們從不帶牠去參加山羊賽跑。當然，牠會跑得很快，只是那樣的速度會讓牠跑到終點線，還是帶牠去找某個倒楣小孩的熱狗，我們無法知道——也無法控制。

雪曼穿過大門時，美嘉拉住勞倫斯，然後悄悄地把勞倫斯放開，把牠趕走。幸好勞倫斯在附近草地上看到幾隻小羊在撞頭玩耍，因此在雪曼注意到之前，衝去加入牠們。美嘉慢慢地，擺出不經意的樣子，帶著辣椒狗往馬路上去。我則留在後面，屏住呼吸，一段一段地放出繩索，看雪曼會有什麼反應。

突然，雪曼發現自己落了單。牠急急抬頭然後回轉。牠看到勞倫斯在遠處和其他羊撞頭，附近只有剛剛準備要走開的辣椒狗。雪曼猶豫了一下，然後開始跟著辣椒狗。牠走到柏油路邊後，就像前一天一樣繼續前進。

5　還記得強尼嗎？南西．史威加特為她的孫女參加山羊賽跑而借的白色小山羊？辣椒狗是強尼的爸爸。強尼是當年我帶去比賽的備用山羊。

「到達水坑時，你看看能不能加快辣椒狗的速度，」我向美嘉喊道。

「什麼水坑？」她環顧四周問。她昨天沒有和我們在一起，所以不太瞭解幾乎稱不上水坑的那個水坑怎麼會是厄運水坑。

「我的意思是水漬，」我努力保持聲音平靜，但我們已在那上面，我很想知道我們是否可以讓雪曼繼續前進，並且避免再次在路上拔河。「看到那個水漬了嗎？不，那個——」

可是為時已晚。辣椒狗向前漫步，雪曼有充裕的時間看透我的狡計，明白那就是牠昨天忍受半天的那個恐怖的陰曹地府，準備要吞噬牠，三、二、一……

而我們通過了。

「太棒了，」我說，「你應該看看牠上回抵死不從的樣子。」

「牠今天看起來很高興，」美嘉說，「你看牠一直搖著鬃毛的模樣。」

她說得對；雪曼每隔一陣子就擺頭，彷彿在趕蒼蠅一樣，但附近並沒有昆蟲，因此比較可能是牠在享受微風的感覺。我一直忙著排除障礙，因此沒有注意到牠看起來有什麼不同，牠的頭昂得高高的，眼睛充滿興趣而非懷疑地搜尋馬路上的事物。等我們從車道轉上碎石路時，雪曼加快了步伐，走到辣椒狗身旁，而不是落在牠身後。我們四個一起，並肩沿著碎石路，走進樹林。

「譚雅說得對，」我說，「牠就像個孤單的囚犯。現在牠來到世界上，一切看起來都顯得怪異而危險。但只要牠看過一次，牠就會思索並記住。」

沿著碎石路有一條小溪，大約四分之一哩後，路邊有一塊低窪處，讓小溪很容易度過。我們走

辣椒狗帶領雪曼，完成了牠第一條小溪穿越。

到那裡時，美嘉帶著辣椒狗下水。我知道我們讓雪曼有太多新體驗，但我有理由：不論牠在哪裡，都得面對可怕的新事物，所以也許最好先暫時忘記長途跋涉，一次只專注在一件可怕的事情。無論如何，科羅拉多州的急流都會比這更激烈，所以我們越早開始越好。

先前我們從來沒有帶山羊進小溪的理由，但是辣椒狗是個鬥士。美嘉跳進小溪，辣椒狗緊隨其後，涉水走過淺灘，攀爬在石頭上，就像野生的攀岩好手阿爾卑斯山的羱羊（ibex）。辣椒狗玩得很開心，但雪曼的全身卻變成了霓虹燈，閃爍著一條信息：你一定是在開玩笑。牠自動走下溪岸，然後停在水邊。我走進了水裡，拉緊繩子，一邊施壓，但我明白今天的進度就到此為止。再怎麼溫柔的東方技巧都不足以說服雪曼嘗試。

讓牠拉你，我提醒自己。繩子夠長，讓我可以一邊拉住雪曼，一邊仍能靠近辣椒狗和美嘉，她們現在在小溪中央的巨石之上，所以我向她們走去，把雪曼留在溪畔。接著我聽到身後一陣得得蹄聲。

「牠要下去了！」美嘉喊道，「加油，雪咪！」

我很想轉身看，但努力克制自己。我怕要是一回頭看，就會毀了那裡進行的一切。蹄聲和水花四濺的聲音越來越大，接著一個鼻子撞在我的脊椎上。我繼續往前走，眼睛向前，盡我所能假裝這沒什麼大不了。一直到雪曼爬上我們身邊的大石頭時，我們才抱住牠，搔搔牠的頭，撫摸那長長的耳朵，讓牠知道牠剛剛做的是多麼精采的飛躍。

10 導驢系統

譚雅十分喜歡雪曼，但她待牠沒有那麼溫柔。她比我更清楚我這個雪曼計畫需要她做出什麼樣的投入。譚雅有農場和生意經營，沒時間悉心照顧——讓我們說實話，一個笨手笨腳的業餘人士，他會讓周遭的每一個人都陷入充滿傷害、挫折和失敗的世界。因此當她親自面對面來和我談時，我立刻知道她已下了決心，這拖車就透露出她的心意。

「快來看！」她從卡車上滑下來，像節目主持人一樣張開雙臂，朝著她車後的拖車前進。拖車搖來晃去，砰砰作響，然後譚雅揭開門閂，她的騎驢佛洛兒漫步而出。和灰撲撲的邋遢雪曼一比，佛洛兒簡直就像完全不同的品種：牠生得又高又強健，栗子色的毛像貂皮一樣閃閃發光，深褐色眼睛上的白圈紋使眼睛顧盼生姿，好像剛做完頭髮化完妝，要來拍封面照片一樣。

譚雅說：「讓雪曼先生瞧瞧牠。」她陪著佛洛兒走到大門口，在那片小草地上解開牠。羊群都躲開了，不知道該怎麼應付這個像馬一樣大的陌生動物，雪曼跟著牠們，把羊當作緩衝，擋在自己和牠從未見過的怪物：另一頭驢之間。

「我猜就是這樣，」譚雅說，「牠連驢長什麼樣都不知道。給牠們一點時間互相認識。」我們進屋去喝咖啡，譚雅也說明了她的點子。

就在前一天，我在電話裡告訴她辣椒狗方案，譚雅覺得很不錯，但考慮了一下後，她發現我錯失重點。不管小溪不小溪，山羊不山羊，我都無法獨力教雪曼重要的一課：如何做驢子。

雪曼獨自成長，牠不屬於任何驢群，沒有驢子教牠驢子的行為。本能只能帶你走到一個程度，之後你就得依賴同伴作榜樣。雪曼從未學過驢子的基本知識，而且也顯示出：就在兩分鐘前，我們才看到牠變得像羊一樣。出於雪曼的需要，勞倫斯和辣椒狗，以及牠新穀倉家族的其他成員已經成為牠的同伴，但雪曼現在需要的是另一種玩伴，可以教牠玩鬧的驢子同伴。如果我想要雪曼像一般的驢子一樣在鄉間小跑，牠就得學習。

「所以你答應參加？」我問。

譚雅伸出她的手。她說：「我們去科羅拉多吧。」我們握了手。

原來送人登陸火星的挑戰令人難以抗拒。譚雅可以用她的想像力下整盤棋，在她的腦海中看到我得要做的每一個動作，但除非她親自示範給我看，否則我很可能會做錯，讓她永遠無法知道究竟能不能把病懨懨的雪曼變成長距離賽跑選手。另外，只要譚雅覺得雪曼太難駕馭，她還有一張可以隨時打出來的王牌：她是我所知唯一有拖車可以拖驢子的人。我當然知道在這個廣闊無邊的地球上，一定還會有別人可以開車送我和驢子來回六千哩，從賓州的荒郊野外到科羅拉多州的窮鄉僻壤，但那個人是誰，我如何找到他，我一點頭緒也沒有。如果譚雅和我對雪曼的訓練意見不一致，她可以隨時開車走人，結束我們的大業，讓我和雪曼困在家裡，離起跑線有半個美國遠。

譚雅說：「我們去看看牠們處得怎麼樣。」

我們往草地走，發現在我們離開的這十分鐘內，佛洛兒和雪曼決定為牠們自己的《現代愛情》（Modern Love，亞馬遜影集）那一段試鏡。當然，這很驢式，也就是牠們時時都會假踢，或者用牙齒咬住對方的脖子，但譚雅說，無論這情況看來多像打架，兩頭驢子卻一直回到對方面前。如果把這個場景切換到一所高中，看到的就是兩個青少年在學校餐廳裡玩拇指角力。

譚雅從拖車上取出馬鞍，而我則為雪曼套上籠頭和韁繩。我轉身協助譚雅裝上馬鞍、毯子和韁繩，雖然雪曼高，但譚雅不高，而這些東西都很重，不過譚雅很快就把它們舉起來，因此和我一樣很快做完。我不知道我們要怎麼帶兩頭而非一頭驢子穿過大門，而不讓勞倫斯飛快地跑到我們前面，但是佛洛兒卻使這個任務很容易就完成了：勞倫斯不太熱中和大型的蹄子動物打交道，所以牠保持距離。而另一方面，雪曼所有的緊張情緒都已消失。譚雅領著服從的佛洛兒沿路向前走，雪曼則跟在後面。

「這是給你的，」譚雅邊說邊遞給我一個一端用塑膠購物袋打了個結的短馬鞭，「你專屬的導驢系統。」

今天譚雅準備用貨真價實的驢子技巧測試雪曼。她解釋說，這需要我更進一步投入，而不只是拖著山羊在雪曼面前走。傳統上，驢子領頭，主人跟隨。驢子喜歡在前面，因為牠們的第一求生本能就是掃視眼前的世界，並一步一步決定把牠的蹄放在哪裡。這就是山民和其他在偏遠曠野的流浪者愛驢的原因；你可能會打瞌睡，你的馬可能會盲目跟隨你的指令，但驢子十分警覺，每當一條小路看起來可疑，或者有看似無害的棍子原來卻是響尾蛇時，牠們就會猛踩煞車，而且是用力踩。

換句話說，我和雪曼一起做的一切，都做反了。雪曼應該走在前方，不是對著我的背。在我們慢慢走時，問題不大，但如果我希望雪曼最後能進步到奔馳，就得給牠選擇自己道路的自由，否則我們就會是最糟糕的跑步夥伴組合：謹慎過度的遇到控制過度的。我們會成為被一根繩子綁在一起的兩個敵人，牠挑戰我要去的地方，而我則疑惑牠在那裡做什麼，為什麼不跟著我，結果彼此鬥爭。

有沒有替代的方法？「地面驅動」（ground driving），譚雅解釋道：「你到牠身後，從後方駕馭。」她說艾米許人就是這樣訓練小馬的：在你把馬上套馬車之前，要待在地面上，在牠身後行走，教導牠回應轠繩和口頭命令。對於雪曼，我用的不是轠繩，而是譚雅給我，套上塑膠袋的棒子。我們是無線連結：只要我在雪曼的右眼或左眼旁搖動塑膠袋，雪曼就應該會往相反的方向轉。

「應該，」譚雅強調，「否則牠可能會從你的手上咬它，把它折成兩半。我們走著瞧。」

譚雅跳上馬鞍，嘖嘖出聲要佛洛兒往前走。我不假思索地拉住雪曼，跟在她們身後。譚雅立即止步。

「怎麼？」她說。「你已經忘記了？」

「啊，」我道歉說：「雪曼先走。我知道了。」

「也許我也該為你準備一個專屬的導航塑膠袋。」

譚雅駕馭佛洛兒，讓牠走在雪曼後面，並開始趕雪曼往前走。「你別動，」她對我說。

這回我留在原地。雪曼和佛洛兒繼續前進，我等在一旁，把繩子一圈圈放開，直到它全部都拉開，差點從我手中脫出。接著我走在大家後面，遠遠地跟著。譚雅一直驅動雪曼向前，直到她覺得牠──還有我，都瞭解了這種做法。

她告訴我：「現在我們要換位子了。我要向前去，而你要往前到這裡來。」她指著雪曼的臀部，就在她告訴我有被踢風險的地方，「這是你的最佳位置。」

「我的最佳位置？你原本說永遠都不要站在那裡。」

她直指著雪曼的屁股。「不，那是踢腿區。這裡──」（她的手指向左移了六吋）「是你的甜蜜點（最佳位置）。」

我盯著譚雅，看她是否在開玩笑，但她的表情一本正經。她說，驢子有絕佳的邊緣視覺，牠們可以把牠們的大眼睛向後轉動，並且把頭上的天線轉往任何方向，讓牠們一邊向前跑，一邊又密切注意後方的任何動靜。譚雅說，這是很好的預警系統，可以防止埋伏的掠食動物。就我們的目的而言，它也是地面驅動的理想工具；只要我讓自己位於雪曼踢腿的範圍之外，就可以讓牠自由奔跑，同時又從後方為牠指示方向。

譚雅小跑越過雪曼，一馬當先。雪曼在後撒腿追趕，這時我看到了機會。當雪曼一心注意佛洛兒，我急忙朝牠的臀部趕去，走到我的甜蜜點──也許是吧？我希望這個位置不要太左，太右，太近，太遠。雪曼的左眼注視著我，但牠依舊昂頭向前，繼續小跑。譚雅和佛洛兒帶著我們穿過了那個類似水坑的地點，然後我們轉向了──

喔喔！我撞上雪曼了，牠突然停了下來，我一頭撞上去時，牠跳起來，用蹄狠狠地朝我的腳一壓，痛得我齜牙咧嘴，說不出話來。腦海裡除了「快教這該死的野獸滾蛋！」之外，什麼念頭也沒有！我設法把雪曼推開，讓我的腳脫身，然後吸氣，設法壓抑我的怒氣。

「佛洛兒！」譚雅叱道，「幼稚。」佛洛兒正在小心翼翼地倒退，牠的臉離地只有幾吋，就像獵狗在嗅聞氣味一樣。譚雅促牠前進，可是牠不肯。牠先向左走，然後向右走，前前後後蛇行，就像醉漢在街頭遭警察酒測一樣。「抱歉讓你撞上，」譚雅說，她仍在試著讓佛洛兒回到原本的路徑上。

「牠對水的反應比雪曼更糟，」譚雅解釋道。這是肯定的；因為就連雪曼昨天也毫無問題地走過這裡，根本沒有從埋在地面下兩呎的涵洞注意到路下面有一條很小的小溪流過。譚雅讓佛洛兒再次舉步，但我們方才享受的那片刻的魔法似乎已經結束。佛洛兒從牠小小的驚嚇中復原，但雪曼卻不然：牠今天已經見識夠了，轉身準備回家。我試圖把牠的繩索拉回來，但牠卻下定了決心。

「譚雅，沒辦法，」我叫道。

譚雅調轉佛洛兒回頭。她讓雪曼轉向正確的方向，然後讓佛洛兒小跑往前領路。我擠在雪曼身後，讓自己塞進那甜蜜點，並試圖阻止牠再次掉頭。雪曼一定覺得自己受到包圍：這次牠順利地出發了。我們動作優美地慢跑，雙方都自在地大步向前。雪曼往左邊移了一點，所以我也朝左移，只要牠在動，我很高興自己沒擋牠的路。但牠又移了一點……又一點，直到我發現自己幾乎被擠到路邊。我跳上草堤，以免被壓住，這時雪曼大迴轉，撒腿朝家的方向快跑，把我手上的繩子也扯掉了。這個臭小子騙了我。

「我抓到牠了，」譚雅喊道。她一直在回頭看，這回她再度出手營救。她切斷了雪曼的去路，然後滑下馬鞍。我抓住繩子，並伸手從口袋裡取出一些零食，以為她會安撫牠，讓牠重新開始，可是她卻緊緊抓住雪曼的籠頭，讓牠轉向正確的方向。

她說：「不，我們不要賄賂牠，不要因為牠放棄而獎勵牠。」

然後她轉向我：「那是你的錯。你先放棄了。」

「不，牠——」我開始爭辯，但看到她才剛起了頭，還有話要說，就趕快閉嘴。

她說，你不是牠的獨裁暴君，[1]你不是牠的奴隸監工，你是牠的領導人。雪曼這輩子一直都靠自己照顧自己，牠不習慣依賴別人，除非你值得依賴，否則牠永遠也不會依賴你。說真的，如果你不專心，牠為什麼要聽從你的命令？那就是獸群運作的方式：無論你是在前還是在後都無所謂，但你必須證明自己保持警覺不犯錯。驢只在一種頻率下作業，那就是信任。牠們不是因信心而採取行動，而是對確定性。牠們可能會渴死，但是如果牠們不能確定那水是否安全，牠們就不會碰那水。如果乾草聞起來可疑，牠們寧可挨餓。而且，如果你不掩護牠們的側翼，牠們就自己來。

所以雪曼為什麼在那裡玩把戲？譚雅繼續說：牠在測試你，但你被當了。獸群的領袖必須要能預見麻煩，並且避免它。可是你卻直直往陷阱走，還一腳踩上去。對驢子來說，這樣的錯誤結果可能是死亡。在雪曼的世界中，每個灌木叢後面都有狼潛伏，每一棵樹上都有山獅躲藏。你教牠，牠

1　或類似的詞。我沒聽清譚雅確切的用詞，但我記得她的口氣。這是大約的詞彙。

的工作是跑過灌木叢在這些樹木之下。那麼你的工作是什麼？你不是應該要保持警覺，保護牠嗎？

「你手上的那玩意兒，」譚雅說，意思是我的手提袋馬鞭，「用它，負起責任來，讓雪曼看到你知道自己在做什麼。」她轉身坐回馬鞍上，然後補上最後一點：「等雪曼知道牠能信任你時，一切都會改變。你會看到牠有難以置信的改變。」

＊＊＊

譚雅要我負起責任，她說到做到。這回她不再驅趕雪曼向前，而是騎著佛洛兒在我們身邊，繼續往前，讓我自己去想該怎麼做。

「繼續前進，」我學譚雅對佛洛兒所用的命令，對雪曼說。「我們走吧。往前走。」

雪曼就像譚雅一樣實際。牠完全不理我，只顧掉頭朝家的方向去，我跳到牠前面去擋住牠。

「不行，」我張開雙臂阻止牠，「我們要繼續前進。」

雪曼停了下來。我朝牠走去，仍然張開雙臂逼近牠，讓牠只剩一個選擇：掉頭，或推倒我。

牠先朝右走，然後向左走，我也一樣，越逼越近。雪曼退後……然後慢慢地轉身。前方的佛洛兒已放慢步伐小跑。雪曼的頭揚得高高的，彷彿頭一次注意到佛洛兒離開了，把牠留在無人之境——家在遙遠的一方，而牠的新朋友則在另一方，即將消失。

「我們走吧，雪曼。現在繼續前進！」雪曼向前衝，跑得如此迅速，害得我手上的繩子差點又掉了。佛洛兒和譚雅在前方幾百碼外，而且繼續向前。我本來擔心雪曼會覺得我們追不上而放棄，但是只要佛洛兒在視線之內，雪曼就一直在追。只有佛洛兒消失在一個轉彎後，雪曼才開始反抗。牠立即轉頭回家，但我早已料到。在牠向左一百八十度大轉彎前，我先把馬鞭袋子放在牠眼前。正如譚雅預測的，牠從右方轉回來。牠繼續轉彎，但是袋子也在那另一邊等著牠。

雪曼被左右夾擊，只好停下來考慮下一步行動。我拉住牠的籠頭，讓牠的頭朝向石頭路，任牠權衡自己的選擇。譚雅和佛洛兒還沒回來，所以只有我們兩個僵持不下。

「前進。」我命令，不知道還有什麼可說，但我很清楚雪曼服從這個命令的機會，和要牠會唱生日快樂歌一樣大。

「走——」我又試一次，話還沒說完，雪曼就開始移動。牠緊張地小跑起來，把頭高高地揚起，尋找佛洛兒。我正在擔心，要是我們不趕快找到牠，雪曼就會放棄，開始朝回家搏鬥，但我們一轉過彎，就看到了佛洛兒的頭。雪曼突然轉向側面，彷彿牠只想要確認佛洛兒還活得好好的，就準備回穀倉一樣，但是我手上有把套著塑膠袋的馬鞭，並且及時地把它甩了一下，讓牠改變方向。

幸好佛洛兒在此時遇到了牠的難題：不只一條，而且有兩條小溪，其中一條在路面下潺潺流動，另一條則從我們的右邊流進冒著泡沫的小瀑布。佛洛兒已經決定這是牠要死在現場的小坡，所以牠迂迴前進，又倒退又停步，讓譚雅忙得不得了。當譚雅看到我們出現時，她決定放手休息一下，等我們趕上前來。

「就是這樣，牛仔！」我們走近時，譚雅喊道：「這就是地面驅動的方式。」

我們都停在瀑布旁。譚雅不想在佛洛兒沒克服牠的恐懼點之前就結束今天的練習，所以她繼續

蘇菲和雪曼幫助譚雅處理佛洛兒對水的恐懼。

努力，直到她哄到佛洛兒走過去。雪曼滿足地向前走，只要水不是直接在牠腳下，而且佛洛兒就在附近，牠就一點都不怕水。牠很放鬆，我花了一點時間環顧四周，才想到牠剛剛的成就：上週還被當成死期已到的那隻跛腳病驢，現在已經跑了半哩。

「哇，」我對譚雅說，「要是我們從這裡回家，就足足一哩了，真教人難以置信。」

譚雅打量了雪曼，看到牠自在的閒晃，她說：「我覺得牠還準備給我們看更多的成果。讓我們繼續前進，看看牠的表現。」

11 野東西

一個月後，我們四個再度陷在同一地點。「你知道我喜歡佛洛兒的哪一點嗎？」我對譚雅說：「牠表現得好像以前從來沒見過那個瀑布一樣。」

就是因為佛洛兒沒有更勇敢，所以雪曼一天一天地變得更強壯。譚雅和我已經定下了每週練跑三次的進度表，而每一次，兩頭驢子都會遵循相同的模式：雪曼一開始會鬧混，用聲東擊西的伎倆來測試我，直到牠突然發現佛洛兒消失了，才開始辦正事。牠和我努力追趕，通常會有點太努力，以我們倆都覺得有點吃不消的速度在石頭路上飛奔。大約就在雪曼已喪失希望，而我氣喘如牛的那一刻，我們就會發現佛洛兒：像要從高處跳水的小孩偷窺跳台邊緣一樣，抓磨地面嗅聞，懷疑地打量瀑布旁的同一塊路面，而其實到四週練習結束時，她已經在這裡往返穿越了五十次以上。

甚至連那個優比速快遞員對我們都習以為常。這一個月來，他已經遇到我們太多次，因此知道只要到ＡＫ鋸子店附近，最好都把腳懸在煞車上，隨時準備煞車。「只有在這裡！」譚雅會在他放慢速度擠進我們和小溪之間時大吼，「只有在南端。」

我個人很喜歡佛洛兒怪異的雨人行為，因為這讓雪曼和我有機會迎頭趕上，並且休息一下，在繼續練習前恢復體力。要是沒有那些暫停，恐怕我們真正開始跑步前，雪曼就已經放棄了。而且讓佛洛兒驚嚇的不只是水而已；牠也覺得死亡之手隱約在下面這些地方招呼：

- 輪胎打滑的痕跡
- 柏油裂縫
- 任何種類的橋梁
- 從樹枝上垂下的一塊粉紅色測量膠帶碎片
- 路上轉彎處陽光太強
- 轉彎處太陰暗
- 一般的陰影
- 黃色，尤其是路標和地下線路的警告
- 牛（但狗不會。如果農場養的狗從穀倉裡跑出來吠叫，佛洛兒一點也不會在意。但若友善的小母牛在柵欄旁悄悄接近佛洛兒，牠就會立刻逃走。）

觸發佛洛兒緊張的原因，有些迄今仍然是謎，甚至連雪曼都感到困惑；我們原本全都平靜地跑過樹林，周遭除了樹木，什麼都沒有，佛洛兒卻突然全身僵硬，速度快到雪曼先衝過去，才意識到某件事物應該要使牠害怕。我們三個會站在那兒，感到莫名其妙。也許譚雅終於看到獵人架在十五呎高樹上的平台，說：「啊，在那裡。」否則我們只好聳聳肩，繼續前進，把它記下來，是只有佛洛兒的眼睛才看得到的威脅。

雪曼的視野則正好相反：牠非但不會逃避生活中的小驚奇，反而會跟隨它們。我們是在譚雅不在的一個下午發現的，那天兩個女兒和我決定帶雪曼出去。我們已經習慣雪曼追趕佛洛兒半哩，到達瀑布，忘記雪曼單飛可能會是完全不同的體驗。在我們沿著車道跑上馬路時，雪曼跑得很快，很高興夾在我和我女兒之間。我們走上石頭路，一直到接近瀑布時，雪曼才發現這一回佛洛兒不會出現。牠沒精打采，止步不前，打算要我們全都掉頭回家。

「我們試試看那條路怎麼樣？」我指著瀑布附近的一條泥土路建議。這條路沿著陡峭的山丘小徑蜿蜒向上，穿過樹林，最後穿過一個小農場的樹林，農場養了兩匹脾氣暴躁、體型高大的馬。我們從來沒有帶雪曼走過那條路，因為攀爬不易，而且馬又很凶。沒錯，牠們關在圍籬裡，但牠們一看到陌生人，就會像《啟示錄》裡的惡魔馬一樣，從草地的那頭疾馳而來，急剎停步，鼻孔賁張，離鐵絲圍籬只剩幾吋。不過看牠們很有趣，而且我認為雪曼並不會有真正的危險，因為如果我們不能說服牠在那條平坦的路上走遠，那牠也就不太可能會堅持一路爬到山上的農場。

但是雪曼的蹄子一碰到那條路的泥土時，牠突然有了反應，那是來電的反應，好像電力從地下湧入牠體內。原本蘇菲和瑪雅在牠前面爭先恐後地上山，但雪曼的四輪驅動一下就從她們身旁衝了過去。我放下繩子，女孩們也躲開，把小徑讓給那頭突然獲得啟發的驢子，任牠在迂迴的山路上狂奔。大約半山腰時，牠停了下來，向後一望，顯然很驚訝地發現自己竟然領先。牠頭一次從群體的最前方看世界，牠一定喜歡牠所見到的景象，因為牠甩甩鬃毛，然後繼續向上爬，在岩石小徑上加快步伐，最後消失在坡頂上。

不妙。

「牠會回來嗎？」瑪雅問。

「嗯……當然會！」我撒了謊。這是個全新的問題。在那一刻之前，我從不必擔心雪曼跑得太遠。牠恢復健康才不過一個月，而且在那段時間裡，牠從來沒有自動與牠最近的朋友分開超過六吋的距離。我絕沒有想到牠會像失控的賽馬一樣飛馳，不由得感到欣喜——自由奔跑吧，夥伴！但接著卻是揪心的恐懼，因為就我所知，雪曼會一直奔馳到一頭撞上車子為止。

孩子們和我在小徑上盡快地走。在那裡，呆若木雞的，正是雪曼。

牠在山頂農場的邊緣停了下來，正透過圍籬，和那兩匹大戰馬互碰鼻子。三隻動物似乎都很著迷，雪曼迷上牠這兩匹雄偉的表兄弟，而那兩匹雄偉的表兄弟也受到這匹剛從樹林裡迸出來的灰色邋遢生物吸引，牠正在嗅牠們，雖然肅然起敬，卻不害怕。我們等著雪曼和牠的新英雄建立關係，然後再用繩子牽牠回家。我們才一回到小徑，牠受泥土引發的超能力再次發作。我無法既和牠對抗又保持步伐，所以乾脆甩開繩子放開牠，看著牠像曲道滑雪選手一樣從山上衝下來，靈活地挑選路徑，穿過岩石，繞過樹木。

我滑倒了，接著死命地追趕牠，我知道一等我上了碎石路，非得拚命跑，才能在雪曼跑上大路之前追上牠。沒想到我不必擔心，等我和孩子們下來時，雪曼就在瀑布旁等等我們。

這是很了不得的一天，但教人困惑。雪曼突如其來大爆發只是因為泥土路的緣故嗎？還有為什麼牠原本可以一路衝回去找勞倫斯和辣椒狗，卻停在坡底？我一直不明白雪曼是怎麼想的，直到那天晚上，我從一隻貓身上發現了線索。

當時我去雞舍揀雞蛋，聽到了淒厲的貓叫。我四處搜尋，發現雪曼正鬼鬼祟祟地跟在我們收養的三色小貓波莉身後。波莉爬到橫木圍籬的上面，想要擺脫牠，但雪曼並不放棄。波莉試著用走鋼

雪曼懂得了怎麼玩遊戲，而被我們收養的流浪貓則正在想辦法脫身。

索的方式逃往安全之處，雪曼還一直用鼻子輕推牠。雪曼看起來很開心，我敢發誓牠真的在笑。我拿出手機拍了幾張照片，但最後波莉伸出爪子抓雪曼的鼻子，我不得不插手破壞雪曼的樂趣。我衝進牠們倆之間，把波莉抱到房裡，而雪曼則在我們身後徘徊。

到了屋裡，我檢視照片。這短短的插曲顯示波莉從困惑、煩惱，變成徹頭徹尾的憤怒，而吸引我的是雪曼的表情，有某個地方教人感到古怪地熟悉——

接著我明白了，我想道，該死。牠懂了，牠知道怎麼玩這個遊戲。

在照片中，雪曼眼中的喜悅就和孩子們和我看到牠在小徑上凝視著我們時的開心一樣。牠並不是想逃跑，而是在玩。我這才發現，在雪曼的腦袋裡，我們與佛洛兒的跑步原來是一場貓捉老鼠的遊戲，而牠就是貓。我該給牠一些東西去追逐，但今天牠到達瀑布，卻發現我搞砸了：沒有老鼠。

於是雪曼怎麼辦？牠找到了自己的老鼠。我不知道牠是不是從空氣中的氣味或蹄子的痕跡覺察到有馬匹，但牠就像平時追趕佛洛兒一樣追趕牠們。牠有回頭看為什麼我和孩子們沒有跟上來，但就牠而言，那是我們的問題。什麼！難道牠得永遠等下去嗎？還有獵物等著牠去捉呢！等我們回家後，雪曼還渴望繼續玩下去，害得可憐的波莉莫名其妙發現自己被當成老鼠的替代品，不但不合常規，也違反牠的意願。

這一切都說得通。我把一場遊戲（驢子賽跑）當成工作；雪曼接下了這份工作，並把它重新變回遊戲。

現在我們要讓牠在這場遊戲中出類拔萃。不用多久，我就發現雪曼的遊戲中有個小問題：貓和老鼠太喜歡對方了。每當雪曼趕上佛洛兒，牠們倆就會很高興見到彼此，因此到開始再跑的時候，雙方都不想先走。譚雅和我得繞上好幾圈，才能把這對愛侶拆開再前進。我很高興牠能從其中獲得樂趣，但追上佛洛兒並不能使雪曼在山地超級馬拉松賽中到達終點，至少像我們那樣站著不動是到不了的。我們必須想出一個方法，保持遊戲的趣味，但增加一些緊迫感，並加快跑步速度。和我們沿著小溪緩和的三哩逍遙遊相比，驢子世錦賽會是兇猛得多的野獸。

譚雅和我需要一些幫助，而且我知道該去哪裡尋找。該是打電話給「讓大家一起跑」（Vella Shpringa）的時候了，這是舉世唯一的艾米許人跑步俱樂部。

12 沒有拉鍊的美好生活指南

艾莫斯．金（Amos King）初試跑步時，他的雙腿可不是每天閒著沒事幹。二十六歲的他是做屋頂的工人，也就是說他得頂著烈日攀爬梯子，肩膀上還得扛著一疊瀝青瓦。而且由於他是艾米許人，光是去工作的路途就是身體的鍛鍊。大部分早晨，在日出之前，小艾就已出門，用重型鋼製滑板車把自己推往他的店裡，他得花不少力氣才推得動這個滑板車，因此很快就會氣喘吁吁，從右腳換成左腳，然後又換回去，以舒緩他疼痛的四頭肌。一天結束，他也以同樣的方式回家：他的非艾米許同僚在自己的卡車裡打開冷氣，然後從冷藏箱裡撈出一罐冰飲料時，小艾卻得靠自己排汗來驅動引擎，踩著滑板車返回。

小艾英俊得不得了，帶著一股自信，還有真誠友善的魅力，只要他一走來，會立刻引起你的注意。可是他的心裡一直有個祕密的恐懼。他正在該安頓下來的年齡，他擔心的並不是找不到老婆：而是接下來會發生什麼。他說：「我跑步的最初原因是為了不要發胖。在艾米許文化中，隨著年齡增長和結婚，接著是好的烹飪，這就注定了你的命運。命運天定，兄弟。但我不吃這一套，你要創造自己的命運。」

小艾認為，嘗試一點額外的運動不會是壞事，所以當他的同事提到自己報名五公里賽跑時，小艾就問他是否可以參加。比賽當天冷得刺骨，小艾不知道他該穿多厚，或者該多麼努力跑。「有些先前跑過的人告訴我，『起跑時不要跑得太快』，」他回憶道。猜猜小艾怎麼跑？領跑的選手以不到五分鐘跑完一哩的速度起跑，而這名穿著黑長褲和吊帶的屋頂工人則緊跟在他們後面，試著跑出他這一生中第一次連續三哩的賽跑。

「一開始感覺很容易，」艾莫斯說，「接著我直流鼻水，鼻孔也凍結在一起。我不能呼吸，只能用走的。很搞笑。」

儘管如此，他還是只花二十二分鐘就跑完全程，這個漂亮的成績已足以讓大部分跑著好玩的跑者開心了，但小艾卻覺得不夠好。他和他的保險經紀人聊起跑步，經紀人介紹他認識馬拉松老將吉姆．史馬克（Jim Smucker），他是「在手之鳥」自助餐廳（Bird- in-Hand Family Restaurant & Smorgasbord）的第三代主人，是蘭開斯特郡艾米許鄉間的一家餐廳。小艾能獲得一些指點，但吉姆卻更進一步：他邀請小艾加入他和一個朋友，大家一起練速度。

幾天後的一個晚上，小艾和這兩位門諾會的馬拉松運動員在科內斯托加（Conestoga）高中的跑道上見面。他們打算做八百米間隔練習：以最快速度跑兩圈，然後慢跑恢復，一遍又一遍地這樣重複，直到你希望有慈悲一點的死法。吉姆警告小艾說，這是殺手級的練習，因此就算他跟不上，也不必擔心。他們跑了九次間隔練習後，小艾仍然緊跟在老將身後。實際上，他似乎一點也不費力。

「別客氣，」吉姆說，「為什麼不在這最後一圈全力衝刺，看看你還剩下多少力氣？」小艾獲准發揮之後，火力全開。他猛力衝刺，拉開了兩百多公尺的距離優勢，領先整整三十秒。「他們的下巴掉了下來，」小艾告訴我：「他們那時才想到：『哦，我想這個艾米許人確實速度不慢。』」

沒錯，吉姆印象深刻，但他知道他不會再見到小艾了。他並不是對小艾有意見，他們家族在蘭開斯特已經一個多世紀，但吉姆可從沒聽說過有艾米許賽跑選手，而且原因很簡單：這全都是因為三百年前吉姆和小艾的祖先之間的爭端。

原本艾米許和門諾派教徒都是由門諾．西蒙斯（Menno Simons）領導的信仰，門諾是在文藝復興時期獨樹一幟的基督徒，他認為給嬰兒施洗是虛偽的做法。他問道，如果你強迫什麼都不知道的嬰兒加入信徒行列，又怎能建立忠誠、敬拜的社群？門諾的質疑不見容於當時主流的天主教徒和新教徒，他們認為藉由酷刑、殘殺和恐懼或許可以讓這些迷途的羔羊回到正途。受迫害的門諾派信徒逃往瑞士等鄰國，並且竭盡所能適應並融入當地。

然而，就像門諾對於把新生兒浸入洗禮池感到疑惑一樣，雅各．艾曼（Jacob Ammann）也對融入感到迷惘。艾曼是瑞士的裁縫，從未學會讀寫，但他瞭解許多聖經和門諾派教義，認為如果耶穌象徵任何信念，那就是不融入不妥協。艾曼和他的追隨者，艾曼派信徒，音譯為艾米許，脫離了門諾派，建立了一個簡樸人民（Plain People）社群，三個世紀後，這個社群基本上並沒有變化。如今，我們地區的門諾派教徒可以隨心所欲地駕駛他們想用的任何交通工具，同時穿著樸素的長褲和洋裝，男士可以穿牛仔褲，女士也可穿著漂亮圖案的衣服。但是舊派艾米許（the Old Order Amish）則凍結在過去的時間裡，戴著就像他們曾曾祖父母當時款式的草帽，穿著像殯葬人員的服裝，並依靠自己身體的力量和與動物的親密關係，來耕種和飼養他們賴以生存的食物。

這是艱苦的生活，而且從童年就已經開始；每當我在冬天一邊發牢騷一邊等著我的老福特暖車時，只要一抬頭就會安靜下來，因為我看到艾米許的孩子們冒著大雪，成群結隊徒步走過我們房子後面的玉米田，長途跋涉上學。一個寒冷的早晨，我在清晨五點半接一個鄰居去艾米許五金店，他三個學齡前的兒子已經在穀倉裡工作了。

「他們總是這麼早起床嗎？」我問丹尼爾。

他說：「如果他們想要吃早餐，就要這麼早起床。」

當我們剛搬到南端時，我還沒有真正瞭解這種對艱苦老式風格的堅持。這當然很迷人。我們喜歡晚上坐在門廊上，聽著馬車輕柔的節奏，而不是都市裡汽車的喇叭和公車的轟隆。但說真的，電話得放在玉米田的棚子，不是在屋子裡？鏈鋸和直排輪鞋可以用，但卻禁止腳踏車和 Toro 牌割草機？青少年可以玩躲避球、排球和冰球，但不能打棒球？沒有電力，沒有曳引機——沒有拉鍊？是因為有某種舊派的達文西密碼，還是只是出於毫無根據的原因，要讓生活變得比原來更艱難，就像決定只用左手書寫，或者只靠鏡子把汽車倒回停車位？每一次我以為自己終於瞭解了舊派的原則之際，就會碰到另一條規則，似乎不太能揭露真相，而是更……好吧，我真的不知道。這是思想控制嗎？性拒斥？純粹的基本教義？

我已經頭昏腦脹，接著卻又認識了山姆．施托佛斯（Sam Stoltzfus），得知他有個納粹間諜圖書館。我頭一次碰到山姆，是為了要去本地櫥櫃製造者的家，但卻迷了路，因此在路上攔下一輛馬車問路。山姆停了車，告訴我他也是木工，於是我雇了他。我跟著他到他的穀倉，讓他先把馬拴回馬廄，然後把他帶回我家測量我需要的書桌和書架的尺寸。

在回家路上，山姆很好奇為什麼像我這樣的「英國人」[1]會從費城市區晃到河坡（River Hills）這裡來？不用說，我也有上百萬個問題想問他。比如為什麼我的鄰居都不用曳引機，但全社區卻竭力支持兩名被捕的艾米許青少年，他們犯的應該是所有舊派罪行中最嚴重的一種：他們把古柯鹼賣給其他艾米許青少年。緝毒官員疑心為什麼兩個剪馬桶蓋髮型的年輕人會開車進出費城西南區拜訪「異教徒」（Pagans）機車黨，循線才逮到他們。支持這樣的年輕人公平嗎？

山姆不僅知道來龍去脈，還加了一些引人入勝的故事。比如一個警察來到意外現場，發現一個艾米許男孩在馬車上不省人事，路上有血跡，卻看不到馬：男孩爛醉如泥，因此在一輛卡車撞上馬時，他根本毫無意識。卡車司機肇事逃逸，他猛撞馬後帶著牠又走了四分之一哩，馬才掉下引擎蓋。山姆和我一見如故，他邀我回到他的店裡逛逛，讓他向我說明艾米許人的想法。而他希望我幫個忙作為回報：我能幫他找到他要的幾本書嗎？

我回答說，「我試試看，」心想要幫他在 Alibris 網路書店或古騰堡（Gutenberg）檔案中找到他要的祈禱書。「你要找什麼？」

「《與成功有約：高效能人士的七個習慣》（*Seven Habits of Highly Effective People*），」山姆說。「以及《人性的弱點：卡內基教你贏得友誼並影響他人》（*How to Win Friends & Influence People*）。」

「真的？」我大感意外，「嗯——是英文書對吧？」

「是的，英文。還有納粹間諜書。你能找到一些嗎？」

勵志自助和納粹衝鋒部隊——哇。山姆解釋說，幾週前，他在「泥漿拍賣」中挑了一箱舊平裝書，這是我們消防隊每年春天雪融後，在潮濕的田野中舉行的戶外拍賣會。山姆只要園藝和草藥的書，但箱子裡還有佛瑞德里克．福賽斯（Frederick Forsyth，英國懸疑作家）的《敖德薩檔案》（*The Odessa File*）和一些提升自我的書。山姆出於好奇瀏覽了一下，沒想到就這麼難以自拔。我能明白他為什麼喜歡勵志書，因為我相信他一定在持續成長／先設法瞭解對方這樣的原則中，看到了自己，但我沒料到他會對以色列的復仇反擊和西柏林的脫衣舞會有興趣。

「你不會惹上麻煩嗎？」我很樂意把我自己收藏福賽斯的書借給他，但我不想成為新朋友被逐出教會的共犯。

這時山姆讓我看到我先前一直不明白的事物。他解釋說，艾米許的生活和你無法擁有的事物無關；而是關於你能擁有的。每個人都想要的三件事是什麼？健康、幸福和安全。對吧？好，艾米許人比其他人更快樂、更健康，更安全。而且領先很多。這並不只是人們的看法而已，而是鐵的事實。

讓我們先從健康與安全談起。艾米許人不會飢餓、無家可歸，或破產，因為他們已悄悄地在共和黨大本營的核心，創造了半社會主義的北歐天堂。他們收養彼此的孩子，照顧家裡的長輩，興建自己的學校，並支付費用，且收容窮困的人。艾米許人規避了次貸風暴，因為他們避開銀行和不老

1 現在人人都知道艾米許人把所有非艾米許人都當作「英國人」吧？

實的經紀人，而依靠「艾米許援助金」（Amish Aid），這是提供貸款和房險的社區公共基金。同樣地，艾米許人很久以前就創造了他們自己的全民醫療保健，自負醫療費用，並藉著拍賣、捐贈，和販售雞肉派籌集資金，協助鄰居支付醫院帳單。

不過，他們在醫療保健方面的確有很大的優勢：他們的健康情況比一般人更好。艾米許人的活動是一般美國人的六倍，罹患癌症或糖尿病的可能性是一般美國人的一半。他們不吸菸，不喝酒，不打架，不吸毒。他們不發胖（艾米許人的肥胖率為幾乎不存在的四%，而相比之下，美國其他人則是四〇%），也不濫用槍枝（每年造成十萬美國人死傷）。他們吃真正的食物，包括康普茶（kombucha，紅茶菌茶）、生鮮乳（raw milk，指未經殺菌、均質等處理的原乳）、草食的畜肉、有機農產品、有益腸道的發酵蔬菜、自製麵包，並且很少外食。他們以優雅的方式衰老，晚年的活動力和整體健康情況遠優於一般人。艾米許人很少會傷害自己或他人。他們的自殺率比我們一般人低七〇%，而且在整個美國歷史上只有一件艾米許人犯的殺人案，犯案原因是妄想症。這又帶來了另一個問題：為什麼艾米許人的心理狀況如此健全，三百年來只對公共安全造成一次威脅？

快樂可能很難衡量，但如果我們採取零售業所用的指標——顧客忠誠度和再次消費的回頭率，那麼艾米許人的數字正欣欣向榮。你可能會以為被周圍的暢貨店包圍的十八世紀社會如今一定式微了，但這個社區每二十年就穩定成長一倍，增長率是美國全體人口的五倍。艾米許人的保留率（retention rate）比 Netflix 高：約九〇%的艾米許年輕人都選擇堅持原本的信仰，終生參加教會。而且拜門諾．西蒙斯之賜，他們很清楚知道自己在做什麼。艾米許青少年在遊歷（rumspringa，離家接觸世俗外界）一年或更長時間之後才受洗，他們可以自由購買汽車，打扮得像非艾米許人一樣，搭機前往迪士尼樂園，在狂歡節（Madi Gras）猛灌野格酒（Jäger，一種德國酒），甚至笨到向異教徒買毒品，也會得到原諒。等他們體驗完現代世界，絕大多數人都會決定，嗯，那樣的生活還是沒那麼好，然後回歸「樸素的生活」。

「我們不是完美的人，」山姆提示我。可悲的是，每隔一陣子總有社群中或相關的人證明這一點。就在離我們家只有幾哩遠的地方，有一對十四年前脫離艾米許教會的夫婦遭定罪，因為他們把九個女兒都交給一個自稱是「上帝先知」的性虐待者。二〇一一年，艾米許極端分子在俄亥俄州的一派組織就恐嚇其他教會成員，他們攻擊男人，強行剃掉他們的鬍鬚。比起執法，艾米許人比較喜歡用公開懺悔和迴避來懲戒，[2]而這使某些婦女得不到保護，身陷險境。密蘇里州一名艾米許色狼三度犯案，後來是因為教堂在極不情願的狀況下打電話報案，警察才逮捕他；在離蘭開斯特不遠的地方，還有一名艾米許主教被捕，因為他不但隱匿兩名兒童遭到性騷擾，而且還說「真的沒那麼嚴重」。

這是艾米許文化出了差錯的地方，然而教人驚訝的是，它經常都是正確的。有個下午，我和山姆去拜訪他堂兄弟在「在手之鳥」餐廳附近的馬車修理店。山姆告訴我：「我叔叔在做這個生意時

2 順帶一提，如果你看過《艾米許黑手黨》（Amish Mafia）這部影集，這純屬虛構。在蘭開斯特郡，沒有人帶著獵槍巡邏玉米田，也沒有黑道艾米許主教。

犯了錯，他賺了太多錢。」山姆的叔叔是拯救馬車的高手，無法修理的馬車，就連車禍時被汽車壓扁的馬車都能起死回生。由於新馬車的價格可能高達一萬美元，因此遠至印第安那和肯塔基州都有人把馬車拖來請他修理。他的名聲甚至傳到迪士尼和史密森博物館（Smithsonian），他們請他修復西部荒野的老式馬車。但等山姆的叔叔達到成功的巔峰時，他卻踩了煞車。他捐出上百萬美元的積蓄，把生意分給自己的侄子，全家搬到一個小型農場。為什麼？

「讓孩子在富裕中成長，對他們不公平，」山姆解釋說。

就在這裡，當山姆的叔叔結束營業之時，你就發現了艾米許成功的祕訣。山姆的叔叔知道快樂、健康和安全來自於你對兩件事物的奉獻——你的家人和朋友，任何不能讓你更接近這兩者的事物，就會把你拉往錯誤的方向。距離和嫉妒是可以摧毀任何社群的兩種毒藥，這就是艾米許不接受汽車、時尚，甚至電力的原因：它們會讓你走得太遠，炫耀太多，以及盯著螢光幕，而不是人的臉。

山姆的叔叔愛他的手藝，但他更愛他的社群，當他感到自己被不斷的讚美、輕鬆的工作和豐厚的薪水帶離原本的道路時，他不得不改變。他的決定是下面這幾個界定艾米許生活的字，是他的信仰宣言：

放慢速度，品味人生。

我們大多數人整天汲汲營營，趕著節省時間，以便讓我們可以坐下來浪費它。艾米許人不信任速度，因此在接受任何新技術之前，他們會先質疑它是否能改善生活，還是只是加快了一點。他們不會自動拒絕新事物；相反地，每個艾米許地區都會自行辯論，這個新事物是否能協助他們學習耐心、自我控制，和同理心。如果不能，或許避開它才是明智的抉擇。

但是就在山姆的嘴還在滔滔不絕之際，我仍在心裡和他爭辯。我贊成他對於電視、手機，甚至航空旅行的邏輯，但是話說回來：馬車這部分，我不敢苟同。我沒說出來，是因為我覺得質疑這一點，未免太像挑戰他的核心信念，但是請想想：如果你的目標是要在你的土地和家身人上花更多的時間，欣賞與朋友相聚的時光和上帝的綠色大地，那麼為什麼要為了去買一磅麵粉，而坐在黑車廂裡吱吱嘎嘎兩小時來回？尤其是現在，你大可隨心所欲地叫車。堅持非得坐馬車不可，不但愚蠢而且頑固，是對失落過去的執著，毫無意義——我以為如此，直到一頭害怕水坑的驢子來到我們家，接著整個艾米許的魔術方塊裝置連鎖邏輯突然迎刃而解。

我這才明白，艾米許人是唯一不需要警察、暴力或治療師來解決分歧意見的美國人，也是唯一沒有放棄與動物建立商業夥伴關係的美國人，這絕非巧合。耐心和寬容不會隨需要而生；它們是要不斷練習的原則，而要學習這些技巧，再沒有把你的生存和你分辨（並尊重）另一種生物需求的能力結合在一起的更好的訓練營。我的「舊派」鄰居都明白，馬和交通的關係其實並不那麼大，牠們和教育的關係更重要。他們花在訓練動物的每一小時，動物都會默默地回饋。如果你要抽出積木塔中的一塊積木，讓艾米許文化和特徵坍塌，很簡單：取走他們的馬匹，你就會看到數世紀的夥伴關係和非暴力的態度開始崩壞。

我永遠不會接受艾米許鄰居的許多事物（比如夏天穿黑長褲，和頂多只能接受八年的教育），但山姆讓我看到阻礙你的規則與幫助你成長的規則之不同。這就是為什麼只要他想要，就可以讀驚悚小說，也能大方地告訴我他看過（也很喜歡）電影《證人》（Witness，描寫警察深入蘭開斯特艾米許社區查案）的原因。有一晚，朋友們來我家晚餐，我們在山坡那頭最近的鄰居小艾正巧來訪，「這是葡萄酒嗎？」從來沒有看過葡萄酒的他問道，「我可以試試嗎？」我還來不及伸手去拿酒瓶，他就把杯子裝得滿滿的，像喝檸檬水一樣一口氣喝乾，然後在黑夜中東歪西倒地走回家。「我想我再也不會再喝那玩意了，」小艾第二天告訴我：「生命中沒有那麼多夜晚好浪費。」他的意思是，艾米許人並不是自絕於世界之外；而只是對於讓多少世界進入他們的生活更目標導向一點。

13 滿月

不過，有個打赤膊的門諾會信徒卻想出了新點子。

在炎熱的夜晚，邀小艾參加週二夜間跑步活動的門諾會信徒之一總會脫掉他汗濕的襯衫，就像大多數男士一樣，只是大多數男士的身邊可沒有六萬三千個相信在光天化日暴露身體必會受到永恆詛咒懲罰的鄰居。吉姆雖愛看小艾培養他非凡的跑步才華，但是他知道，如果有人看到他和那打赤膊的門諾信徒在一起，非惹出大麻煩不可。

吉姆在自己的親人身上就已經看過這樣的例子。他的叔叔屬老派艾米許，在青少年時期，他成了傑出的棒球選手。艾米許的孩子喜歡打棒球，幾乎每個艾米許的學校都在遊戲場設有鋼線網眼圍欄作為擋球網，讓男女孩在下課時分隊打球。艾米許的年輕人打擊和防守表現傑出，在一九八〇年代聲名遠播，因此賓州和俄亥俄州的半職業聯賽不必遠赴多明尼加徵人，只要駕車在蘭開斯特郡附近巡一巡，就能在玉米田中發現欣欣向榮的農場系統。一些有企圖心的球隊設法和這些艾米許投手簽約，把球隊制服發給他們，沒想到卻受到阻礙。艾米許球員的照片才剛在報紙體育版上出現，老派的長老就認為事情已經失控。他們決議，只有兒童才能打棒球，青少年只能打冰球、排球和「角球」（eckballe），這是一種艾米許的躲避球，用硬得像石頭一樣的皮球砸人。艾米許的溜冰、排球或角球選手轉為職業選手的風險很低，這表示他們不會穿職業隊的球衣，不會上報，是為了樂趣而非成名而比賽。

但吉姆的叔叔卻不聽話。他是天才投手，他和他最要好的捕手朋友一起和球隊簽了約。此後多年，這兩個艾米許年輕人只能偷偷摸摸地用假名打球，因此教會裡沒人知道他們祕密的第二人生。他們從未被人發現，但這使得吉姆的叔叔為自己的才華感到羞愧，因為他對最愛他的人隱瞞他的最愛。

吉姆知道，如果小艾跑得太熱烈，可能也會受到相同的待遇。小艾還是與父母同住的單身漢，所以他有一點空閒。但是他已二十六歲了，該是安頓下來，並且決定他是要加入教會，還是離開的時候。從表面上看，跑步未免太標新立異，恐怕會自成地獄。小艾要如何證明他參加十公里賽跑有他的道理？他賽跑不僅是為了爭取個人的榮耀，而且還和袒胸露背，穿著運動胸罩的女士和緊身短褲的男士廝混？跑步是孤獨、快速、炫耀的運動，由假偶像史特拉瓦（Strava，健身定位追蹤公司）統治的魔鬼遊樂場。與上身脫得精光的門諾會信徒在一起廝混，當然不會有加分的效果。

但是吉姆瞭解小艾有個特點：就在你認為他被打敗之時，卻是他的最佳狀態。小艾或許無法讓艾米許人跑步，但如果他能讓跑步適合艾米許呢？要是他能把棒球變成排球又如何？

就像大多數適婚年齡的艾米許人一樣，小艾有他年輕人的交誼圈。每逢週末，這一群人會聚在一起健行和野餐，或許去「雄鹿」（Buck）賽車場看撞車大賽（demolition derby，報廢車互撞，撐最久的是贏家），而且只要天氣晴朗，他們就一定會在大片草地上搭網，男女混合組隊，打幾小時的排球。艾米許的長輩對打排球倒沒什麼異議，因為到目前為止它還沒有失控：年輕人穿著他們自己的衣服，沒有報紙報導，打著好玩，而不是為了成名。因此，如果你是艾米許人，單身，並且準備聯誼，打排球就是最好的活動。這是艾米許女孩藉著「協助」她看中的那個小帥哥發球來調情的完美方式，因為一切都在公開場合。小艾唯一要做的就是保持排球精神，只要去掉那些網子，他說不定就能有收穫。

一個週日下午，小艾這群人去蘭開斯特郡立公園時，他向他們鼓吹一個點子：與其在小徑上步行，何不乾脆無拘無束地奔跑？「我不知道會怎麼樣，」他們的成員麗茲後來告訴我：「我不知道這些男生是怎麼說服我們的。」但其實她知道：她對小艾有點意思。於是大家跑了起來，穿過樹林，男生穿著黑色的長褲和吊帶，女生則穿著深色的長裙，還包著燙過的白色頭巾，用他們碰巧穿在腳上的各種運動鞋、靴子或鞋子，在崎嶇的石頭路上奔跑。

「我很驚訝自己竟能跑四哩，」麗茲說：「到洛克福特（Rock Ford）山時，我差不多要暈倒了。」第二天早上她更驚訝，因為她起床時不但腳上起了水泡，小腿也痠痛不已，但她還想再來一次。一天晚上晚飯後，她告訴父母她要去跑步。

要去什麼？

「我的家人認為這太荒謬了，」麗茲說，「但我還是勇敢地出發了。」

麗茲的母親認為這根本沒道理，因此她騎上滑板車，跟在麗茲身後。當晚麗茲跑了五哩，母親則踩著滑板車跟在她身後。麗茲笑著說：「這對我是動力，因為我跑得比她踩滑板車還要快。」那成了她們傍晚的儀式，讓麗茲的媽媽能安靜地滑行一小時，遠離家務和她的十一個孩子，看著她強健而勇敢的女兒在路上飛翔，飛得比兩個輪子還快。

這群人自稱 Vella Shpringa ——按賓州德語[1]的意思是：「讓大家一起跑」——而且小艾非常重視「大家一起」這個部分。先前的棒球選手之所以惹上麻煩，是因為他們似乎脫離了社群，他們穿著奇裝異服，並且把週末花在「英國人」的球場，小艾不會重蹈覆轍。Vella Shpringa 奉行的座右銘是：「大家一起奔跑的樂趣」，這意思就相當於：「相信我們，這不會像棒球那樣。」小艾並沒有偷偷摸摸地在週日下午去跑步，而是與其他年輕人的團體接觸。傑克．貝勒（Jake Beiler）來參加是因為他和朋友先鍛鍊自己，為到大峽谷遠足壯遊做準備。莉蓮則發現這是和男友本一起消磨夜晚的有趣活動。小艾甚至邀請了已經有孩子的已婚朋友艾文，因為他知道艾文喜歡在睡前把他最小的兩個寶寶放進嬰兒車去散步。來慢跑哄他們睡覺吧！

Vella Shpringa 一點一點地成長。不過直到泰瑞．約德（Terry Yoder）這個惡名昭彰打赤膊的門諾人靈光一現之前，艾米許跑步的未來仍在未定之天。

一個燠熱的夏日，泰瑞想到馬上就要滿月了。他向吉姆建議，與其在陽光下進行他們每週的長跑，為什麼不改成在月光下？他指出，艾米許之鄉之所以如此特殊，其中一個原因就是絢爛的夜空。「在手之鳥」附近這個區域就是以名副其實的「無電線山谷」聞名，這裡沒有路燈、沒有電線桿，家家戶戶的後院也沒有LED燈，除了柔和的黑色景物和頭頂上的燦爛星空外，什麼都沒有。吉姆同意試試看。他和泰瑞度過了一個神奇的夜晚，夜色美得教人屏息，而且平和寧靜，他們等不及等到下一次滿月。他們力勸小艾和他的夥伴加入他們的行列，不久「滿月跑步」就變成了每個月的流動聚會。

我頭一次受邀時，趕在日落前抵達艾文的農場。Vella Shpringa 的成員輪流主辦這個活動，每個月從一個農場移換到另一個農場。主辦者規劃出兩段距離，通常是五哩和十哩，並請他們的父母、配偶、孩子和鄰居在跑步者還在路上時，安排野餐供跑步之後享用。當我抵達艾文的農場時，前院草坪上已有約三十名跑者，有男有女，其中大部分是艾米許和門諾會信徒。大家混在一起暖身，老資格的 Vella Shpringa 成員歡迎我們這些新人加入，並和我們搭檔，以便引導我們，讓我們不會在黑暗中走錯路。

月亮升起時，我們出發了。門諾會裸男甚至在我們還沒離開車道前，就已脫下汗衫，但似乎沒人在意。我們不需要頭燈；隨著陽光消逝，我們的眼睛逐漸適應，直到我看到的只剩下星星、農舍窗戶上油燈的光芒，以及老舊穀倉的幽暗輪廓。我們叭嗒叭嗒的腳步在一片寂靜中作響，偶爾會交談，但大半時候都沉默，心滿意足地享受夜晚的聲音和我們的肺舒適的喘息。

突然間，閃爍的燈光照亮了前方的道路。看起來好像是車禍現場，雖然我並沒有聽到什麼聲音，

1 譯者按：原文是用Pennsylvania Dutch，但我查來應是德語。請見wiki解釋「賓夕法尼亞德語」https://zh.wikipedia.org/wiki/%E8%B3%93%E5%A4%95%E6%B3%95%E5%B0%BC%E4%BA%9E%E5%BE%B7%E8%AA%9E，以及https://www.sohu.com/a/192698924_653627的討論。

也沒看到任何汽車殘骸。吉姆解釋說：「我們的朋友來幫忙，他們擔心我們。」「在手之鳥」義消知道今晚我們要在暗路上跑步，因此派了一些義工開著消防車，在比較危險的十字路口保護我們。「這裡有水，誰要就來拿，」一位消防隊員拿出一罐瓶裝水。「你們看起來都不錯，只有吉姆除外。」

「在手之鳥」義消與 Vella Shpringa 有特殊的情誼。對我們在蘭開斯特鄉下的人來說，一遇到問題，來救我們的就是鄰居。我們沒有專業的消防人員，只有義工，比如本地食品雜貨商約翰・艾許（John Esh）、修理割草機的工人傑森・塔克（Jason Tucker），和年輕的酪農山姆・艾許（Sam Esh）。他們監聽民用電台廣播，只要一聽到求救電話，就丟下工具，拋開工作，投入各種急難。但二〇〇六年十月二日，「在手之鳥」義消卻遇到了他們從未見過的情況，也希望有朝一日能忘記它。當時一名本地的牛奶卡車司機大開殺戒，殺死了五個女孩，另五個重傷，然後自殺。而這些義消是頭一批趕到現場救難的人。

那可怕的一天過了三年之後，吉姆徵召艾米許社區創立「在手之鳥」半程馬拉松賽。按照當今的比賽標準，這場比賽很原始。沒有擺滿各式商品的大展覽會，只有一個立在牧草田上的登記帳篷。沒有《火力全開！》這樣的音樂，只有在第二哩那邊看到一個門諾派家庭在他們家前廊唱福音歌曲。但如今「在手之鳥」半馬卻被列為全美國最佳，最教人難忘的比賽之一，部分原因是「無電線山谷」的美，但更重要的是因為艾米許主人的熱情友善。所有的加油站都設在艾米許農場裡，成群結隊的孩子伸出杯子，高喊「水、水、水，寶礦力、寶礦力、寶礦力……」所有賽後野餐的食物都是艾米許家庭捐贈並提供：堆積如山的烤雞和自製烤豆，蘋果西打甜甜圈和乾蘋果派。每一個跑完全程的選手拿到的獎牌都是真正的馬蹄鐵，由 Vella Shpringa 義工手工打磨並繫上緞帶。人人都帶著參賽T恤回家，提醒他們 Vella Shpringa 的座右銘：「大家一起跑步的樂趣。」艾米許社群所籌集的每一分錢都捐給「在手之鳥」義消的朋友。

但如果你以為群體＋歡樂＝緩慢和無聊，你就該來參加滿月跑步。我選擇的是較短的五哩路線，因為這是我第一次參加，不知道情況。那是個溫暖的夜晚，我努力跟上吉姆和莉蓮，儘管莉蓮穿著厚重的衣服、圍裙和漿過的頭巾，卻似乎不受熱度影響。等我們回到艾文的農場，我很高興在車道上看到一張擺滿了檸檬水罐的桌子。我牛飲了一杯，正準備要往放滿食物的餐桌去，卻聽到身後一陣急遽的腳步，小艾和其他參加十哩項目的選手衝進車道，幾乎只花了和我跑五哩相當的時間，就跑完了十哩。

「老天，那些傢伙真快，」我對吉姆說。

「這個？這是跑了好玩的。等你看到他們真正賽跑才知道。」

艾米許人這三百年來所學到如何依賴自己的身體，並把它們打造成高性能機器的一切知識，Vella Shpringa 這夥人都應用到跑步上，而且成果豐碩：小艾的馬拉松最佳成績足足進步了一整個小時，由三小時五十九分縮短為兩小時五十四分。班・朱克（Ben Zook）想知道像他這樣肌肉發達的高個子選手能否只花五分鐘跑完一哩，只用三小時就跑完馬拉松？不到一年，這兩個目標他都達到了。艾米許跑步選手組成一支六人團隊，贏得三場比賽，距離從一二八至兩百哩的拉格納接力賽（Ragnar Relays）。勒羅伊・施托佛斯（Leroy Stoltzfus）甚至出現在「信不信由你！」（Ripley's

Believe It or Not!）博物館，因為他在哈里斯堡（Harrisburg）馬拉松賽中穿著長褲和吊帶，卻能跑在大家前方，僅用了三個多小時就完成比賽。麗茲也有幾次穿著及地裙裝出現在五公里和十公里賽跑的起跑線上，超越了所有參賽女性，獲得勝利。

「她在五十哩項目上表現非常出色，」本身參加一百哩項目的小艾說，「她是傑出的長跑健將。」Vella Shpringa 的成員曾去參加尼加拉馬拉松賽，因為他們聽說這個賽道速度很快，但卻受到強烈的逆風打擊。這些小夥子努力跑完全程，一轉身卻看到滿面笑容的麗茲就在他們身後，她以三小時三十分鐘創下個人最佳的成績。

「我試了八次才獲得波士頓馬拉松的資格，她第一次就做到了。」小艾驚嘆說。吹牛並非艾米許的習慣，但一談到麗茲，小艾就忍不住要吹噓。此外，參賽的故事也是 Vella Shpringa 一半的成功祕訣。早在開始跑步之前許久，艾米許人就想出了這個小技巧：夢想是每一個新冒險的開始，而我們最大的夢想就來自於我們面前的人。艾米許人不看電視或電影，甚至也不聽廣播，所以他們唯一的娛樂來源就是互相講述的故事。難怪 Vella Shpringa 成長得這麼快；一邊聽夥伴講故事，一邊想，去他的，如果他能在黑暗中跑十哩，為什麼我不能？再沒有比這更教人有企圖心的了。

滿月跑步當晚，我們所有的人只要跑完，都可以自由回家，但儘管這是平常的工作日，夜也已經深了，許多人還得滑著滑板車回家，但在我們遵循兩個傳統之前，都沒有人離開。首先，每一個人都在車道上等候最後一個掉隊的跑者回來。接著我們把食物集合起來，大家穿著汗濕的衣服分坐在草地上，抬頭看著星星，一邊講故事，一邊品味著艾文一直遞過來自家蔬菜製成的美味莎莎醬。

小艾頭一次參加一百哩超級馬拉松賽時，與麗茲在跑了五十哩處留影。

在幾個這樣的夜晚後，小艾邀請了麗茲和她的妹妹艾瑪與他和一些朋友，一起到古老的康內斯托加小徑上一段美麗但很崎嶇的路段跑步。那是一個下雨的週日，滑溜溜的石頭特別難跑。才進入樹林還不到一哩，小艾就突然從陡峭的堤防上滑下來，掉進小溪。其他人七手八腳地去扶他，他站起來時手上拿著一個東西：一塊心形的石頭。他把它交給麗茲，向她求婚。

麗茲答應了，不過小艾畢竟是小艾，他想先跑完剩下的六哩路程，然後再回家把這個消息告訴家人。「求婚之後，她非常開心，我幾乎追不上她，」小艾告訴我：「這是我和她一起跑步最快的一次。」

在結婚當天，麗茲和小艾凌晨三點半見面，跑步六哩。對小艾來說，這個機會正好讓他反省他的人生有多麼古怪的發展。在正常情況下，他應該像吉姆的叔叔一樣，沉迷這種禁忌的運動，最後終於放棄，並回歸艾米許的傳統。但是小艾冒了個險，他並沒有隱藏自己可恥的小祕密，而是為其他人創造了快樂的大事。他在跑步的核心裡發現了真正的艾米許特質，而他自己的跑步也突飛猛進。

麗茲曾經對我說：「對我們來說，獨自做事很不尋常。我們習慣整個團體一起工作，一起玩樂。那是我一開始跑步的唯一原因。我樂於和朋友一起度過那些下午。」

但是那天清晨，在太陽升起，馬車開始到來之前，只有他們倆在黑暗中肩並著肩。接著該是麗茲和小艾加入家人、朋友和其他跑步者，展開他們下一次冒險的時候。

14 小驢子瑪蒂達

「你覺得怎麼樣？」我問譚雅。「餿主意？」

「也許吧，」她邊說邊努力讓佛洛兒安靜下來，「這恐怕會是很長的一夜。」

十一月初，也就是雪曼來我們家兩個月後，我自願主辦滿月跑步會。我們事先就把兩頭驢子帶出來，綁在車道旁的大門上，但是隨著小貨車駛來，身穿黑長褲和外套的艾米許跑者像暗夜魅影一樣一個接一個冒出來，雪曼和佛洛兒開始處於紅色警戒狀態，耳朵直豎，好像被槍口抵住搶劫一樣。太奇怪了，牠們判定，並開始扭動，想要擺脫籠頭。

「放牠們回去嗎？」我問。

「啊，我們去試試吧，」譚雅說，「不是效果很好，就是很快失敗。」

我想試試讓驢子跟著 Vella Shpringa 團隊跑，因為我希望他們能夠解決我和譚雅所碰到的結構設計缺陷：我們沒辦法讓譚雅一分為二。在訓練雪曼時，譚雅和佛洛兒得在前面跑，讓雪曼可以跟隨。但同時，我又需要譚雅在我們後面，這樣她才能糾正我的錯誤。在「地面驅動」的技巧上，我仍然是菜鳥，每隔一陣子，我就會糾纏在繩子裡，而且面向後面，不知道到底怎麼回事。

艾米許人從小就開始訓練馬匹，Vella Shpringa 更有另一項難得的好處：因為他們是傑出的跑步者，也許能夠在開闊的道路上與雪曼一起跑，跟在牠身後，而不是在畜欄裡轉圈。幸運的是，我家附近可能就有許多尚未被發掘的驢子賽跑專家：你還能在哪裡找到有波士頓馬拉松速度的大師級騎手？這是個好主意，只是愚蠢地忘了一點，那就是忘記不適合在黑暗中訓練驢子。我們從沒有在晚上帶雪曼和佛洛兒出去過，頭燈照得牠們眼花撩亂，又突然被陰森森的陌生人包圍，教牠們開始反常。

「那是大名鼎鼎的雪曼嗎？」有人喊道。

貨車門打開了，Vella Shpringa 的非正式領導人之一傑克．貝勒從黑暗中走了出來。傑克雖然又高又瘦，但卻像灰熊一樣強壯。有一年「在手之鳥半馬賽」結束時，傑克幾乎單槍匹馬就把我推倒，讓我一個倒栽蔥栽進水桶裡冷靜一下。傑克看到兩頭驢子焦躁不安，就接手控制。他迅速關掉頭燈，雙手放低，慢慢靠近牠們。他轉過頭，直到和雪曼視線交會，盯住牠的眼睛，讓雪曼知道自己沒有任何危險。

「所以這是我們的新朋友，」傑克的聲音低沉而教人安心。雪曼警惕地注視他，但是在傑克撫摸牠的頭，並且搔牠的下顎時，牠靜止不動。在我們周圍，廂型車和卡車陸續到達，填滿了車道，在屋前草坪成排擠在一起。低語的聲音越來越大，混雜了英語和賓州荷蘭語，自從上次滿月以來還沒再見過面的跑者互相問候，放鬆心情。

傑克最後一次搔搔雪曼的頭，然後去召集大家。譚雅說：「如果我們要做，那現在就走吧。我們得領先一步。」雪曼和佛洛兒已經放棄逃跑的企圖，開始嘗試躲在對方的身後，鼻子跟著對方的屁股轉圈，把繩子纏得像麻花一樣。譚雅認為，要讓牠們平靜，唯一的方法就是要領先整個團隊，看看我們能不能哄牠們在別人趕上之前，跑出最佳狀態。

「好，」我對譚雅說：「讓我們看看能跑多遠。」

我很快地向傑克和我的忍者超人朋友史蒂夫說明我們的計畫。七十一歲的史蒂夫是退休銶匠，他從不服輸，有一次和我一起在小徑上跑了七哩，即使他才剛因鎖骨斷裂，手臂還吊著吊帶。史蒂夫前一天和我才用了一大袋麵粉，沿著小路畫出兩條路徑，我們挖出幾把麵粉標記五至八哩的方向。在月光下，大家應該都可以看到麵粉的記號，即使沒有我，他們也會轉彎。

「讓我們先跑約二十分鐘，然後大家再跑，」我告訴史蒂夫和傑克。

我解開雪曼的繩索，把它從門上拉開。我轉過身來，確定佛洛兒和譚雅已經準備好，而雪曼開始沿著車道上往前小跑——

牠繼續小跑。等牠發現自己可以擺脫牠身後的騷動，這個「野東西」就開始狂奔。我看著牠跑，牠的速度和積極主動教我大感吃驚，讓我過了一下才意識到繩子快要從我的手裡飛出去，這時雪曼已消失在黑暗中。我火速追趕這逃犯，譚雅則跳到佛洛兒背上，加入了追逐的行列。等我趕上雪曼時，牠並不像要逃的模樣，而是像一頭正在遊行的良駒愉快地得得前進。我彎下腰抓住繩子，但牠並沒有撒開大步，而是踏著輕快的步伐穩健地慢跑。

「牠要做什麼？」我問譚雅。

「我不知道，」她說。她拉住佛洛兒，看雪曼是否會像往常一樣放慢腳步，讓牠的女友領頭，但牠似乎毫無所覺。大約四分之一哩後，我們碰到一段曲折漫長的上坡道，雪曼毫不猶豫；牠立刻換上了爬坡檔，平穩地向前進，我氣喘吁吁地跟在後面。

「天哪，」我上氣不接下氣地說：「牠是怎麼回事？」

譚雅回答：「讓你莫名其妙的事。驢子就是這樣，永遠不符你的預期。」

我們登上山頂，繼續向前。那是個美麗的夜晚，下面的山谷在月光下閃著銀色的光芒，但譚雅的思緒卻一直繞回雪曼身上。譚雅推測，「也許黑夜能讓牠集中注意力，」她低聲說。我們倆都只敢低聲細語，生怕讓雪曼從神祕恍惚中驚醒。「這是管狀視覺（tunnel vision），牠感覺到的只有佛洛兒和前面的路，因此不必去管牠在白天看到所有嚇人的東西。」

雪曼不理我們，以高速直往暗夜奔去，一頭任務在身的驢。只是在第二哩的標識處，我發現了第一個危險信號：雪曼的耳朵豎了起來，並且向後旋轉，在我們周圍的寂靜中察覺到某種威脅。片刻後，一聲喊叫響了起來。

「終於！」遠方的聲音傳來，接著我聽到了啪嗒啪嗒的腳步聲。頭一批艾米許跑步者迅速地接近，他們爬上我們身後的山頂，身影分明。我緊緊握住雪曼的繩索，準備在牠受驚時向後拉，但牠除了抽動耳朵之外，並沒有退縮。

「你們簡直像飛一樣，」傑克跑到我們身旁說。他旁邊是蘿拉．克萊恩（Laura Kline），二〇一二年世錦賽鐵人兩項運動員和美國鐵人三項國手。雖然在這樣的跑步中，我已見過蘿拉多次，但每一次我在一幫艾米許青年中看到這位肌肉強健的精銳運動員穿著印有贊助商標籤的光滑壓力衣時，依然會感到一陣興奮。蘿拉幾年前從巴爾的摩搬到南端時，聽說了這條沿著薩斯奎哈納河壯觀的跑步路徑，不久就成為 Vella Shpringa 的常客。她的速度就不用說了，但真正使她與艾米許青年聯繫在一起的是她老派的職業道德；我看過蘿拉在及膝的遍地積雪中一跑數哩，也看過她在使岩石結冰的嚴寒冬季暴風雪中衝入樹林。雖然她最近搬去紐約州的新帕爾茲（New Paltz），但一聽說可能有驢子要參加今晚的「滿月跑步」，就非得開四小時車回到南端來看一看不可。

傑克說：「雪曼好像很有活力，可以讓我試試看嗎？」

我張嘴想解釋為什麼這主意不妥，但後來還是閉上嘴，把繩子遞給他。我不願干擾雪曼突如其來的神奇魔力，但今晚帶驢子出來的重點是要看看我可以從 Vella Shpringa 中學到什麼。傑克可能從沒有和驢子一起跑步過，但我必須相信他這輩子對動物的瞭解會讓他找出祕訣。果然，傑克熟練地用左手捲繞繩索，右手則在雪曼的臀部上給牠安心的一拍。其他的人員則形成楔形隊形，由蘿拉設定了速度。他們緊緊地從四面八方圍住雪曼，我只能看到兩隻長耳朵從一圈上下擺動的腦袋中冒出來。

「到那裡去，夥伴，」我們在路上轉彎，逼近一道很長的下坡路時，傑克說道。雪曼原本就已經在輕快地小跑，傑克一聲令下，牠更加快速度。我放慢一點速度，以看清楚傑克的技巧。他離雪曼的左腰只有幾吋，保持比我平時更近的距離。每跑幾步，傑克就用舌頭發聲，或者用手輕拍了雪曼，提醒牠：他們有要務在身。但是雪曼並沒有要放慢的跡象，即使繩索從傑克手中移到喬納森，再到伊蘭的手裡也一樣。每個人都渴望輪流和雪曼同跑，也都以同樣的信心和意志對待雪曼。我甚至不確定雪曼知不知道和牠同跑的人已經換了。

我們輕輕鬆鬆跑過第三哩，八隻蹄子和十二隻腳整齊劃一地啪嗒啪嗒響，這是團結整個部落的鼓聲。我喜歡人人憑本能保持同步的方式，他們調整速度快或慢一點，確定人和動物都能自在地向前進。我們風馳電掣，直到半哩後，我的腿和肺部發出的求救信號才傳到大腦，我這才發現自己遇到了麻煩。雪曼和佛洛兒跑得很好，但對我來說，在幾秒之內，歡樂的聚會就結束了。甚至連在下坡時，我也跟不上這群人，何況我們現在處在另一個艱難的上坡起點。我沒有辦法和蘿拉．克萊恩一起克服那頭野獸。

「我要退出了。」我說，然後放慢腳步，從團隊中脫身。我想，雪曼和佛洛兒可以繼續前進，譚雅可以和雪曼在山頂上等我。或者有其他的辦法；我從來沒想到要考慮雪曼跑得太快的問題。但是在落後時，雪曼突然停下腳步，掉頭轉身，像保齡球瓶一樣把跑步者分開，而且在傑克面前突然側轉，害得他差點翻過雪曼的背。

傑克穩住身體的平衡，把繩索還給我。「好了，他受夠我了，」他說。

「再見，小可愛。」蘿拉摩娑著佛洛兒的嘴套說，「牧場見。」

說完之後，她和艾米許的年輕夥伴衝上山坡，很快就不見蹤影。我喘息了一下，接著譚雅和我就自己走。但是巫師的魔咒已經解除：雖然我們試圖讓雪曼和佛洛兒再次奔跑，但牠們卻突然想起牠們是驢子，開始四處閒晃，轉到草地上吃點心，彼此嬉戲互咬。我們一步步地帶牠們爬上山坡，但到了山頂時，夜晚的薄霧已讓前方的路上灑布了數十個觸發佛洛兒恐懼症的東西：一塊塊的濕地。佛洛兒踩著小碎步往前，一次只踏出懷疑的一步。

譚雅說：「剛才跑的時候很有趣。」

「不像真的，」我同意。這段短短的路徑我們只跑了不到一半，但跑得就像真正的驢子賽跑選手一樣，「雪曼簡直像著火一樣。」

譚雅說：「讓我們開心地結束，帶牠們回去。這是為了建立善意銀行。你永遠都不要提太多款項，而要繼續增加準備金，建立一次又一次的美好經驗。總有一天，你要雪曼做牠不喜歡的事，而因為你已經做了準備，牠會讓你驚訝的。」

我們走了兩哩回家，雪曼漫不經心地在路上漫步，嚼路邊的雜草，並不注意譚雅和我對到底是怎麼回事的熱烈賽後分析。我們調製出了魔藥，只是不知道是怎麼調出來的。是艾米許年輕人嗎？他們很棒，但在他們趕上之前，雪曼就已經氣勢當頭了。是因為晚上跑步？也許，但黑暗並沒有阻止牠在一開始閒混，或者在中間退出。是不是因為我們逼得太厲害，才把它搞砸了？譚雅提醒我，一開始慢吞吞的不是牠，而是我。而且雪曼和佛洛兒廝混了一下子之後，就立刻恢復原樣。

但是有那麼一段時間，必定有什麼發揮了作用，只是我們到家時還是沒弄清楚。Vella Shpringa的一些成員和七十一歲的史蒂夫已經抵達，並接手了我的東道主任務。漢堡在爐火上滋滋作響，史蒂夫則用杓子舀出我事先用慢燉鍋熬製的健力士黑啤酒素辣豆醬，這是我為吃素的譚雅和不吃肉的運動員蘿拉準備的。這時我突然覺得飢腸轆轆，於是盛了一盤食物，和大家圍著火堆說笑，把雪曼奇蹟般改頭換面的奧祕拋諸腦後。

但譚雅卻沒有忘記這個問題。她上床睡覺時，已經有了她的答案。

第二天早上，汽車喇叭的聲音宣示譚雅有事要分享。廂型車駛入我們的車道時，她的頭從駕駛座的車窗冒了出來。「你的祕密武器來了！」她大喊。她爬出車來，站到後門旁邊，她的手非常戲劇性地放在門把上，我套上雨靴，走到外面來。

「看！」她打開那輛道奇的後車門。裡面精神抖擻的是她從屠宰場救出的迷你驢子。

「瑪蒂達！」我說，「我以為牠被人家領養了。」

「對，但牠只在那裡待了一天。他們養了一隻狗找牠麻煩，結果牠一腳把那隻狗踢到截肢。」

「你怎麼讓牠上車的？」就我所知的驢子賽跑而言，每一個故事似乎不是始於，就是終於，或者圍繞於驢子像綠巨人一樣使出「浩克重擊」（Hulk Smash）絕招，避免被拖進拖車中展開。而已證明可以踢斷腿骨的瑪蒂達卻站在一輛老道奇廂型車的後車廂，就像要出門去吃冰淇淋一樣自在。

譚雅說：「牠什麼都願意做。看這個。」她輕輕地一拉籠頭，輕哄說：「來，小達，過來，小驢達達。」瑪蒂達扭動身體，從前排和後排座椅之間的狹窄縫隙擠了出來，朝門外看了一眼，就跳下了車。牠站在那裡任譚雅摸牠的耳朵作為讚賞，然後閒逛到了柵欄門口，雪曼一直全神貫注地追蹤牠的動靜。我們一邊看著牠們倆交朋友，譚雅一邊告訴我她的想法。

在滿月跑步後，她回到家，依舊對是什麼啟發了雪曼感到好奇。她左思右想那祕密究竟是月光，還是車道上忙碌的景象，或者是我們沒有注意到的其他怪現象，直到最後她終於想出了答案。是的，正是那教人害怕的黑暗，吵鬧喧嘩和在一片漆黑中的奇怪德國口音，以及其他一切，讓那一夜創造了驢子跑步的經驗。我們同時讓雪曼體驗了許多可怕的新事物，而可怕的新事物正是雪曼要的。

「我們教雪曼，牠的工作就是跑，對吧？」譚雅說，「但是牠的工作並不一定要無聊。」在昨晚之前，我們每次帶雪曼出去，都總是在樹林裡走同一段碎石路。我們想建立牠的力量和信心，但不要讓牠吃不消，所以我們總在離家不遠的地方，而且盡量避免騷擾。但是我們忘記了一件事：驢子喜歡野地漫遊。如果牠們獨力生存，就總是在不斷地移動，不斷地漫遊，到牠們從未見過的地方去尋覓只有牠們能得到的食物。牠們的生存就取決於遠距離的流浪，這也正是牠們發展出如此傑出的耐力、堅定的毅力，和風險評估能力的原因。雪曼天生就能適應這些荒地，而我們和牠這六個星期的溫和進展根本不是保護牠，而是讓牠到了無聊的極致。

瑪蒂達和我搭車去剪蹄子。

「難怪牠昨晚跑得像冠軍一樣，」譚雅說：「牠是在狂歡。」牠的頭一個衝動是回到牠安全的小穀倉，但一等牠和傑克建立了情誼，並瞭解到這可能是在玩追趕的遊戲——就像牠先前與辣椒狗在一起玩的升級版，牠就迫不及待要開始。我的艾米許跑步者計畫奏效了，只是並不是按我期望的方式；我本來希望 Vella Shpringa 教我關於驢子的祕密，但他們卻教驢子關於 Vella Shpringa 的知識。雪曼發現了大家一起跑步的樂趣，而且牠喜歡它，直到蘿拉和艾米許夥伴把我們拋在後面，在雪曼看來，冒險就結束了。在所有的玩伴都回家之後，誰還會繼續玩下去？

譚雅想，雪曼需要一個永遠不會退出的遊戲夥伴，牠需要瑪蒂達。

譚雅解釋說：「牠是我們所缺少的那一塊拼圖。」雪曼和佛洛兒雖準備要探索，但只要有一點古怪，牠們就緊緊黏在一起，最後變成彼此繞圈子。但瑪蒂達不然，無論牠過去有什麼樣的經歷，都使牠變得與雪曼正好相反：雪曼揣測和防衛，瑪蒂達卻好奇而無懼，牠雖腿短，但跑起來依舊很強健；譚雅每隔一段時間就會駕著馬車帶瑪蒂達一起出遊，而牠都能跟得很好。

譚雅說：「牠是個小壞蛋。」

「所以你的計畫是什麼？」我問，「留下佛洛兒，你帶瑪蒂達跑嗎？」

「哦，天哪，我會死的。」譚雅說她不記得上回不騎馬光跑步是多久以前了。如果瑪蒂達要加入團隊，那麼我們這個團隊就需要另一名新人。內人美嘉正好在家，但她是熱情的非洲和夏威夷舞者，從不真正明白為什麼有人會自願花自己生命的一個小時按著直線一遍又一遍地重複同樣的動作，而沒有至少一個打赤膊的鼓手相伴，讓這一切活潑起來。跑步者喜歡吹噓「我們的運動就是你們運動的懲罰」，美嘉十分贊同這種說法。但她願意為雪曼做任何事，所以我進屋去說服她。

五分鐘後，美嘉在繫運動鞋的鞋帶。「我該做什麼？」她問。

「只要抓緊繩子，」譚雅答道，「其他瑪蒂達自己會做。」

譚雅把她的馬鞍放到佛洛兒背上，然後帶牠走出去。美嘉和我帶著雪曼和瑪蒂達緊跟在後，但瑪蒂達並不跟隨任何人。牠猛衝到前面，站在我們這一小群最前方，以威脅的態度對著佛洛兒搖尾巴，讓大家知道誰是老大。雪曼已經被這個愛當領導者的莽撞小女生搞得眼花撩亂，牠急急擠到瑪蒂達身邊，把佛洛兒撞向前方，因此瑪蒂達再次向前一躍。譚雅甚至連命令都還沒下，我們就已經沿著路前進。

「準備要享受一下了嗎？」譚雅問，「牠們看起來像是準備好了。」

譚雅向佛洛兒輕聲咂嘴，我們就出發了，小瑪蒂達堅持要跑在前面，另兩頭驢緊緊地跟著。我們很快地衝上短短的坡道，抵達碎石路，靠近佛洛兒每天早晨崩潰儀式之處。這是讓我歇歇腳，喘口氣的好機會，但瑪蒂達元帥卻不給我機會，牠率領牠的部隊直衝而過，而這是頭一次，佛洛兒看也不看就衝過小溪。

「小驢子瑪蒂達！好女孩！」譚雅歡呼道：「美嘉，你那裡怎麼樣？」

「牠太棒了。」美嘉氣喘吁吁，同樣努力面對瑪蒂達不暖身就直接上工的職業道德。「但我需要休息一下。」

我附和說：「就是，我不知道這麼多樂趣我吃不吃得消。」

我們拉住繩子，讓牠們停下來，牠們吃草，我們也趁機喘息。我們休息的時間很短，因為不想破壞節奏，但後來證明節奏是不會受破壞的。譚雅才輕推佛洛兒再開始走，瑪蒂達就一馬當先搶到前面去，決心保持自己的龍頭位置。我們沿著碎石路往前飛馳，奔向瀑布，再一次地，佛洛兒二・〇這麼迅速地越過了這個噩夢區，讓我喪失了我通常享有的暫停休息。

不過沒關係。瑪蒂達帶領牠的小隊走得越遠，美嘉、譚雅和我就越常伸長脖子東張西望，互相注視，彼此交換困惑的笑容。空氣中有一種感覺，賽前的興奮感，因為我們即將有非比尋常的突破。譚雅發現了某個祕密，連驢子都知道。

15 三驢行

一切都好嗎？美嘉發簡訊給譚雅。

沒有回音。

感恩節期間，譚雅去探視她父母，因此我們所有的人都休了假。在譚雅該回家當天，我們準備要再度開始練習，但當天早上她發了簡訊取消，沒有給我們理由，這倒沒關係，但她沒有提任何一句要重新安排時間的話，這很奇怪。

當晚和次日早上，美嘉再度嘗試和她聯絡，但依舊沒有回音。到了中午，我們開始擔心，於是我開車越過山坡去聖誕願望農場（Christmas Wish Farm）。從馬路上幾乎看不到這棟房子，它就像哈比人住的小木屋，藏在一座艾米許農場後面的樹林裡，幾乎被向著薩斯奎哈納河斜長的森林吞沒。我們每一次去，還沒走到石頭路的一半，就會有一群四處亂竄大聲吠叫的狗來招呼我們，然後譚雅和史考特就會微笑揮手，砰地一聲從紗門走出來。但這回只有狗出現。

真的很奇怪，我想道。先前我從來不必真正地敲他們的門。

我敲了敲門，然後更用力敲。屋裡傳來更多狗的叫聲。如果譚雅和史考特不在家，狗不是應該全部都在裡面或是外面嗎？有點不對勁。我再次敲門，這使得屋裡的狗狂吼。不管了，我決定要進去——但我又想起屋裡有些狗是杜賓犬，還是再敲一下門好了。我用拳頭側面拍門，叫史考特和譚雅的名字，直到我終於聽到有人叫那些狗安靜。

門開了，門後站著的是我從沒見過這副模樣的譚雅。她茫然若失，一副筋疲力盡的模樣，好像幾天沒睡之後才剛睡著似的，而且很不幸，真的是如此。

「史考特走了，」譚雅說，「徹底離開了。」譚雅離家與父母一起過感恩節，等她回來時，史考特給了她一個晴天霹靂：他已經打包，準備離開。譚雅完全措手不及。在那一刻前，她一直以為他們在一起的生活很美好而且特別，他們倆不僅是絕配，而且舉世無雙。他們倆都是少見的怪胎，對恐怖片和馬術都一樣熱愛。你到哪裡去找像這樣的靈魂伴侶，能夠和你一樣滿足地在白天駕著維多利亞時代風格的馬車，晚上看《鬼玩人》（Evil Dead II）？只有在他離開後漫長而悲傷的夜晚，譚雅苦思究竟哪裡出了錯，第六感的線索才突然出現：史考特熱切地要留在家裡做家務，而不和她一起參加馬展，他對跑步突然產生興趣，只是這個興趣只限在工作時間，並且只有在午餐時分與一個「只是朋友」的同事一起……

現在，突然之間，一切都崩潰了。譚雅無法獨自在農場生活，照顧動物，做教她連腰都直不起來的日常瑣事，同時還要有足夠的收入來支付所有的帳單——她辦得到嗎？但如果不行，佛洛兒和瑪蒂達該怎麼辦？還有他們的狗和馬？她會面臨什麼樣的命運？譚雅明白她絕對無法自行經營農場……但她也下定決心絕不放棄它。無論要花費多大的代價，無論她得要多麼努力工作，她都要弄清楚這一點。

雖然如此可怕，但至少下定決心讓她幾天以來終於頭一次放鬆，可以闔眼——而當然，那正好就是我來敲門的時候。那天早上，譚雅已經到附近的艾米許農場告訴他們，不論什麼時候，只要他們需要司機，都可以雇用她去任何地方。譚雅向我承諾她不會放棄雪曼，只是現在她需要一些時間整頓自己的財務，並增加有酬勞的工作。

「當然。」我要她安心，「你先照顧自己。在你準備好前，我們不會有事的。」

「最好是這樣，」譚雅說，她的語氣就像佛洛兒看到路邊漢堡王的包裝紙而倒退時，那種別惹我火大的口氣。「因為我要去科羅拉多。」譚雅知道她即將展開維持自己農場的奮鬥，她需要一點期盼，而未來唯一的光明之處，就是希望到明年夏天，她和雪曼都會變得很堅強，唯一要擔心的只是怎麼準時到達起跑線，參加洛磯山脈那頭的賽跑。

我們完蛋了，在開車回家的路上，我看清了這點。徹底完蛋。

在譚雅面前，我一直保持熱忱的態度，但其實，即使在我向她保證我們不會有任何問題之時，我還是感到心裡的恐懼，腦海裡已經在計算損失情況。我們面對的是極低的勝算和迫切的期限，而現在雪曼團隊三個最重要的成員——譚雅、史考特和佛洛兒：牠的教練，醫師和私人訓練員全都要缺席了。

沒有史考特，表示沒人會照顧雪曼雖然已在痊癒但還是畸形的蹄子；沒有譚雅，意思是我們既失去了懂得驢子的人，也失去了一頭驢子，因為我們要怎麼處理佛洛兒？在我們跟隨 Vella Shpringa

的領導，並與一群朋友一起環繞著雪曼時，我們獲得了最大的突破，但若沒有譚雅，我們擁有的驢子就比處理驢子的人還多。雪曼和牠的新夥伴已經結合為三驢圈子，我一想到只能帶其中兩頭去跑，另一頭得留下來，就感到頭皮發麻。

「只能走著瞧了，」我回到家，向美嘉報告了情況之後說。沒有人知道譚雅會不會在幾週、幾個月內恢復，或甚至根本不會恢復，所以我們最好現在就搞清楚只靠自己會有多困難。我們走到屋外，驢子一聽到門上的鐵鍊嘎嘎作響，就歡騰地朝我們奔來。

美嘉說：「看牠們，準備去玩了。這是好兆頭。」

我們把瑪蒂達和雪曼套上籠頭和繩索，但我不知道沒有佛洛兒在牠們身後奔騰的情況下，怎麼把牠們帶到籬笆外頭來。「讓牠朝後轉一下，」美嘉說。我領著佛洛兒慢慢地繞了一圈，還沒繞完整整的三百六十度，美嘉就已想辦法讓瑪蒂達和雪曼擠過大門，自己也跟在後面滑了出去。我也擠出去，牢牢地鍊上了大門。教人驚訝的是，佛洛兒只是站在那裡看。

我說：「我們最好趁還可以的時候盡快行動，」美嘉咯咯出聲叫喚瑪蒂達，我們就出發了，沿著車道小跑。在我身後，佛洛兒開始緊張地噴氣。我不敢回頭。我想如果我們倆眼神不交會，並且讓雪曼趕快走，也許佛洛兒會算了，繼續過牠的一天。但佛洛兒的鼻息聲音越來越大，速度越來越快，牠從困惑，到憂慮，到——

「哦，我的天呀！」美嘉火速轉身說。

——四級警報。

佛洛兒爆發出驚天動地的絕望哀鳴，震耳欲聾，教人肝腸寸斷，就像舉世最悲傷的汽車警報器。只要你聽過驢子哀號，就絕對懂得罪該萬死的人被叉在永恆折磨的叉子上會發出什麼樣的慘叫。我個人是覺得佛洛兒有點誇張。我知道在美嘉和瑪蒂達在玩她們「會說話的驢子」把戲時，瑪蒂達可以聽話地發出自怨自艾的悲鳴。[1]

但是佛洛兒的哀號已足以教瑪蒂達和雪曼相信牠在受苦受難。佛洛兒才叫到一半，牠們倆就扭來扭去，急著想趕緊回去。美嘉和我堅持立場，一邊緊緊抓住繩子，一邊辯論下一步的行動。我們在兩個月前開始之處，就在車道上，不知所措。我不知道我們是否應該強迫雪曼和瑪蒂達跟來，還是尊重牠們與佛洛兒的關係，如果沒有佛洛兒參與，大家就全都放棄跑步。我們是知道把孩子送到幼稚園，他們就會愛上那裡的好爸媽，還是不知道何時該鬆手的虎媽？

我想道：「到比賽當天，雪曼一定得自己單獨跑。」即使這話是從我的嘴裡冒出來的，但聽起來依舊不太可能發生，很蠢。比賽當天？沒有譚雅，我們連五十呎都走不了，還要假裝可以走三十哩？

美嘉一定看出我的無奈，決定接手。她說：「如果瑪蒂達去，雪曼可能會跟。而且無論我們開始什麼，都必須把它完成，對嗎？」

美嘉把繩子繞著她的臀部，朝街上走去，放棄我們原先一直想採用的「地面驅動」方式，改成

1 是的，我們有錄影。

老式的拔河風格，拉著瑪蒂達一次向前一步。我跟著美嘉的腳步，沿車道拖著雪曼往前。佛洛兒沿著籬笆來回狂奔，怒吼要我們回來帶牠一起去，但美嘉和我繼續趕著兩頭驢子往前，到通往碎石路的轉彎處。

我們轉了彎，消失在樹木後，佛洛兒的叫聲逐漸消失，雪曼和瑪蒂達的抗拒也緩解了，我們咯咯呼喚再加上一點鼓勵，讓牠們小跑——一下子。每幾十碼，其中一頭或兩頭一起就會突然猶豫，轉頭準備回家，害得美嘉和我得時時警覺，注意牠們的肢體語言，發現牠們改變方向的早期訊號，從右脅向左切斷那兩隻毛茸茸耳朵之間正在思索的掉頭念頭。

等我們到了石子路的盡頭，美嘉和我已經把原本一哩的路變成約三哩的路程，因為我們得以之字形快跑，讓這兩頭一直要轉向的驢子向前行進。現在我才真正瞭解譚雅的厲害，不只是她專業的技巧，而且還有她像女牛仔一樣騎在鞍上靈巧地駕馭佛洛兒，讓牠領先雪曼的任何愚行一步。沒有她，美嘉和我永遠都不可能把這樣的訓練變成輕鬆的例行公事，我們是牧場工人而不是賽跑健將，永遠都在全場比賽中緊迫釘人，以免動物脫逃。跑了一哩後，我們吃不消了。

「帶牠們回家吧？」我問道。

「我不行了。」美嘉同意。

我開始把雪曼從牠正在啃的草上拉開，不過其實沒有必要，因為我才朝牠走去，牠就抬起頭，開始沿著石頭路往回走。「對，」我說，「佛洛兒時間。」我越靠近，牠的步伐越快，直到我們倆都自然而然地從漫步轉為慢跑。比較專心咀嚼的瑪蒂達，驚訝地瞥見雪曼已經走了四十碼遠，拉開了距離。牠馬上跟上來。這兩匹小賽馬齊頭並進，爭先恐後地回家。

當我們靠近那個朝向家裡的轉彎時，佛洛兒正在安靜地吃草，牠的分離焦慮顯然因為牠從柵欄下方拔出的美味青草而減輕。但牠一聽到敲在路面上的蹄聲，就突然抬起頭來，匆匆回到大門，張口嘶叫，聲震屋瓦。瑪蒂達和雪曼也回吼，在我們沿路衝往大門之際高聲喊叫，一拍不少。然而要讓牠們進去卻費了我們九牛二虎之力。我才拉起扣門的鏈條，佛洛兒和瑪蒂達就正面相撞，佛洛兒拚命朝外擠，而瑪蒂達則用力往內推。在此同時，雪曼夾在中間搖擺，因牠所受到的注意和陪伴而激動，牠很樂於待在原地轉來轉去，而美嘉和我則一邊躲避牠們的蹄子，一邊設法解開糾結的繩子，把一切都安排妥當。

第二天早上，我不想再重複這種牛仔競技。唯一的明智之舉是把佛洛兒送回去給譚雅，但至少有三個原因使這樣做太無情：雪曼對佛洛兒和瑪蒂達很忠實；佛洛兒對瑪蒂達和雪曼很忠實；還有美嘉和我對譚雅很忠實。我們不能光是因為我們自己頭一次跑步困難重重，就結束三驢行，把佛洛兒送回去，讓譚雅多一張嘴要養。我們該做的是保持耐心，繼續練習，驢子總會適應。我們知道；自雪曼抵達的那一天起，我們就看到這樣的情況發生，一而再，再而三。

我告訴美嘉：「無論如何，我們必須每天都讓牠們跑。」

「每天早上的頭一件事，」她同意，「送孩子上學，然後跑步。」

「頭一件事，」我承諾。

第二天早上的頭一件事，我發現我們沒有雞飼料了。在忙驢子之前，我不得不趕去飼料廠買半打五十磅麻袋的飼料，把它們抬到棚子。我還順便幫驢子買鹽塊，還有幾袋羊飼料，這都得靠我用肩膀扛到另一個棚子裡。等到一切都存放妥當，每隻動物都被餵飽——貓、雞、鴨、鵝、綿羊、山羊和驢子，我自己都餓壞了。我進屋去吃早餐，但又發現壁爐的木柴和木質顆粒燃料已沒剩多少，所以只好又出去，這回是扛一袋五十磅的顆粒和一堆劈好的木柴。

即使農場很小，但你一定會發現只要冬天一來，所有的東西都重達五十磅，而且你總是得把它搬運到某個地方：成捆的乾草得堆放到食槽，成捆的稻草要堆到畜棚裡，幾個五加侖的水桶得從小溪搬到農場上結冰的水槽，大塊的原木要從樹林中搬回來準備劈開，而劈好的木柴必須搬進房裡供暖，八呎高的柵欄柱子還堆在院子裡，而且我突然想起來，非得立刻在地面凍結前用手挖土，並把欄柱敲進土裡。

反正我不想一吃完東西就跑，所以早餐後，我決定先做一下柵欄。一堆電子郵件，還有要交的一篇文章也需要我處理，接著美嘉說要吃午餐。到那天下午三點，十二月的太陽已經要下山了，我們又想起女兒有籃球賽……

這一切都是說，那天我們根本沒把驢子帶出去，次日亦然；因為有暴風雪逼近，所以我們需要去鄰居那裡取一百五十捆乾草，然後把每一捆都運過牧場，堆放在穀倉裡，以免下雪。在我們搬運乾草時，所有的動物都跟在身後，揀掉落的乾草吃，只有那幾頭驢子例外，牠們現在學聰明了，和我們保持距離，以防我們再綁架其中兩頭。到了下午，我們看出暴風雪頂多只是寒冷的毛毛雨，可是要在追逐雪曼和瑪蒂達半小時與啜飲熱氣騰騰的咖啡賞雨之間做選擇，根本不用考慮就知道選擇哪一樣。

那就是我們知道一切已經結束的時候。白天變得更短更冷，而且隨著聖誕節來臨，事情只會越來越忙。我知道驢只是有點小題大作，只要牠們習慣沒有佛洛兒陪伴的出行，牠們就會再度開心地跑。但是在寒冷中追逐牠們的麻煩，我們的手凍結在潮濕的繩索上，腳因冰冷的草地而麻木，同時還得愚蠢地和牠們練習，這些理由讓我們繼續推遲訓練。冬天一來，道路都覆蓋著積雪，我們還要嘗試嗎？

雪曼成為運動員——一頭有人生目的的驢子，這個機會逐漸溜走。但這時電話響了，在我掛斷電話時，一切都改變了。有個朋友遭到了大麻煩，幫助他的唯一方法，就是讓雪曼重新上路。

16 壓力重重的朋友

收到安卓亞．庫克（Andrea Cook）的訊息後，我的警鐘響起。她的留言簡短活潑，但我馬上聽出有點不對勁：

「嘿，齊克從學校回家了，想和克里斯談談跑步的事。如果他有空，可以打電話給齊克嗎？」

我們認識庫克一家人的時間，幾乎和我們搬到南端來一樣長。我們的孩子上的是同一所小學，安卓亞在學校是大家都喜歡的護士，她活力充沛，鼓勵大家運動，奇蹟般地說服每個班級每年都為慈善籌款活動汗流浹背地繞著球場上奔跑。除了護理，慈善活動，研究所夜校課程，做家務和每天兩次接送孩子游泳練習之外，安卓亞還參加鐵人三項訓練（當然），所以在她下午九十分鐘的「空閒」時間，我們偶爾會一起騎自行車做長途練習。我非常喜歡她。她和她先生安迪以及三個孩子都很親切、聰明、和睦，教你幾乎不會因他們都長得該死的俊美而嫉妒。尤其是齊克，他四年級的時候來參加我女兒的生日尋寶聚會，我用繩索把他吊上樹，結果害他碰到毒漆藤，但他從沒怪我，因而贏得我一輩子的喜愛。

隨著我們的孩子長大，人人生活變得更加忙碌。我們見到庫克家人的時間少了，安卓亞有好幾年都沒有和我一起騎車，我只偶爾聽到有人含糊地提及齊克和他的姊姊艾希琳在高中快要畢業時出了點狀況。細節我不清楚，只知道和憂鬱症有關。我再見到他們，是在艾希琳的畢業典禮上，兩個孩子皮膚都曬成棕褐色，強健而快樂，一對少年男女太陽神在後院大吃特吃玉米片，用屁股把球撞進後院的水池。他們完全沒有任何殘存問題的跡象，兩人都以出色的成績畢業，接著上了賓州州大。但現在，突然之間，學霸齊克在學期中回了家，而且想和他媽媽年已五十二歲的朋友聊慢跑？這有點不對勁。

與齊克交談前，我先打電話給安卓亞，想知道是怎麼回事。出乎我意料之外的是，接電話的是齊克。我瞥了一下電話號碼：我不小心撥她的家用電話，而不是她的手機。「齊克，嗨！」我結結巴巴地摸索著一些不會讓他為難的話，「我聽說你，嗯……回家來住一下？」

齊克說：「是的，我要在家一學期。」他沒說為什麼，這表示我不應該問。他說他會通勤到德拉瓦大學上一門課，而因為這讓他每天都有很多閒暇時間，所以他的一個目標是希望恢復身體健康。上學期他在賓州州大的實驗室裡忙碌，現在需要更多的汗水和陽光。

「你何不明天來跑步呢？」我建議道。我腦海中正在醞釀一個想法。我知道這有嚴重的缺點，有個很大的問題是我還不知道齊克究竟怎麼了。但如果他還是那個讓我用舊曬衣繩把他吊到空中十五呎的男孩，那說不定有用。「什麼活動都可以，對嗎？」我問道。

第二天早上，齊克和安卓亞都現身了。安卓亞因下背部有問題，已經休息了一陣子，所以我沒有料到她會來跑步。她承諾說：「我不會妨礙你們，但是我得看看你要帶我兒子做什麼。」

我們進去很快地喝杯咖啡。在後門廊上，齊克一把抱起我們收養的一隻髒兮兮的貓，貼在懷裡。很少有訪客會想要把手放在這個戰痕累累的小野獸身上，但齊克毫不猶豫。多麼溫柔的孩子，我想道，但後來我才明白齊克只是想要仔細檢視牠。

「很酷，」齊克說，「Polydactyl（多趾貓）。」

「不，牠叫獵豹。」我糾正他，接著馬上想到海明威在基韋斯特（Key West）[1]養的貓，錯失了表現自己聰明的良機。「你是說六趾貓，對嗎？」

「對，」齊克說，「這麼有趣的突變。」

看誰在說話。有哪個賓州州大二年級的學生會注意到正在打瞌睡的貓？更不用說按正確的希臘分類法為牠分類。我一直都聽人家說齊克很聰明，但他肌肉如此發達，充滿活力，因此每次有人這麼說，我都以為他們只是客氣，沒有在後面附帶一句「對運動健將來說」。現在我才突然想到，我記得的齊克是他小的時候，這幾年來我很少看到他，所以不知道他變成什麼樣的年輕人，也不知道他出了什麼事，讓他回到家裡來。我前一天晚上想到的點子是針對勇敢斯文，十三歲的齊克，而不是這個二十歲的陌生人。如果他變成了自以為是的懶鬼怎麼辦？果真如此，那麼這個實驗持續的時間恐怕不會比這杯咖啡久。

「你看這樣如何，」我說。「蘇菲糾纏我們救了一頭驢子，現在我們共有三頭。」我把瑪蒂達和佛洛兒的事都告訴他們，也說明了譚雅認為驢子需要有生命目標的想法和我們當前的困境：我們無法在不帶佛洛兒的情況下，讓雪曼和瑪蒂達跑步，但佛洛兒缺乏駕馭的人。如果我們要讓雪曼在今夏嘗試參加驢子賽跑世錦賽，就得立刻讓牠重返跑道。我本來想向艾米許青年求助，但他們每天工作時間很長，住得太遠，而且沒有車。

「所以，如果你覺得可以的話——」我對齊克說。

安卓亞睜大了眼睛，好像想要開口，只是勉強忍住。

「如果你覺得可以的話，」我轉向她繼續說，「我想另外找個跑步者，看看我們能不能用跑的方式帶佛洛兒出去。」

我從未嘗試過與佛洛兒一起跑步，原因很明顯。牠如此強壯又神經質，只要一個古怪的陰影牠就會逃走，把繩子從我的手上扯掉，然後直奔山上而去。儘管如此，我仍忘不了那一次我在科羅拉多州嘗試驢子賽跑時，就排在芭柏·杜蘭身旁，她有一頭名叫達科他的大驢子，體型比佛洛兒還大。她人群教達科他緊張，但即使芭柏的身材只有我的一半，她駕馭那頭巨獸還是像與舞伴同舞一樣。她不但能控制達科他，而且她們倆風馳電掣，不論跑多長的距離都能擊敗大多數對手，不分男女。

我不是杜蘭，但我希望能用瑪蒂達彌補我所缺少的馭驢技巧。如果佛洛兒決定逃走，我們無法阻止，但也許牠會願意跟隨雪曼的領導，乖乖地在這棕毛的小老闆後面排出隊形。如果那不管用……唔，我很肯定牠不會跑太遠，就會回到我們或譚雅的家。我可不想去敲譚雅的門問：「嘿，你借給

1 海明威在佛羅里達Key West島上養的貓有六趾，請參見https://kknews.cc/travel/xzk5yvr.html。

我們那頭你最心愛的驢子——你有在附近看到嗎？」不過這可以留到以後再來擔心。現在，我的問題是齊克——和他的老媽，是否認為這個計畫可行。

「所以牠們在你旁邊跑？」齊克問，「像狗一樣？」

我說：「就像狗。」這主要是針對他媽媽安卓亞而說的，「就像會踢的狗。不過今天，我們只要輕輕鬆鬆地看看佛洛兒的表現。安卓亞，你要不要走在前面？如果你領先，牠們可能會跟著你。」

「好玩！」安卓亞說，「算我一個。」

我不確定該如何分配驢子，但後來我明白我們別無選擇。我得帶佛洛兒，因為如果有人要被拖拉或被踢，那應該是我。這表示美嘉必須和瑪蒂達一起在前面帶領，只能讓齊克帶著那頭野東西。我不想讓新人受雪曼的折磨，尤其是自己還有神祕問題待處理的人，但沒辦法，你只能打你手上拿到的牌。

美嘉把馬零嘴分給安卓亞和齊克。這些驢子一定已經克服了牠們原先的分離焦慮，因為今天牠們並沒有在周圍繞來繞去，躲避我們，而是奔向大門，讓我們套上籠頭和繩索，而牠們則從齊克和安卓亞的手中吞食零食。

「好，」我說，「讓我們看看我們能走多遠。安卓亞，把牠們帶出來。」

安卓亞非常興奮，她忘記了自己的背痛，也無視於我說用走的方法，而是撒腿奔跑。我和佛洛兒在後面等，我想如果雪曼和瑪蒂達讓牠知道該怎麼做，牠會比較聽話，但是佛洛兒有自己的打算，在瑪蒂達開始跑之前，她就撒開腿小跑，步伐輕快，因此安卓亞一回頭，就碰上佛洛兒的眼睛。

「哦！」她驚呼說：「哈囉，小姐。」

這有點瘋狂；佛洛兒痴痴地跟著安卓亞，反映她的一舉一動。上坡時，這頭大驢子跟在安卓亞身後放慢了速度，過馬路時又跟著她加快了速度，甚至在安卓亞轉身觀察其他人時，牠也扭過身來。在我們身後幾碼處，瑪蒂達發現佛洛兒在前面跑，似乎有點不快，牠直噴氣，急急追趕，使美嘉不得不快跑。再往後，齊克和雪曼似乎表現不錯。齊克犯了新手常犯的錯誤，是帶領而非駕馭雪曼，但這不要緊。我的工作在所有人當中似乎最簡單，我所要做的就是拉緊佛洛兒的繩子，讓安卓亞領先吃力的上坡，她雖然氣喘吁吁，但還是撐著。

但就在我們距離碎石路只有三十多碼遠時，安卓亞開始減速。「情況不錯，」我為她打氣，同時在心裡上大喊「加油，加油，加油！」我不想害她背痛，但這是她最不該停下來的地方。佛洛兒會在這裡停下來的，就像在滿月奔跑那一次一樣，讓艾米許人拋下我們繼續前進，而我會和三頭一動也不動的動物卡在急彎那裡。如果安卓亞無法繼續跑，那麼我只能做一件事：該是試試「號叫」的時候了。

芭柏．杜蘭在她的驢子放慢速度時，就會這麼做。她的五臟六腑開始醞釀隆隆的號叫聲，慢慢地從她的喉嚨上升，就像雷聲劈過大草原一樣，最後形成厲聲的命令。頭一次聽到這樣的號叫時，連我都肅然起敬。那時我對驢子賽跑的未來目標是，絕不要讓自己去受那樣的折磨，所以我從沒想過這樣的號叫究竟是放諸四海皆準的通用驢子密碼，還是只有在芭柏和達科他彼此之間才行得通。不過我仍然記得那聲音聽起來是什麼樣。我盡可能靠近佛洛兒的側腹，吸了一肚子的氣，然後使勁學芭柏喊出來。

「嘿——伊——呀波，」我喊道。

佛洛兒的耳朵動都沒動。我提高音量再度大吼。「嘿——伊——呀波！」

安卓亞回頭：「你這是要叫我們停下來嗎？」

「不是。『呀波』。」

「呀波？」

「是的，這是說給驢子聽的，」我急忙解釋，但那時為時已晚。安卓亞站在那兒，鼓起胸部，雙手撐著雙臀，聽我胡言亂語，佛洛兒則一動也不動地停在她身旁。在我們後面，雪曼和瑪蒂達放慢腳步，準備擠進我們的圈子裡，就正好在急彎的殺戮地帶。

「你可以站到那裡去一下嗎？」我指著道路與鐵絲網柵欄之間的荊棘叢問安卓亞，「我想試試一樣東西。」安卓亞沒問原因，就走進那一大片多刺的植物中。我很快地走到佛洛兒身後，盡可能和牠保持距離，把牠的繩索放到極限。然後我朝牠跑去，振臂使出全身力氣，學芭柏大喊：「嘿——伊——**呀波！嘿——伊——呀波！呀波！呀波！**」

佛洛兒朝安卓亞移動。我繼續往前，鑽進她們之間的縫隙，像發狂的巨型海鷗一樣揮舞著手臂。佛洛兒想轉向瑪蒂達和雪曼，牠們倆就站在幾碼遠處，觀看這番奇景，但我截斷了牠的去路。佛洛兒卡在我和安卓亞之間，只有兩條路可走：不是衝上前來然後逃跑，就是轉過身來合作。佛洛兒後退了兩步，給自己留下跑步的空間。我緊緊地抓住繩子，叉開兩腿，而牠……

……轉向石頭路。驚人，確實有效。我站在那兒，對自己的成功沾沾自喜，直到繩子的末端滑過我的手指，提醒我趕快行動。我跟在佛洛兒後面狂奔，很快就追上牠，把自己保持在牠左脅，在被牠踢到的範圍之外。我們一邊跑，我一邊觀察佛洛兒是否有任何停步的跡象，而牠也立刻斜眼打量我。我們沿路往前飛跑，彼此都一邊懷疑地看著對方，一邊經過AK鋸子店，繞過轉彎，朝瀑布前進。我想：「該死，佛洛兒可真會跑。」一邊費力地跟上牠下坡加快的速度。

我不敢回頭看美嘉和齊克的情況。我最不想要的，就是提醒佛洛兒：只要牠一掉頭，就會知道夥伴就在後面。在我們接近可怕的地下小溪時，佛洛兒終於停了下來，這倒沒關係。因為快跑了四分之一哩後，我很高興有這個空檔，可以喘口氣。我也很好奇，想知道能不能重複我的運氣，再用號叫讓佛洛兒重新開始跑步。

「加油，佛洛兒！」美嘉和瑪蒂達趕到我們身邊時，美嘉打氣說：「你們表現得很棒。」

齊克和雪曼過一下子也趕到了。「老天！」齊克脫口而出，「牠原本一直不肯動，但突然之間，牠就開始跑。」

美嘉說：「佛洛兒離開牠讓牠恐懼，而且還不是譚雅帶走牠。」

齊克補充說：「我認為雪曼的大腦在發展時，錯過了物體恆存性（object permanence）的概念。」

我搔了搔頭，好不容易才想起以前學的心理課。「只要佛洛兒一離開牠的視線，牠就不知道自己還會不會再見到牠。」

就在我們說話時，雪曼用牠的大頭撞齊克的臀部，齊克頭也不回，一邊繼續聊，一邊漫不經心地沿著雪曼的下巴揉搓牠的毛，並抓搔牠的鬃毛。我很感動。雪曼是心理折磨大師，牠是擅長把牙鑽打進你最後一條神經的師傅，這頭野獸如果要使出讓人眼花撩亂的絕招，必然就是某個陌生人——比如緊張的大學生，想要指揮牠的時候。雪曼從一開始就明確表示，儘管齊克手中有繩索，卻並不代表他掌控了全局。然而等他們到達瀑布時，他們倆已經有了默契，開始合拍了。

「所以你覺得如何？」我問齊克。「練習夠了，還是該繼續前進？」

「哦耶。我們走吧，」齊克說，「我真的會了。」

我警告說：「你還不知道雪曼。最順利的部分可能已經結束了。」

我準備重演「號叫海鷗」的戲碼，但我一走到佛洛兒後面，抬起手臂時，牠已經自動撒腿小跑，彷彿我們談話的這段時間，牠一直在等我們閉嘴重新跑步一樣。瑪蒂達和雪曼跟在牠身後，我們六個沿著碎石路往前跑，又跑了四分之一哩，來到木橋，佛洛兒卻非得要在這裡踩煞車（當然），聞個徹頭徹尾，以防萬一自從我們上次跨橋以來，它突然出現結構問題。美嘉和齊克沒有停下來等；他們各自把驢子帶到佛洛兒身旁，然後很快地跑過橋，讓佛洛兒跟隨。

等佛洛兒安全地到了橋的另一邊後，牠又拖著我衝過其他兩頭驢子，再度領先。「拜拜，兩位輸家，」我邊喊邊和佛洛兒一起消失在蜿蜒的山路上。也許我們先前都低估了佛洛兒；牠非但不是需要有人在鞍上駕馭的神經質寶寶，而且可能是整個群體中最棒的天才跑步選手。我一直在等牠的毛病發作，發現牠這樣的表現全是僥倖，一旦牠原形畢露，我們就會和這重達四百磅像混凝土一樣的龐然大物被困在離家一哩遠的地方。但除了原本的恐懼，佛洛兒似乎熱愛這個隨興奔跑的機會。

我們跑得越快，瑪蒂達和雪曼越努力窮追，這可能表示……

這可能表示……

齊克和雪曼相見歡，展開美好的人驢情誼。

我可以感受到這個點子，雖然還來不及理解，就好像旋轉保險櫃的密碼盤一樣，聽到鎖心咔嗒一聲就位，但還不知道櫃子裡鎖的是什麼。我不知怎麼還沒嘗試就已破解了號碼鎖，我又花了幾分鐘與佛洛兒一起往前跑，然後終於明白我們做到了什麼：

我們駭進了雪曼的腦袋。

幾個月來，我們一直努力訓練雪曼做我的跑步夥伴，但也許有一個更簡單的方法。與其改變雪曼，不如改變牠周圍的世界。如果佛洛兒是有恐懼問題的天生跑者，而瑪蒂達是有被棄障礙的無畏跑者，那麼或許我們要做的就是把牠們的優點和缺點結合起來，合併為一個龐大的瑞士刀支援系統。每當佛洛兒害怕時，瑪蒂達就可頂替，而在瑪蒂達落後時，佛洛兒則可以趕上來。我們手上有三頭怪裡怪氣的驢子，但是牠們合在一起可以互相幫助彼此之所需，尤其是雪曼之所需。

我迫不及待想要測試我的新「驢子多功能工具技術」，所以佛洛兒和我在石頭路的盡頭停了下來，等其他人趕上。佛洛兒已耗盡了牠的心力，而雪曼與齊克的關係還不錯（至少齊克是這麼說的），那麼何不繼續前進，只要有一頭驢開始作怪就改變隊形，看看這樣能走多遠？不過，我才說服自己這個點子，腦子裡就浮現譚雅的聲音，讓我放棄這個想法。「那是你的好主意？」我彷佛看見她皺起左眼，露出要指出明顯錯誤的痛苦說：「『要以正面的結果結束練習』，你忘了嗎？」

還有另一個比較嚴重的問題：我還是不知道齊克惹上了什麼麻煩。這個品學兼優的學生不可能會突然放棄學業，除非出了嚴重的問題。他是生病了？被捕？還是高中時期的心理問題再度爆發？這些可能中，只要任何一種，都足以使驢子賽跑變成可怕的點子。如果齊克生病、壓力太重，或者遭到軟禁，那麼他最不該做的就是在南端，某個沒有手機訊號的偏僻小路，和一頭活力充沛的驢子閒晃。在我讓自己過度興奮之前，得需要和安卓亞單獨談談，瞭解究竟怎麼回事。

「好了，」美嘉和齊克趕上來時，我告訴他們：「讓我們回頭吧。」

這幾頭驢子在附近蹦跳，噴著鼻息打招呼，彼此互咬嬉鬧，但當牠們明白我們要回家時，就立刻振作起來。佛洛兒很高興要往牠的草地走，我帶牠穿越木橋後，她立即快步小跑。我看到安卓亞向我們走來時，本想要佛洛兒放慢腳步，但我們第一次的跑步教人鼓舞，我不想讓佛洛兒有任何負面的聯想。

「一切都好？」我向安卓亞喊道。

「我很好！」她說，「我非常好。」她容光煥發，對我比出了拇指向上的手勢。一直到後來，等我終於聽到整個故事的來龍去脈後，我才明白原因：在長得教人恐懼的一段時間後，安卓亞終於感到她兒子的人生可以擺脫危機了。

17 憂鬱症

幾週前的一個晚上，大約十一點鐘，安卓亞已熟睡時，電話響了，她聽不太懂電話那頭在說什麼。那是個年輕女子，非常著急地在說有關齊克的事。他在賓州州大的保健中心，因為他——什麼，割傷了自己？是的，但不只是割傷……

安卓亞現在徹底清醒了。她明白和自己說話的是蘇珊，這是個中國學生，前一年在大一化學班上與齊克成為朋友。蘇珊說，齊克割了自己的手臂，還試著把自己吊在門口的一根桿子上。幸好這根桿子及時從牆壁上斷了，齊克摔在地上，雖然昏迷，但仍有呼吸。他不知道自己昏倒多久，等他終於醒來時，還記得慢慢窒息而死有多麼可怕。我真不行，他想道，我是個輸家，連自殺都辦不到。他打電話給蘇珊求助。

安卓亞從床上一躍而起。她打電話給在賓州州大讀大三的女兒艾希琳，和人在車程五小時紐約上州的丈夫安迪。蘇珊留在齊克的公寓裡，直到安迪趕到，把齊克送去急診室。安迪希望把齊克送進尼塔尼山（Mount Nittany）醫院，這個醫院對於救治賓州州大的學生很有經驗，但是精神病房已滿，唯一可用的床位設在車程三個多小時的安全設施裡。由於齊克危及自己的性命，因此由州政府監護，必須讓當地警方移送。齊克於清晨五點到達，等待處理，疲憊而孤獨。他的衣服被拿走了，醫院發給他短袖手術服，也分配了一張床。他才睡兩個小時，就有人敲門喚醒他：集體治療的時間到了。

齊克跌跌撞撞地走出去，東倒西歪地就座，不知道自己究竟怎麼回事。前一天，他是賓州州大的明星學生，主修物理和生醫工程，對腦迴路的數學模型興趣尤其濃厚；今天早上，他卻被關在賓州雷丁（Reading）市某處的一個機構裡，癱在塑膠椅上，周圍都是陌生人，而且他們還一個個地講述他一生中所聽到最悲慘的故事。團體治療持續的時間越長，他感到越糟。齊克的同伴受到真正恐怖的威脅、被虐待、上癮和監禁折磨。至於齊克呢？他健康良好，天資聰穎，來自熱情活潑的家庭，家人願意為他做任何事情，他本人又是傑出的運動員，他有什麼可悲哀的？這種團體治療並沒有緩解齊克沮喪的情緒，反而使他覺得自己像是被寵壞的孩子一樣沒用。

之後，他拖著腳步回到自己的房間休息，卻發現他的室友是患有精神分裂症和睡眠呼吸中止症的老人，他不但打鼾，而且按齊克的說法：「像野獸一樣拚命咀嚼菸草」，吐出一杯又一杯的薄荷菸草汁。房間太吵又臭，齊克根本睡不著，因此他在白天活動時顯得呆滯而退縮。他非常想離開，可是醫師不知道齊克因為嚼菸草的室友而徹夜未眠，只看到這個自殺的年輕人仍然安靜得非常不尋常，因此不肯簽放他出院。

齊克的父母不肯放棄，他們再三地以他們的版本和醫師交涉：安卓亞是有照護士，所以如果齊克獲准回家，她承諾會像照顧其他病患一樣照顧他，並親自保證他會服藥，去看門診，並去見醫師推薦的治療師。三天後，醫師終於同意了。

但是回到家的齊克已經不再是齊克。這個原本活潑好動，貪婪地吞噬書籍和雙層漢堡，高中時就看理查．費曼（Richard Feynman）物理影片自娛，整個夏天都泡在後院游泳池裡的孩子發生了什麼事？他所有的好奇心和頑皮淘氣都消失了，他變成了喜怒無常的宅男，不想離開自己房間。安卓亞和安迪不知道如何是好。如果他們讓齊克回到他先前的生活，他會再次試圖自殺嗎？身為醫護人員的安卓亞不得不認真檢討自己，她想知道：

這一切都是她的錯嗎？

從三個孩子小時候開始，安卓亞就擔心身體接觸的運動有傷害大腦的風險。她知道用頭頂足球對孩子頭顱的衝擊力和美式足球員在場上擒抱時頭盔互撞一樣嚴重。在艾希琳、齊克和凱莉還未必看得懂笑匠皮威（Pee Wees）兒童影集之際，她就已指導他們遠離球場，改學游泳。齊克三年級，他姊姊艾希琳五年級時，他們已經全年都在參加游泳比賽了。

對於八歲和十歲的孩子而言，他們的時間分配十分嚴酷。每天放學後都要練習，每週還有兩天各有早晚兩次練習：週二和週四清晨四點半就要起床，從五點游到六點半，在去學校的車上囫圇吞下早餐，回來在晚餐前又回到水中練習。到晚上，他們解決了作業，就癱倒在床上。凱莉只有六歲，所以她主要是跟著哥哥姊姊，綁上安全帶在車裡睡覺，而哥哥姊姊則在破曉前已經來回游了數哩。

比孩子們更忙的是安卓亞和安迪。安卓亞每天往返基督教青年會（YMCA）兩次共二十哩路，她的正職是學校護士，並在德拉瓦大學上夜校，攻讀護理、健康推廣和輔導研究生學位。而同時，任職包裝工程師的安迪每天往返上班通勤各要一個多小時，他還攻讀包裝學的碩士學位，而且每天晚上在車庫上方打造休閒室。只要賓州州大在主場有足球賽，全家就驅車三小時到達安卓亞摯愛的母校看球野餐。這就是庫克一家人的生活：家庭優先，行程滿檔，全心投入。

對齊克來說，不斷的活動正是他所需要的。游泳池是唯一能讓他遠離麻煩的地方。安卓亞回顧說：「說真的，我並不認為他會成為少年犯，但要不是游泳，他會惹上更多麻煩。」齊克和艾希琳都很聰明，但艾希琳至少把聰明發揮在正途，而齊克則總是問老師課本上還沒教到的章節的問題，老師還在講解數學問題時，齊克就揮舞手臂說他已經解出答案了。如果用醫學術語來形容，齊克是典型的 proctalgia fugax（肛門痛）：也就是俗語的 pain in the ass，意思是自以為是，別人的眼中釘。

安卓亞說：「老師對齊克總是很頭痛，因為他只用一半的時間，就完成了課堂上的作業，然後開始自娛。比較有經驗的老師知道他們得要給他額外的作業。他一年級的時候，老師曾經讓他自行離開，整天讀自己想看的書。齊克喜歡這樣。」

到八年級時，齊克已經是出色的長距離游泳選手，艾希琳也不遑多讓。他們已經由青年會升級到德拉瓦大學的國手級游泳隊，這表示訓練更嚴格，從南端往返車程各一小時。齊克後來說：「那真是嚴苛的訓練，我們要做兩次五百碼，兩次一千碼，和兩哩的練習。」——換句話說，這個還在讀中學的孩子幾乎要游四哩的距離。新的時間表意味著他們得在車上做家庭作業，一直到晚上十點才回家。激烈的訓練使他們總是渾身痠痛和疲倦。

一年後，他們終於結束了這樣的日子。整個青春期都花在游泳上的艾希琳和齊克告訴他們的父母，他們受夠了。他們退出游泳，突然之間，他們的生活變得驚人地……正常。現在讀大三的艾希琳終於有時間和朋友一起出去玩，週五晚上去看美式足球賽而晚歸。齊克可以參加他的第一項團體運動，他立刻加入了他高中的摔角隊。齊克對摔角一無所知，經常被摔在墊子上，但與每天兩小時把頭埋在水裡吹泡泡相比，摔角非常有趣。艾希琳和齊克喜歡在陸地上的新生活。他們的成績突飛猛進，也結交了新朋友，艾希琳當選了全國高中榮譽協會（National Honor Society）副主席——

接著一切突然崩潰了。

艾希琳向來不多話，但在她和齊克停止游泳幾個月後，她變得比以往更安靜。除了上學，她幾乎不再出門。安卓亞問她是不是有什麼出了差錯，她卻咕噥說不要管她。安卓亞自己也曾是叛逆少女，所以她知道這是青少年的反叛期。她告訴安迪，我們只要等到這段時間過去，直到大四那年，艾希琳說她想自殺。安卓亞嚇壞了。她，一位訓練有素的護士，經常與憂鬱消沉的學生打交道，怎麼可能會沒看到自家餐桌上長達幾個月的警告訊號？她盡全力協助艾希琳，找到了一位懂得讓艾希琳敞開心懷的心理學家。

壓力太大，他們一致認為如此。艾希琳現在不能以游泳作為沒做功課的藉口，她感受到以她媽媽為典範的壓力。她媽媽以第二名從高中畢業，被賓州州大主校區錄取。但是，艾希琳與喜歡讀書的媽媽或雖然閒蕩卻依舊可以拿到全A的齊克不同，她不是天才學生，非得要為自己的成績努力不可。很明顯，學業壓力是艾希琳抑鬱的原因——直到齊克有了同樣的遭遇為止。

艾希琳事件後一年，讀高二的齊克正是意氣風發的時候。他在五門大學預修（AP）課程中取得滿分，並且仍在摔角隊（止在發展為區域強隊）中表現出色。但是他卻感覺如此……疲憊。他後來回想說：「我並不確定發生了什麼。你原本很好，但後來你就不好了。」這回安卓亞立刻採取行動。齊克去看了艾希琳的治療師，治療師認為摔角為齊克帶來了前所未有的壓力和自我懷疑。齊克開始服藥，並停止摔角，不久之後，他又生氣勃勃重新去招惹老師。

齊克和他媽媽一樣，以第二名從高中畢業，他跟隨姊姊到賓州州大讀書，使媽媽更開心。安卓亞認為齊克和艾希琳終於走出了困境。他們已經找出問題，也有了解決的策略，大學應該是一帆風順。賓州州大已經成了他們的第二個家，如今他們可能遇到的唯一麻煩就是玩得太凶。不過艾希琳和齊克可以互相照應，以防萬一。

幸好齊克趕到艾希琳身旁時她還活著。在她大三的十一月，就在她弟弟以新生的身分來到校園後兩個月，艾希琳吞下劑量足以致命的抗憂鬱藥物。在昏迷之前，她最後一次思索自己是否有不再醒來的意願，打了個電話給齊克，齊克火速趕去她的宿舍，送她去醫院。接下來三天，艾希琳一直嘔吐，並且有精神錯亂的現象，喃喃抱怨有人偷了她的諾貝爾獎，並且癲癇發作，嚴重到她摔下床，臉撞上地板，必須接受電腦斷層掃描，檢查顱骨是否受傷。等到她服的抗憂鬱藥終於全部從體內排出後，她被送回精神病房，接受一週的加護治療。

任何人經歷這樣的磨難都需要長時間休息，可是艾希琳不然，她及時獲准出院，回家過感恩節，然後再回學校參加期末考試。「她下定決心，」安卓亞說，「我對她三年級的表現很驚訝，她做得很好。」校園裡有一位醫生專門照顧艾希琳，這讓安卓亞和安迪感到安心一點，他們另外又採取一點保護措施，讓艾希琳養了一隻名叫芬尼根的貓，並申請了情感支持證明，這樣牠就可以作為緩解壓力的同伴，時時在校園裡帶著牠。

但最重要的是，安卓亞希望她的孩子放鬆身心，不要這麼嚴厲地鞭策自己。他們不必做那麼專心一致、紀律嚴明、追求運動成就的選手，換言之，他們不必像她一樣。安卓亞結論說，「壓力使得她很難過。」自此之後，安卓亞打算減輕壓力，讓孩子們尋覓自己的路。即使齊克沒有把自己的名字放進大二的宿舍抽籤名單上，安卓亞也只是深呼吸，隨它去了。那沒有關係，他們會幫他找間公寓，他想要自己獨處的地方，不必因此感到壓力。

齊克躺在那兒，看著時鐘在滴答作響……上午九點……上午十點……

他厭倦躺在床上。他感到不舒服，而且他知道父母就在車上等他。再等幾分鐘，他就會起床。

上午十一點……中午……

安卓亞手指發癢，發簡訊給齊克的誘惑簡直難以忍受，但她不想成為「那個媽媽」，她已經學會壓抑自己。先前她去齊克的公寓，看到他在從地板到天花板整面的鏡子上寫滿數學方程式後，簡直嚇壞了：「哦，我的上帝！他變成了《美麗心靈》（A Beautiful Mind）。」

「拜託，媽。」齊克向她保證，如果他可以看到公式而不用去查，學習起來比較容易。此後安卓亞就放手了。每天晚上，她都會給三個孩子發簡訊道晚安。艾希琳和凱莉總是回覆，但齊克卻從沒有這樣做。她告訴自己，他是個年輕人，我要給他空間。她已經知道，如果孩子需要幫助，他們會來找她。因此她把注意力轉移到一起去看球賽的朋友身上，他們問齊克來不來時，安卓亞聳聳肩，告訴他們他對物理學的愛有多麼瘋狂。

在齊克公寓外，校園非常熱鬧。無論天氣多麼惡劣，無論時間多早，只要賓州州大舉辦主場美式足球賽，你都可以確定兩件事：人人都在喝酒，而且已經開始喝了。這十年來，賓州州大一直是全美舉辦派對最凶的學校之一，二〇〇九年甚至排名第一，只要週六晚上在校園逛上一圈，你就會明白原因。就連喜歡諷刺的廣播人物艾拉·格拉斯（Ira Glass），在主持《美國眾生相》（This American Life）廣播節目的二十年間已經聽過各種可以想見的罪惡和精神疾病，但他在節目中對有歡樂谷（Happy Valley）之稱的賓州州大見聞也傻眼：

格拉斯：你在這所學校的派對上看過最瘋狂的事是什麼？

男學生：最瘋狂的事？在派對上？有人脫得精光，假裝扔猴子的糞便。而且——那人就是我。

格拉斯：那是你？

男學生：是我。

賓州州大的鄰居：你學到的一件事是，如果你在院子裡看到衛生棉條，就得去找根棍子，找出保險套。

格拉斯：這太噁心了。

當然，賓州州大寧可以優異的學業成就聞名，而非由你玩四年的新名聲，不過它倒也不辱其學術使命，校方一直用科學方法追蹤究竟學生狂歡的情況如何，結果發現每週五和週六，四名學生中就有三名忙著灌酒，因此，如果你是孤獨的尼塔尼獅（Nittany Lions，賓州州大的吉祥物），並不那麼熱愛美式足球、火球（Fireball，撒旦威士忌）和擲糞球，那麼每個週末都會讓你覺得自己像個漂泊的流浪漢，被沖上搶犯橫衝直撞的孤島。

由於齊克對學生宿舍抽籤的疏忽，所以大二那年是在「海狸峽谷」旁的套房公寓裡度過，這是市區東海狸大道上惡名昭彰的尖叫隧道（Scream Tunnel），每次美式足球賽結束，數千名學生就會成群結隊聚在這裡（如果你看到賓州州大美式足球助理教練傑瑞・桑達斯基〔Jerry Sandusky〕性虐醜聞爆發後，總教練喬・帕特諾〔Joe Paterno〕被炒魷魚，學生暴動的影片，就會知道海狸峽谷是學生推翻電視新聞轉播車，並推倒燈柱的地方）。齊克只要走出公寓，就可加入狂歡，他會馬上被捲入穿著清涼的妹子和啤酒漏斗（beer bongs）之中。他的公寓隨著窗外迴盪的尖叫和音樂而跳動，他躺在那裡，不知道自己為什麼覺得累得無法起床，卻又緊張得無法入睡。

齊克不知道自己出了什麼問題。他大一那年表現傑出，和主修天體物理學的室友一拍即合，兩人一起在房裡談天說地，討論科學。他在課堂上表現出色，很快就從上課學習發展到實驗室研究。賓州州大的生醫研究設施非常出名，就連（漫威漫畫）超級英雄宇宙也高度重視；齊克可以指出，在舉世所有的大學中，布魯斯．班納博士（Dr. Bruce Banner）[1]選擇了賓州州大作為他在成為浩克之前受教育的學府。齊克對於動力蛋白（motor proteins）尤其著迷，把細胞能量轉化為機械力的神經系統上層結構。他很快就與科學家交流，他們的工作有朝一日可能會阻止阿茲海默症和癌症的發展。

齊克說：「我的自尊心達到了空前的高度。在賓州州大的頭一年，我表現異常傑出。」齊克覺得自己得心應手，十分厲害，他認為阻礙他的唯一因素，是那些該死的抗憂鬱藥物。如果你的身體浮腫，怎能和女生交往；當你的注意力漂移時，如何給教授留下深刻的印象？他的解決方案是停止服藥。不久之後，他的六塊腹肌又突然冒出，他的大腦就像是雷射光一樣敏銳。他認為抑鬱只是一個階段，而這個階段已經過去。

「接著——我不知道怎麼回事，」他回憶道，「它又浮現出來。」

那感覺就像裝滿石頭的背包，他幾乎無法舉起，也無法擺脫。它突如其來地冒出來，使躺在床上的他癱瘓了。齊克認為，唯一可以使它永久消失的，就是在浴室門上的金屬桿……

齊克被火速送往精神病房後，安卓亞一直忙著和各單位搏鬥，要把他帶回家，幾乎沒時間去想其他任何事。她後來說：「所有的專業人員都說他得待在醫院。但當我們看到他時，我們明白這使

1 在漫威漫畫系列中，布魯斯．班納博士（又名綠巨人浩克）以復仇者聯盟成員身分與星際邪惡作戰之前，原本是賓州州大的學生。

他更加沮喪。」只有在把齊克帶回他自己的床上後，她才終於有精神面對一直縈懷不去的問題：是不是該責怪她自己？

她努力面對的不是愧疚，而是科學。「我回顧起來，不由得疑惑，」安卓亞說：「為什麼她的兩個孩子遭到如此嚴重的憂鬱症襲擊，而第三個孩子卻沒有受到影響？她的小女兒凱莉只比齊克小兩歲，她在同一個家庭長大，上同一所高中和大學，和類似的朋友交往。凱莉和艾希琳甚至有一模一樣的刺青，是全家到喬治湖度假地點的輪廓。然而在一個十字路口，他們的生活卻分道揚鑣：齊克和艾希琳在游泳池裡的時候，凱莉大半都晚起。安卓亞回憶道，「艾希琳和齊克都是游泳選手，所以他們習慣了這些內啡肽，習慣這麼興奮，接著突然地，它停止了。」

所以呢？現在游泳對你是壞事嗎？怎麼可能？安卓亞在讀護校時聽過上百萬次，運動是靈藥，是可以改善從消化到憂鬱等所有症狀的萬靈丹。在有藥物之前，運動就是藥物，而且因為它對我們五臟六腑的運作至關緊要，因此我們的大腦也演化了，只要我們運動出汗，就給我們一劑高純度藥品作為獎勵。你一運動，大腦的快感中心就會充斥內啡肽和多巴胺，這是「快樂激素」，讓你感覺自己就像巨石強森（Dwayne Johnson）的外表一樣：輕鬆自在、堅強、自信、聰明。大腦內的鴉片類物質力量十分強大，運動的人可以把自己的「心理健康負擔」降低近百分之二十五，與非運動者相比，精神健康的日子比率高得多——達百分之四十三。不妨做個比喻：只要騎一下自行車，就可以使你的幸福感幾乎增加一倍，而且免費。如果把像這樣的結果放進藥丸，它一定會比冰淇淋更暢銷。

難怪幾乎每個走出單車健身房 SoulCycle 的人都彷彿登上喜馬拉雅山，和菩薩一起撞胸誌慶[2]一樣。他們不只是因為運動時間已經結束，也是因為彷彿吸食了自己天然產生的狂歡藥物，飄浮在雲端。大腦的鴉片類藥物非常有效，甚至可以讓實驗室的老鼠也渴望運動：老鼠養成運動習慣後，會一直做單調的工作，比如一遍又一遍地推槓桿，只為了回到跑輪，獲得多巴胺激增的獎勵。

但是安卓亞知道，任何力量如此強大的藥物，即使是由你自己的身體產生，也會有同樣大的力量打擊你。身為學校護士，她每天都盯著數百個孩子，觀察他們有沒有嗑藥的跡象。她本人也是熱忱的運動員，所以綜合她對於毒品的知識和自己的運動經驗時，就不得不懷疑：如果你半輩子每天都服用超量多巴胺，那麼突然停掉會有什麼結果？你是否會像其他戒毒的人一樣有戒斷症候群？從艾希琳和齊克的症狀（失眠、焦慮、情緒波動和體重變化、急性憂鬱）來看，很像戒斷的反應。這個假設可以解釋為什麼運動比一般人多的競技運動員會比非運動員更容易受抑鬱症所苦。他們是否經歷了某種危險的，無形的中止，使治療變成一種折磨？

這正是德國波昂（Bonn）大學的研究人員在二〇〇八年著手探究的問題。在那之前，要瞭解腦內荷爾蒙量多寡的唯一方法，就是讓志願者承受脊椎穿刺的折磨。但由於神經成像技術的突破，波昂研究小組可以避用巨大的針頭，而改成為十名志願者注入可以由掃描儀追蹤的微量放射性示蹤劑。先前的實驗顯示，在跑步三十分鐘後，多巴胺僅有輕微的反應，因此這回他們要求志願者在跑步機上足足跑了兩個小時。等他們跑完，就計算他們大腦的鴉片類化學物質。波昂研究人員不僅發

2 Chest bump，二或多人跳起互相撞胸，招呼或慶祝之意。

現所有跑步者的鴉片類物質含量顯著增加，而且還有另一個驚人的結果：跑步者感覺越好，其脊髓液中發現的多巴胺量就越多。這種荷爾蒙的作用不是像開關，而是像麻醉劑：量越高，你越快樂。

但你也摔得越深。難怪運動員很難適應運動場外和游泳池外的生活。研究人員深入探究運動員的心理健康史時，發現的正是這樣的結果：最危險的時刻就是運動員面臨「受傷、生涯結束、表現退步或災難性的成績時」。人們對輝煌時期之後的消沉衰敗雖然略有所知，但總認為這只不過是自我受傷，是昔日的運動英雄如今面臨平凡人生早該有的謙遜體悟。然而這可能比我們想的嚴重得多：多巴胺突降而導致的危險化學成分失衡。而最危險的是哪些人口？憂鬱比較研究的主要作者，慕尼黑德國科技大學運動心理學主任尤爾根．貝克曼（Jürgen Beckmann）教授說：「單人運動員，比如游泳選手的患病率就很高。」

「飛魚」麥可．菲爾普斯（Michael Phelps）對這個結果並不意外，他說：「全世界都知道我是二十八枚獎牌的得主，但對我來說，有時最大的成就就是能夠起床。憂鬱症一發作，你就會覺得軟弱無力，感覺什麼都不重要。」有時他只是躺在黑暗中，渴望死亡。菲爾普斯說：「在我看來，達到我再也不想活下去的歷史最低點，那恐怖極了。我記得在房間裡一待四、五天，不想活下去，不和任何人交談。」

菲爾普斯從不知道他的密友，八度獲得奧運獎牌的艾莉森．施密特（Allison Schmitt）也一直面對同樣的絕望。她和菲爾普斯一樣在暗中受苦，直到二〇一五年悲劇降臨：施密特的表妹，高中籃球名將艾波．布西恩（April Bocian）在十七歲生日後一週自殺。施密特想如果她先前公開說出自己的困境，她的表妹或許會向她求助。施密特說：「她孤身在這麼黑暗的地方，感到內心如此孤獨。」此後，菲爾普斯和施密特成了心理衛生的擁護者，互相密切支持，因此施密特現在與菲爾普斯及他的妻兒一起住在他亞利桑納州的家裡。

密西根州大教練蘇西．莫契特（Suzy Merchant）原本要招募艾波進入她的學校，卻聽說了這場悲劇。儘管艾波從未為她效力，但她對艾波之死亡卻非常痛心，因此成立了紀念她的基金會。如今每逢艾波生日，莫契特教練都會召集數百名年輕女性在密西根州大的校園裡聚會，參加empowHER，這是個週末的靜修營，旨在防止失去另一位面對困境的年輕女性。艾波的母親帶領她們為女兒唱《生日快樂》歌，並提醒她們必須互相照顧。「僅僅因為你今天覺得比較好，並不表示它已經過去，也不表示你已經康復了，」施密特提醒年輕運動員：「這是你所擁有的問題，而且你必須與它共度一生。」

安卓亞的心一沉。她對多巴胺與憂鬱症關聯的可能性瞭解越多，就越覺得內疚。她是驅使孩子游泳的虎媽，在孩子想要休息時，是她堅持要孩子們上車去練習。現在看看波昂研究人員的報告：兩個小時的運動提高了荷爾蒙量。兩個小時——與齊克和艾希琳的練習時間相同。他們這一生大約有一半的時間，都以強力的情緒增強器開始和結束每一天。

好了，安卓亞決定：夠了。自責幫不了孩子。她有整個餘生可以自責。當務之急是怎麼補救。讓艾希琳養貓是幫助她的一個方法，現在安卓亞才明白為什麼：寵物是刺激催產素分泌的好方法，催產素是一種類似於多巴胺的激素。庫克家人也為齊克找了一隻完美的怪貓——一隻獨眼貓，他立刻以量子力學之父薛丁格（Schrödinger）為他命名。但安卓亞知道以兒子無窮的活力，他需要的不只是隻寵物。

安卓亞心裡明白，她兒子應該再次到戶外鍛鍊身體，感受陽光曬在他裸露的背上，疲憊但快樂地回到家，可是這樣的前景卻教她恐懼。如果他使自己重新恢復對多巴胺的依賴呢？她是否真的希望他獨自一人在樹林中一連消失幾個小時？她甚至連讓他自行接受治療都不願意。「我不知道他是否知道，他頭一次去門診時，我一直跟在他身後。」安卓亞告訴我：「我要確保他有去看醫師，做出正確的選擇。你總是會擔心，因為他很聰明，知道該說些什麼。任何憂鬱症的病人都有能力隱藏他們內心的感受。」

有一天，安卓亞和齊克一起散步，他問她可不可以打電話給她的朋友克里斯？她覺得我會不會介意？因為如果他要在家待一陣子，也許我可以帶他去跑步，談談飲食和健身對憂鬱症的影響。安卓亞非常興奮，立刻從口袋裡掏出手機來，甚至連齊克還沒說完他的想法前，就發簡訊給美嘉。

「這是頭一次，我覺得他走對了路，」安卓亞說，「他終於自己走了出來。」第二天他們來到我家，突然發現我們想到的那種奔跑還要牽涉到一頭有蹄子、利牙和對過去有嚴重困擾的動物，這讓她有點動搖。但是當安卓亞看到她的孩子在這頭受到傷害的動物旁邊大步奔跑，她終於開始放下心頭的大石。「他和你們在一起，教我非常歡喜，」她後來告訴美嘉和我：「雪曼成了他的目標。他找到了另一個需要治療的動物。」

18 C計畫

運動並不塑造個性。它們揭示個性。

——柯提斯・伊姆瑞，驢子賽跑大師兼牛仔哲學家

「該死，」我喃喃道，「他到了。」

「已經？」美嘉走過來和我一起在廚房窗戶旁，我正看著一輛紅色的MINI Cooper隆隆駛上車道。屋外一片慘淡，這是三月一個濕漉漉的早晨，等一下天氣還會更糟更濕。美嘉和我剛剛決定，我們所有人（包括驢子）如果不去跑步，待在家裡，會快樂得多。才八點半，我想應該有足夠的時間通知訂於九點到達的齊克，但我才走到電話旁，他已經把車停進來了。

「哇，」美嘉說，「即使他才剛起床，也算很早。」

我敲敲窗戶，招手要齊克進屋，然後把平底鍋放上爐子。過去幾週來，我們發現齊克喜歡吃第二頓早餐，他鐵打的肚皮讓他可以吃完之後馬上奔跑。他在門口對我養的那些貓道早安時，我打了兩個蛋倒入鍋中，切了番茄片，放一把培根進烤箱，然後重新加熱三倍濃度的義式濃縮咖啡，並且加一坨鄰居養的澤西乳牛的奶油。我伸手去拿黑麥麵包，想幫他烤一片，但接著放了回去。齊克要

戒掉所有加工的碳水化合物和糖，以瞭解降低血糖對穩定他的憂鬱症病情有沒有幫助。醫界已證明生酮飲食對癲癇發作有效，雖然到目前為止，它對憂鬱症的效果並沒有多少科學實證，但齊克正在做自己的實驗老鼠。對於食慾旺盛又住在艾米許甜麵包之鄉的年輕人來說，他紀律非常嚴明。即使我們沒有多談這點，但我知道他這樣做的原因。

堅強、成功而且受人敬佩喜愛的人突然因憂鬱症而自殺，多少次我們因這樣的消息而震驚？作家大衛・福斯特・華萊士（David Foster Wallace），名廚安東尼・波登（Anthony Bourdain），時尚設計師凱特・絲蓓（Kate Spade）、影星羅賓・威廉斯（Robin Williams）……他們都有愛他們的家人，也可以取得舉世最好的資源，但這種疾病仍然讓他們不堪重負。儘管細心的父母自艾波・布西恩八年級起就為她尋求精神治療，提供幫助，但最後還是失去這位年輕的籃球明星。「在學期開始時，她的籃球表現非常出色，並因此感到興奮，但到了十月、十一月，她就筋疲力盡，很難讓她起床上學，」艾波的母親愛米說，「接著就像滾雪球一樣越來越嚴重。」愛米發現，不論你怎麼努力，不論多麼悉心照顧，憂鬱症都是一波黑浪，在你最不提防的時候把你所愛的人捲走。

齊克明白這點。我不知道他是怎麼知道的，是從他自己性靈的寬容，或是因為他醒來發現自己脖子上套著絞索躺在地板上的震驚，但他聰明到足以明白他沒有全部的答案，他的醫師也沒有。齊克知道他被困在危險的迷宮中，幾乎已經讓他送了命，如果他要尋找出路，就不能停止搜尋。「我正在盡一切努力，」他告訴我：「這是我第二次被這匹馬甩下。」

「所以，」他問道，奶油煎新鮮雞蛋的香味讓他把貓放下，走進廚房，「今天要做什麼？」

我說：「長官，在你露面之前，我們本來考慮放一天假。既然無論如何我們都會淋濕，今天不妨來試試穿越溪水。」

現在就擔心比賽中的水障礙，為時未免過早，我知道。我們和齊克談的只有「也許」我們要去科羅拉多，「也許」他可以一起來科羅拉多，就這樣而已。其實，我們的計畫已經在倒退。幾個月前半生不熟的計畫，現在已支離破碎，只剩三分熟。我以為我可以指望的支持都一一崩潰了。我們還能用譚雅的牲畜拖車，還是她會開車去？雪曼有沒有辦法獨自參賽，還是我們必須運兩頭驢子去？或者三頭都要去？美嘉真的肯在高山跑步三十哩嗎？瑪蒂達呢？我不知道。但是我很確定一件事：在那個賽馬場的某個地方，一定會有冷水小溪。如果要參加世界錦標賽，我們就必須做好準備。

「好的。再一下我就吃完了。」齊克站了起來，盤子上還有一半的食物。他邊往水槽走，邊用叉子把食物叉進嘴裡。

「別忙，」我說，「坐下來吃。」到目前為止，已證明我最初對齊克的顧慮完全錯誤。無論我提出當天要如何練習，無論天氣如何寒冷或悶熱，或者那天驢子的脾氣多麼壞，齊克都不會抱怨或批評。或許這是因為他游泳隊的訓練發揮了作用，他似乎檢視我們三個人之後認為，如果美嘉和我是教練，那他必定是隊長。我稱讚他從不遲到或缺席（儘管我們希望他那麼做），他答道：「對，我明白你們得依賴我，才能保持準時和連貫。」他並不是目中無人；這是齊克的本色。

＊　＊　＊

雪曼來到大門口，一點也不受惡劣天氣的影響，佛洛兒和瑪蒂達還在畜棚裡逗留，最後才勉強跟在雪曼身後磨磨蹭蹭地走。在我們為佛洛兒套上籠頭時，牠有點焦躁，但等到我們開始在路上慢跑時，牠才真的讓我們為哄她出來淋雨付出了代價。我們緊緊地湊在一起跑，齊克夾在佛洛兒和雪曼之間，這時佛洛兒放鬆臀部放了幾個響屁，不但很長、很響，而且還有節奏，每一個都按著牠大步前進的節拍為準，堪稱侵犯人權。可憐的齊克被困在雷區，左邊是雪曼，右邊是通電的路邊圍欄。

「哦，媽呀。」他皺起眉頭，一隻手在鼻子前面揮舞，「噴農藥了。」

直到我們到達石頭路，齊克才逃過火線。他一脫身，就立刻放下繩子，快步跑到佛洛兒前面，舉起一隻手示警——來了！——然後自己排放出一陣臭氣。說到游擊行動，他那第二頓早餐還真的很有價值。

齊克對佛洛兒作做出和平的手勢。「休戰？」他建議道。

「哦，天哪。」美嘉呻吟道，「我們這個團隊需要更多的女生。」

我個人很高興。我一直很擔心對待齊克時會出差錯，比如太用力推他，或者沒看出他有問題的訊號，但如果他能和一頭身長六呎的驢子玩「決勝時刻」（Call of Duty）的放屁戰爭，我就相信他沒什麼大問題，還能搞笑。

「我的夥伴！」我鼓掌，「現在可以把武器收起來了。」

齊克快步走回雪曼身邊，撿起繩子，我們六個又重回原本的步調。到石頭路的盡頭，灌木叢中的一塊空地會通往小溪，我在這裡要大家停下來。我帶領佛洛兒穿過樹林，一直到溪水邊。這回我們沒有山羊作為情感支持，就像雪曼跟在辣椒狗身後下水那樣，但我希望藉著同樣的肢體語言得到相同的結果：我會堅定地涉入水中，完全不回頭，以信心和意志把我當老大的權威傳遞給佛洛兒。只要牠繼續往前走，另外兩頭驢子就會在牠身後入列。

這條小溪深只及脛，水流平穩，頂多六大步就可以跨越。我沉著自在地走進去，為了安全起見，我手往下伸，準備緊緊抓住——

空氣，我只抓到空氣。繩子已從我手裡鬆脫消失了，因為佛洛兒從溪畔往後退，折回原路，小碎步快跑躲到雪曼和瑪蒂達的身後，尋求保護，直到美嘉一腳踩住那條懸垂的繩子，才讓牠停下腳步。

「我能試試看嗎？」齊克問。雪曼仍在小溪旁。佛洛兒逃走時，牠並沒有移動，只看著牠離開，好像牠們倆完全不認識一樣。嗯……這是不是表示我們的辣椒狗水上技能課程真的已被牢記在心，讓現在水陸兩棲的新「雪曼終結者」認為佛洛兒是個膽小鬼？還是牠剛因跑步而便便了，需要一點時間？我權衡了我們的選擇：齊克沒有帶驢子進入水裡的經驗，但在眼前，我手上沒有驢子。

「好，試試看，」我同意道，「堅持到底，看看牠會不會跟上來。」

齊克做得非常完美。不知怎麼，他很清楚地感覺到該在繩索上施加多大的力道，以及自己的位置該在雪曼頭部的哪一邊。就是我自己也不會做得比他更好，不錯——我這樣告訴他，就在他被雪曼猛拽倒地之後。雪曼蹲了下來，搖了搖頭，把齊克拖入搖搖晃晃的絕望舞蹈中，拖進水裡。齊克掙扎著爬起來，然後再次嘗試，這一次像一條死抱著岩石的水手一樣緊緊拉住繩索，並且用上任何人用過都從不見效的詞：「加油，雪曼，」齊克懇求。「加油，加油，加油！」

我叫道：「美嘉，該你來了。」我對齊克說：「不要把它變成戰鬥。你會輸，而且你只會教牠如何打敗你。現在讓C計畫上場。」

美嘉把佛洛兒的繩子遞給我，然後把瑪蒂達帶到溪畔。「寶貝，走吧。」她對牠低語，然後涉進水裡。瑪蒂達猶豫了一下，然後跟在她身後踩進水裡。雪曼仍然在忙著反抗齊克，還沒有放下牠那「我要死在這山坡上」的蹲姿，所以我把佛洛兒帶過來，我還在把繩子繫在手腕上時，聽到齊克說：「不，不，不。不好了。小心！」

我一轉身，佛洛兒正好一躍而起，從溪畔發射，準備以強力飛躍跳過溪流。任何人只要一眼就看得出這根本辦不到——除了佛洛兒之外，牠只盯著瑪蒂達，和沒有往這邊看的美嘉。

「**趕快！**」我大喊。

來不及了。六百磅的飛驢墜入溪中，只差幾吋就碰到美嘉。美嘉跌跌撞撞，好不容易站穩腳步，伸直身體。可是瑪蒂達卻不然，她跑過小溪，疾馳逃命，可能是以為有母熊出現了，才會把佛洛兒嚇成這樣。緊跟在牠蹄子後面的是雪曼，牠不知道發生了什麼事，但是擔心這些騷動表示牠會遭遺棄。美嘉和齊克立即鬆開了他們手中的繩索，躲到一旁，他們可不想被拖到岩石上。等三頭驢子都上岸後，牠們停步回望，彷彿我們這三個濕淋淋的人延誤了整個行動。

我們艱難地涉過溪水，我說：「我真不願這樣說，但我們應該馬上帶牠們再來一次，讓牠們記住這些課程。」

「這次拉住佛洛兒，」美嘉答道。

「不是我不拉——」

「對，好。只要拉住牠。」

「那當然。」

我的確努力嘗試，但佛洛兒還是像砲彈一樣發射了。這回美嘉可有了準備，甚至在佛洛兒躍上空中之前就趕快避開了。我們第三次嘗試時，佛洛兒緊張地用蹄子抓了抓溪岸，然後才小心翼翼地涉進水裡。在我們試第五次時，不用拉，佛洛兒和雪曼就緊緊跟在瑪蒂達後面。

「我們辦到了，」美嘉說。

「至少直到明天為止，」我同意，準備結束練習。我們已經出來了將近兩個小時，雖然沒有跑得很遠，但卻有重大的成果。原本在出發時，我不確定齊克如何應付這第一個壓力挑戰。我記得一位跑酷（parkour，一種街頭的運動，把整個城市當作大訓練場，圍牆、房子、樓梯、障礙物都成為可以攀爬、穿越的對象）教練曾經告訴我，他教的每一組人都有三種類型：小丑、炫耀者，和解釋者。但齊克都不是。他在有需要時加快腳步，在不需要時放慢腳步。如果失敗，他並不氣惱，也不責怪自己或我們或甚至雪曼。我們很疲倦，全身都濕透了，但是我們所有的夥伴（包括人類和驢子）都測試了彼此，發現我們可以受到信賴。

「準備吃午餐了嗎，齊克？」

「餓死了。」

我們爬出小溪，鞋子發出嘎吱嘎吱的聲音，我們放鬆驢子，讓牠們可以在石頭路上競跑，直奔回家。牠們一進大門，就往穀倉去，趕跑了沿路的綿羊和山羊，這些羊盯著雨，我敢肯定牠們一定因為不用參加驢子賽跑訓練而深感慶幸。在齊克和美嘉收起繩索和籠頭時，我走進屋子，拿出培根，開始做 BELTTS（培根、雞蛋、生菜、番茄和塔巴斯科 Tabasco 辣醬三明治）。

我正在撥號時，美嘉和齊克進了屋。我說：「我想要進一步瞭解科羅拉多的小溪情況。」這是謊言，其實我只是想吹牛。自從我參加第一次也是唯一一次驢子賽跑以來，我和傳奇的冠軍人物哈爾·華特交上朋友。他在五十多歲時仍然可以拿冠軍。哈爾白天的工作是記者兼自由編輯，撰寫自己在科羅拉多州弗蘭特嶺（Front Range）的冒險經歷。我告訴他我和雪曼準備嘗試時，他非常鼓勵我。當我最初在萊德維爾見到他時，以為他很冷漠高傲，後來才發現那是他在賽前的模樣，他對這項運動仍然非常熱中，三十五年來的勝利並沒有讓他平靜下來。另一方面，賽後的哈爾和泰迪熊一樣可親。

「你跑的路程有增加嗎？」哈爾接過電話劈頭就問。

「一點點。今天，我們在練習過河。」

「很好。」哈爾滿意地說道。「對你有好處。科羅拉多的澎湃溪水會讓你的比賽完蛋。」

「澎湃溪水？」我重複了。

「澎湃溪水？」美嘉和齊克都脫口而出。

「多少，嗯？那些小溪有多大？」我問道。美嘉和齊克都專心地盯著我。

「要看融雪和天氣，」哈爾說，「可以到腰部那麼深，我猜寬大約三十，哦，四十呎。」

「三——」我說，然後看到美嘉和齊克盯著我，「好！看來我們還有很多工作要做。」我謝過哈爾，掛上電話，然後急忙把培根和麵包從烤箱中取出來。我說，「哇，幸好及時」，但美嘉並沒有因我的迴避而中計。

「『澎湃溪水』是什麼意思？」她問。

我避重就輕，忙著做 BELTTS 三明治，並附和說，比賽可能比我想的激烈一點，但何必擔心？如果我們決定參賽，仍然有很多時間準備。但私底下我很擔心。我領著我的妻子、一個在掙扎的年輕朋友，和三頭脆弱的動物跑進山裡，要是碰上什麼麻煩，是沒辦法讓他們退出來的。我還得瞭解很多資料，現在該是開始的時候了。

19 你很少會獲勝，但有時候會

做對了，這種運動會引導你減少那種「以後再說」的態度。它是此時，此地，真真實實的。這是拓荒者的祕密：毅力，耐心和大草原。

——永遠有金言可以引用的柯提斯·伊姆瑞

碰！

紗門重重關上的聲音讓我猛地抬頭。我剛沿著科羅拉多州桑格雷克里斯托山（Sangre de Cristo）附近一條偏僻的道路駛進哈爾·華特家的泥土車道。一下車，一個我從未見過的小孩從屋內砰的一聲跑出來，朝我的方向狂奔，彷彿下定決心要帶我出去。

「兒子，」我聽到有人在他身後喊道，「兒子！」

這孩子恐怕比飛彈更難阻攔，他一副有任務在身的模樣，拳頭緊握，雙腿猛蹬。不過等他離我只有幾步之遙時，我從他的攻擊角度明白他的導航系統未必是瞄準我；它的目標更偏向中心左側。哦，可惡！甚至更糟。現在我明白為什麼屋裡傳來的那個聲音這麼驚慌。我身後有三頭巨獸正靠在圍場的門上。科羅拉多州的驢可不像佛洛兒和雪曼；牠們是完全不同的品種，曾經踢死過山獅而生存下來的野驢。哈爾曾經看到同伴的牙齒被踢掉，最近哈爾自己也被重踢一腳。如果像哈爾這樣的馴驢大師在畜欄裡都不安全，那麼這個孩子的瘋狂衝刺很明顯是衝往麻煩。

「嘿，等一下，」我喊道，但小傢伙已飛跑過去，朝大門那裡一躍。我全身緊繃，準備面對慘劇——

但卻發現哈爾伸手要和我相握。

「旅途愉快嗎？」他問：「哈瑞森，過來打招呼。」

原來那就是哈瑞森——又名「莫測」（the Blur）。我和哈爾通話時，對他略有所知；我知道他十一歲，而且「神經多樣性」（neurodiverse，指人各有不同類型的腦），哈爾喜歡用這個詞來取代「自閉症」，因為它「開啟可能性，並且拋棄成見。」哈瑞森還很小的時候，他的雙親就發現他是音樂和機械神童；他可以用「絕對音感」唱歌，輕輕鬆鬆就會彈鋼琴，是電玩高手，喜歡拆開並重新組裝鎖和時鐘自娛，越複雜越棘手越好。在情況最好的日子裡，哈瑞森會為媽媽唱蒙福之子樂團（Mumford & Sons，英國民謠搖滾樂團）的歌曲，但在他最糟糕的時候……有時候就是同一天。有一次中學越野賽跑，哈瑞森原本跑得非常漂亮，但加油的歡呼聲讓他逃走，躲進灌木叢中，直到一個好心的婦女用她的金毛獵犬哄他跑到終點，但他反覆在終點線上滾來滾去，好像著火一樣。哈瑞森有像馬一樣出色的速度和耐力，因此才有「奔騰」的綽號，但簡直不可能預測他每一次賽跑的結果，究竟是會努力飛馳，還是在場邊和每一個觀眾擊掌，最後獲得倒數第一，還是疲憊地走入人群中，搖晃著他的拳頭，直到哈爾和他的驢子賽跑夥伴拉住他。

「哈瑞森，過來這裡，」哈爾再次喊道，「我們來介紹拉雷多。」

教人吃驚的是，哈瑞森碰的一聲撞上大門時，這些巨大的驢子並沒有退縮。「牠們瞭解他，」哈爾告訴我，「而且一直都這樣。」哈瑞森小時候，如果碰上真的很難帶的下午，哈爾就會趕快把他帶到戶外，坐在拉雷多的背上，不到幾秒，驢子就會載著孩子輕鬆地往前走，哈瑞森一邊唱《黃色潛水艇》，拉雷多的耳朵一邊擺動。如今在世的人很少會像哈爾和他的妻子瑪麗那樣懂驢子，而且因為他們和哈瑞森在這山區裡創造了獨特的生活，讓這些大型動物與神經多樣性的孩子搭配，沒有人及得上他們的親身經驗。我想要吸收他們可以教我的一切，尤其是關於讓像齊克這樣脆弱的孩子接觸如此挫折，還可能打擊士氣的運動，究竟是聰明，

哈瑞森．華特，又名「莫測」。

還是蠢得危險。雪曼很可愛，但我有第一手的經驗，知道只要一分鐘，牠就可以讓你的血壓飆升，並使你的自尊心暴跌。

「是的，我明白，」哈爾同意，我們站在大門口，我一邊讚賞他的三頭賽驢，一邊把我自己的三驢幫告訴他。「牠們能讓你痛恨自己，可是奇怪的是，你還是多麼愛牠們。」

這些年來，哈爾被驢子踢、被咬、被繩子擦傷、拋棄，但還是對驢子著迷不已。本身就是傑出運動員的瑪麗在一九九〇年代初連續贏得三屆世錦賽冠軍，但有一次她的腿被纏住，一頭發狂的驢子拖著她一路在石頭小徑跑，讓她身受重傷。但這一切都已獲原諒。一切都重新來過。因為在哈爾和瑪麗面臨人生最低潮——在他們明白自己可愛的小兒子一生都得奮鬥之際，驢子以他們意想不到的方式，協助他挺了過來。

哈爾說：「我不是多愁善感，」對這個看似用硬木和馬鞍皮革手工製作的傢伙而言，這話似乎是多餘的，「但我欠牠們情。」

哈爾和瑪麗在少年時代相識，他們當年都是科羅拉多大學博爾德（Boulder）分校的新生。他們倆不上課時，一起遠足、賽跑和滑雪，畢業後也同時就業——哈爾在新聞界，瑪麗則走上護理這一行。他們選的第一個家是因為它有足夠的草地，讓哈爾剛收養的驢子「跳躍的魔鬼」悠遊。哈爾還在上大學時頭一次體驗了驢子賽跑。一天晚上，柯提斯突如其來地來電，他需要有個人手幫他訓練一些驢子，聽說哈爾很行。哈爾很感興趣，但成績不佳。他第一次參賽拿了最後一名，接下來十八年一直嘗試，但總是像柯提斯這種經驗豐富老手的手下敗將，直到最後才終於突破，贏得了驚人的七屆世錦賽冠軍。驢子可能是他願意繼續賽跑的唯一原因。「在路上賽跑非常單調乏味，」哈爾告訴我，「但是有驢子在，你得非常專心。你不會想退出，因為你會覺得自己只差一步，就能解決這個驚人的難題。」

二〇一五年，哈爾在賽季第一場比賽的前一週鬧肚子，那場比賽是在科羅拉多州喬治城（Georgetown）的小比賽，距離僅有九哩。他病情嚴重，無法上場，但他答應要開一輛拖車，載驢子給他的兩個朋友。他翻山越嶺時，凍雨打在擋風玻璃上，這時他發現車子爆胎了。他把車停到路邊，一邊咳嗽吸鼻子，一邊把驢子趕出拖車。他用凍僵的手指換了輪胎，再把驢子重新趕回車上，在結冰的路上加速行駛，希望能準時趕到。他抵達了，渾身濕透，冷得直哆嗦，卻聽到拜託他把驢子一路拖來的傢伙竟改變了主意，不願參加比賽。見鬼去吧，哈爾決定，我自己來參賽。他從卡車後面挖出一條跑步的緊身褲，仍然穿著沉重的費爾森牌（Filson，以工裝服飾起家的美國戶外服飾品牌）工裝外套，慢跑到起跑線。他原本打算在開始跑時脫掉外套，但是天氣仍然很冷，所以他還是穿著它。可以想見，哈爾在半路轉彎處落在最後。領頭的是賈斯汀・莫克（Justin Mock），三十二歲的他是丹佛的快腳，而他會參加驢子賽跑，原因很古怪，卻也很合適：他小時住在牧場，有一頭很凶的寵物斑馬老是追逐他，在後院的生存與逃避訓練最後使他成了二〇一〇年倫敦馬拉松賽成績最佳的美國選手，也是有史以來穿著大猩猩服參加科羅拉多州博爾德十公里馬拉松賽（Bolder Boulder 10K）跑得最快的人類。在喬治城驢子賽跑中，賈斯汀原本排名第一，領頭衝向終點線，但他回頭一望，卻看見一個瘋狂的傢伙穿著隨風擺動的帆布外套朝他逼近。賈斯汀趕緊衝刺。等他再次回頭時，那瘋子已不見了……因為他縱身一竄，跑到前面去了。哈爾就在等賈斯汀朝向左看，然後朝右飛奔，一舉獲勝。他當時五十五歲。

「我不會說驢子賽跑消耗了我的生命，」哈爾抗議道，但他確實有一陣子放棄了新聞生涯，改行作職業驢子賽跑選手，和柯提斯一起拉著他的拖車，在科羅拉多西南部從一個城到另一個城，爭取比賽的獎金。沒錯，他曾承認因為驢子，使他終於向瑪麗求婚，正當她在水深及頸的浴盆血水裡清洗她在路上慘摔的傷口時，他單膝跪在浴盆旁邊求婚。驢子參加這項運動的時間甚至不及哈爾長；他參加比賽的時間長到已經換了八頭驢子，因為他覺得牠們太慢或太老了。那就對了：驢子的工作生命是所有馬類動物最長的，但仍然比哈爾的短。

哈爾．華特證明了老將仍然可以擊敗馬拉松精英選手。

而這所有的一切——冷冰冰的山路，他得去買和貯存起來如山高的乾草，以及他花在暴風雨中尋找迷路驢子的那些痛苦時光，在哈瑞森出生時，全都得到了報償。哈爾以為他已學會訓練驢子，卻從沒想到是牠們在訓練他。

瑪麗是第一個懷疑哈瑞森出了問題的人。「老實說，也只有她一個。」聆聽丈夫講述這故事的瑪麗，瞥了哈瑞森一眼，確定他全神貫注在打電動，然後點了點頭表示同意。哈瑞森還不到一歲時，她開始注意到一些教她擔心的事——而且只有她一個人擔心。她說：「哈爾就是不想相信。」

我們已經進了華特夫婦迷人的農舍，碧綠的科羅拉多台地景觀一覽無遺，一直延伸到紅色條紋的山脈。今天早上瑪麗才為了哈瑞森傷透腦筋，他現在長高、長壯，而且聲音越來越大，一爆發就難以控制。不過目前卻沒有任何跡象顯示他們的生活不完美。哈瑞森是個好看的孩子，一個瘦削的小淘氣，一頭金色的捲髮，眼睛裡閃著調皮的光芒。而瑪麗就像哈爾一樣，一身被太陽曬成棕色的皮膚和合宜的身材，親切而有幽默感，是體貼的聽眾，很容易發笑，並提出精明的見解。你不會猜到這個家庭會有麻煩——而且很長一段時間，哈爾的確沒有這麼覺得，就連哈瑞森差點死亡，他都還沒有這樣想。

哈瑞森很小的時候嗆到兩次，哈爾得火速採取行動，用嬰兒的哈姆立克急救法推壓哈瑞森的胸部，直到食物從他的氣管中噴出來為止。瑪麗堅持認為飲食問題是早期的危險信號，但哈爾卻喃喃道：只不過是意外而已。她說，哈瑞森發生其他問題時，哈爾也是如此。比如哈瑞森翻來覆去一直重複一個單字，並且一直開門和關門。還有他瘋狂地到處跑來跑去，就連自己直接往家具上撞也沒有知覺。至於他極端的皮膚敏感呢？「他不肯戴任何種類的手套，」哈爾承認，「襪子裡有一根鬆散的線頭可能會讓他一整個早上都在尖叫和發脾氣。」

儘管哈爾反對，瑪麗還是帶哈瑞森去給專家檢查。在一次療程中，治療師一再提及哈瑞森的「自閉症式」行為，哈爾開始發火。「我心中的牛仔只想把這個心理學家扔到門外，」哈爾嘟囔道。但是那天晚上，他聽到瑪麗在絕望中悄悄啜泣，他終於醒悟，瞭解他該做的事情。哈爾想到，該停止對抗兒子的情況了，並且開始提供協助。但是要怎麼做？他是個牧人，是個行動派。不然為什麼他多年前明明可以安頓下來坐辦公室，卻偏偏要做四處找新聞的記者和牧場經理？哈爾打賭，要是那些心理學家細看他，一定也會給他開個藥。他自己都坐不住，又怎麼能幫助哈瑞森？

是啊，哈爾向柯提斯傾訴時，柯提斯也同意他的看法：如果真的有自閉症頻譜，那你恐怕也屬於其中一員。

但我也是，柯提斯補了一句。說真的，想想我們所有的驢子賽跑夥伴，他提醒哈爾：湯姆．薛巴爾總是獨來獨往，喜歡用假名參加比賽；還有遭女友的前男友砍傷的克林特．羅伯茲（Clint Roberts）；以及他們已經離世的親愛夥伴羅伯．佩德雷蒂（Rob Pedretti）……他們全都狂放而了不起，每一個都是最好的同伴，和極富同情心的驢友，但是話說回來：說他們不正常，也不會有人反對。

也許這就是我們自我治療的方式，柯提斯思索道。我們在同伴脖子上套上籠頭，往高處爬，朝天空攀登，直到某個東西重新啟動我們的大腦，讓我們再次感到正常，無論是低語的松樹，還是我們錘擊的心臟，或者是我們溫馴夥伴穩定的呼吸。

柯提斯認為，我們的怪人是失落智慧最後的監護人。我們就像過去那些與社會格格不入的人一樣，那些與驢子一起漫遊世界的神祕主義者和礦工，因為我們知道，只要碰到問題，我們就靠著四隻蹄子的夥伴應對。

不妨看看它對班・萬恩（Ben Wann）這孩子的效果。

在約三小時車程之外的丹佛市附近，十歲的班癲癇嚴重發作，在醫院躺了一週時間才能說話。班的父母布萊德和安珀・萬恩（Brad and Amber Wann）憂心如焚，擔心班再一次發作就可能會送命。雖然這情況似乎無藥可治，但只要認識萬恩夫婦的人都知道，如果想激怒他們，就告訴他們：他們對孩子的病無能為力。

布萊德是個留著大鬍子的彪形大漢，以安裝音響維生。熱情甜美的安珀身材只有布萊德的一半，但一說到保護孩子，她可是勇不可擋。以藥用大麻為例：安珀發現大麻油對孩子的病情有用，她就讓班隨時隨地都一定帶著大麻油，即使學校為此打電話給兒童保護服務單位也不在乎。安珀為了這件事，一直奮戰到州議會，直到議會立法讓在學校體系大麻藥合法化，她才甘休。

難怪她一聽說有「馬療法」，就立刻致電柯提斯。柯提斯以前從未做過這樣的事。這個年邁的單身漢與女友和半野性的馬群一起住在樹林深處，只有一條沖刷到不成形的道路可以到達，過著平靜快樂的生活。不過，管它的！如果萬恩一家人願意花點力氣長途跋涉，也歡迎他們來參觀。柯提斯請萬恩一家人來過感恩節，在用餐到一半時，班突然抽搐起來，癲癇發作。安珀說：「班一點也記不得，但是柯提斯——天哪，這真教他難過。我們把班帶到外面，和動物在一起，他就沒事了。」

班的癲癇雖然復元了，但柯提斯卻永遠忘不了當時的情況。從那天起，他就全心全意盡一己之力，用驢子協助班。柯提斯認為一起工作才能真正與驢子建立聯繫，因此他說服萬恩一家人和他一起爬山。布萊德後來告訴我：「我們頭一次去時，他帶我們上哈佛山（Mount Harvard），一口氣爬了五哩，」直到現在，他仍為他必須步行，而班卻可以騎在柯提斯最好的驢子麥克默菲背上而氣惱：「那裡的緯度高達一萬四千呎！」

「你為什麼叫他麥克默菲？」安珀問柯提斯。

「那是以《飛越杜鵑窩》（One Flew Over the Cuckoo's Nest）中那個瘋狂的傢伙命名，」柯提斯答道，對於這個答案，安珀並沒有起她該起的疑心。

「我直覺應該沒事，」安珀回憶道：「班一坐到驢背上，驢子的耳朵就豎了起來。牠看起來很莊嚴，彷彿心裡有個目的：我要背負這個特別的包袱。」看到班如此開心，安珀很高興：「我原本是在家中照顧癲癇病童的沮喪母親，現在我想，這可能有用。這種動物療法是真的——」

沒想到這時麥克默菲摔倒了。

「真是最瘋狂的事，」柯提斯說，「麥克默菲摔在泥裡，我知道接下來會發生什麼，因為我已經看過上千次。動物摔倒、翻滾、重新站起身來。這就是為什麼這麼多騎馬的人摔斷腿的原因——

因為馬從他們身上滾過去。但是你真該看看麥克默菲的表現。牠原本就要翻滾了，但卻及時停住，讓身體往另一邊滾去。牠身上有保護那個孩子的DNA。」

「就像他突然想到班，『哇』了一聲，然後自己滾向反方向，」布萊德說，「我真想吻牠。」

「你應該吻，」安珀說，「我吻了。」

這次的跌倒讓萬恩一家人打定了主意。如今已經四年，他們一直都是忠心耿耿的驢子家族。每一場比賽他們都會現身，祖孫三代；安珀的父母甚至養了一對迷你驢，讓他們能陪著外孫一起步行。布萊德說：「我們家人週末不做其他運動，就做這個。」班的癲癇曾經長達六個月都沒有發作，他的體力和自信也突飛猛進。

「看到班不用吃藥時的喜悅表情真是太酷了，」柯提斯說：「驢子讓這個家庭恢復正常。」

就像針灸和冥想一樣，在傳說中，馬療法也有一定的效果，許多信譽卓著的人都說它有用，但卻不能證明它有用的原因。這種療法既比希波克拉底（Hippocrates）的醫師誓言還要早，又比近視雷射還要新。古希臘的醫療者，包括希波克拉底本人在內，都曾用騎馬治療慢性疼痛和情感疾病。一次世界大戰時，英國醫院也採用此法醫治傷兵。然而在美國，直到一九九〇年代，心理健康工作者用它來測試其他方法都治不好的問題，馬療法才開始普及。

「馬背上的男孩」羅恩．艾薩克森（Rowan Isaacson）是比較顯著的案例。二〇〇八年，自閉症病童羅恩年方六歲，住在德州的他經常因為脾氣爆發而無法上學。羅恩的父親魯伯特回憶說：「我們的生活就像一陣一陣的脾氣，是一陣陣的脾氣，和在發脾氣之間的時間。」但只要魯伯特帶羅恩去騎馬，他的情緒就會突然平靜下來，放鬆和專心，因此魯伯特讓他坐在馬背上教他讀書。雖然魯伯特無法解釋這是怎麼運作的，但他有一種感覺，知道誰能讓這種方法奏效：四處流浪的蒙古牧民，正是他們最先馴服了野生的小馬，距今已有四千多年。羅恩的父母確實帶他深入蒙古探險，向這些馬術大師學習，等他們離開蒙古時，羅恩已經有了改變。脾氣爆發、焦慮、奇怪的旋轉儀式都已經消失，甚至也放下了他對大小便訓練的強烈反感。「羅恩仍然有自閉症——這是他的本質。他的許多才華都和它綁在一起，」魯伯特說，但是「他已經治癒了折磨他的可怕功能障礙」。

回到德州後，艾薩克森一家就投入了德州版的蒙古游牧營地，他們創建一個中心，讓其他有困難的孩子可以騎在馬背上學習。「馬背上的男孩基金會」（Horse Boy Foundation）的首席顧問之一是誰？就是羅恩本人。克服嚴重自閉症，成為動物行為權威的知名科學家天寶・葛蘭汀說，羅恩的轉變或許不該那麼教人費解。她解釋說，像羅恩和她這樣的人是用視覺思考，動物亦然，這就是為什麼「動物，尤其是對自閉症兒童而言，通常都可以成為自閉和『正常』人類世界之間的連接點」。

從戰鬥創傷和性虐待，到憤怒管理、飲食失調和上癮行為等問題，馬療法也展現了驚人的效果。雖然迄今還很少有經過同行評審的研究出爐，但是現有的報告顯示有很大的潛力。針對患有創傷後壓力症候群（PTSD）退伍軍人的一項調查發現，百分之七十二的人在與馬一起活動幾週後有明顯的改善，而因危險行為而受保護的青少年與馬合作後，在控制衝動和社交技巧方面都有大幅改善。為什麼馬在減輕壓力和焦慮方面如此有效？據托雷多（Toledo）大學醫學院的研究人員說，你只需要用眼睛看一看牠們的大小！

這些研究人員在青少年馬匹心理治療的研究中指出，「馬通常重達一千磅（約四五三公斤）以上，」這麼龐大的體型提供了機會，「讓騎乘者探索與脆弱、力量和控制相關的問題。」當你和對人類暗示極端敏感的自然力量合作時，你會發現如果憤怒、緊張的人接近牠們，牠們就會調皮搗蛋，因此你很快就會學到最好注意你的情緒，隨時都活在當下。

而你也會獲得教人鼓舞的內啡肽和多巴胺作為回報——這是來自你獵人與採集者祖先演化而得的天賦，我們這些祖先起先仰賴馬作為狩獵的夥伴、逃跑的工具和預警的安全系統。與動物接觸的這種幸福感牢牢地編碼在我們的DNA，到今天，我們依舊因為看到動物的鬍子和感觸到牠們溫暖的毛皮而本能地感到欣慰。

是的，不錯，這或許是一種解釋，但據柯提斯說，這種說法忽略了驢子的特殊優點。「驢子最重要的是有節奏，」他解釋道。「牠們的呼吸，牠們的動作，全都是一——二——三……一——二——三……，就像完美的華爾茲伴侶一樣。牠們是沙漠動物，因此必須採取這樣的方式。保持節奏，保持冷靜。因此班和牠們在一起，他的心臟，他的呼吸，全都配合節奏慢了下來。」

他的結論是：「我們之所見會塑造我們。這樣的牛仔哲學聽來如何？這其實是赫胥黎的想法，但聽起來有點像出自牧場。」

在柯提斯的指導下，哈爾和瑪麗讓哈瑞森還在蹣跚學步時，就已經騎在沒有配鞍的驢背上，讓

班・萬恩在為前方的急流和高峰做準備。

人驢直接接觸，中間再沒有阻隔。哈爾在前領路，瑪麗跟在後面，他們漸漸走出圍場，進入了樹林。

哈爾指出：「我們經常唱歌，背誦書籍，指出沿路看到的各種類型的樹木，野花和動物。我們立刻注意到，哈瑞森騎驢出行的那天，甚至在那之後的幾天，他的性情和行為都有了改善，也較少耍脾氣。」

瑪麗對這些驢子的印象也很深刻。要知道，這些驢子並不是可愛動物區供人撫摸的小馬；牠們都是強健的動物，具有強烈的自衛本能，牠們最厭惡的就是受到驚嚇。牠們體內的每一個染色體都經過數千年的天擇，盡可能遠離爆發的噪音，突然的移動，猛然逼近的軀體——也就是指哈瑞森。自閉症兒童在驢子眼裡就是閃爍的紅燈——前面有危險！當心！但哈爾接觸的卻從來不是特別為他養的驢子。不論他那一年是和哪頭驢子一起賽跑，都一樣很順利。

「我還是不明白，」我告訴哈爾和瑪麗。即使我親眼看到哈瑞森像那個摔角選手，有「超級蠅」之稱的吉米．史努卡（Jimmy Superfly Snuka）一樣撲向牧場大門，驢群卻連眼皮都沒眨，但我自己的眼睛還不足以解釋：為什麼會有動物僅僅因為某個孩子那天過得不順遂，就突然放下自己最重要的求生本能。他們甚至都還不屬於同一個物種。在我造訪之前，對哈瑞森的事就略有所知，可是對於究竟發生了什麼事，我比驢子更遲鈍。牠們看到了什麼我沒看到的事？牠們怎能在剎那之間，就明白看起來和聽起來明明像攻擊的動作，其實卻並不是攻擊？

「我們的決定是基於邏輯，牠們則是基於感官知覺，」瑪麗解釋說：「我們在大腦裡收集訊息，而牠們是依賴非常敏銳的嗅覺和聽覺。牠們的判斷疾如閃電，教人驚異。」

受益於華特自家療法的，並不只限哈瑞森一人。哈爾的本性就是喜歡自己動手、獨立、有點缺乏耐心。他喜歡按自己的方式做事，而且馬上就做，如果碰到阻礙，他的解決方案是：低下頭，再努力一點。但就在哈瑞森出生之前，驢子已在教他：光是使蠻力是沒有效果的。「驢子賽跑是一種訓練，教我如何擔任父親，」哈爾坦白說。你不可能用強硬的方法支使驢子去做你想要牠們做的事，所以哈爾不得不後退一步，重新調整自己，接納、適應和臨機應變。驢子帶領他獲得光靠他自己可能永遠無法發現的深刻見解。比如：

＃1你唯一需要做的事，就是你現在正在做的事。

「拉雷多和布奇教我面對像哈瑞森這樣的孩子最好的一課：你必須有比他們更多的時間。如果著急，你就會輸。」

#2從後方引導。

「你在要求驢子做非常不自然的事。離開牠的夥伴，放下牠的食物和住所，朝山裡跑三十哩。你必須讓這看起來像是牠的點子。」

#3如果牠們做錯了某件事，那是因為你沒有做對某件事。

「牠們的直覺未必總是符合你的意圖，」柯提斯說，「發生這種情況時，你只能舔舔傷口，再度鼓起勇氣，然後重做一次。因為當牠們喜歡你時，除了打開大門和走入拖車外，牠們會做其他一切。牠們會成為你的夥伴，你的好友。牠們加入你，一起冒險。」

但正當你以為自己已經瞭解了一切時，繩索卻從你的手上扯落，感覺就像胸口被驢子重重地踢了一腳，這時你才知道你——年度模範父親，驢子賽跑世錦賽冠軍七度得主，其實什麼也不懂。幸好你的老友，《梅岡城故事》（*To Kill a Mockingbird*）的作者哈波．李（Harper Lee）幫了你一把，並且提醒你最重要的教訓：

#4什麼，你以為要做阿提克斯（Atticus，《梅岡城故事》中為黑人辯護的律師）那麼容易嗎？

「我希望你明白真正的勇氣是什麼，」哈爾喜歡背誦《梅岡城故事》中的段落給自己聽，這就是其中的一段：「那就是在你還沒開始前就知道自己會輸，但你依然開始去做，而且無論如何都堅持到底。你很少會獲勝，但是有時候你會獲勝。」

哈爾望著窗外的夕陽。我們聊了好一陣子，天色已經晚了。

「準備跑步嗎？」他問。

「好。是，唔，如果你認為——」我結結巴巴，一邊絞盡腦汁想退路。我千里迢迢搭機再開車進人洛磯山的偏鄉，有一半的原因就是為了這個機會，在驢子大賽大師和現任世界冠軍的腳下學習，可是事到臨頭，我卻臨陣怯場。這就像史蒂芬．柯瑞（Steph Curry，ＮＢＡ球星）說要帶我去投三分球，這聽來太棒了，直到他真的把球扔過來說：「走吧」。如果見到你心儀的英雄列在你的願望清單中，那麼請聽我一言：再沒有比獲邀在你心目中的神面前露一手更教你感到赤裸、尷尬、沒用，讓你面對自己的不安全的事。

但就在哈爾聽到「好」的那一剎那，我脫逃的機會就消失了。他和哈瑞森立即往門口走去，等我換上短褲跟在他們後面時，他們已經為兩頭碩大無朋的驢子套上籠頭，在車道上等我。哈瑞森很渴望和我們一起去，但我答應教他投擲牛排刀的技巧後，他答應留在家裡。瑪麗顯然很擅長她自己那一套冷靜的教養方式，她似乎並不介意，很快地帶哈瑞森回到屋裡。

「四、五哩可以嗎？」哈爾問。

「聽起來不錯。」世錦賽的短跑是這個距離的三倍，所以如果連五哩都跑不動，我的問題就大了。

哈爾帶著經驗豐富的老將拉雷多，而把年輕活潑，但有點傻呼呼的泰迪交給我，哈爾領頭，他認為泰迪會緊跟著拉雷多，但如果泰迪興奮起來，我就該轉向左方，然後拉回來，讓泰迪克制自己。

「我們會慢慢來，」哈爾保證。

三十秒後，我獨自一人，雙手空空，看著泰迪消失在遠處，而哈爾和拉雷多則在後面狂追。我想幫忙，但是……沒辦法。我頭昏腦脹，胸部起伏，如果不趕快停下來，就會面朝下摔在土裡。天哪，這樣的高度要害死我。我們開始時就像哈爾答應的那樣，慢慢地起步，但泰迪很高興，去擠拉雷多，結果拉快了步調。不過那時還並不壞——直到突然出了差錯。一百碼後，我的太陽穴抽動，我無法呼吸。我拉住泰迪要牠放慢腳步，但牠不理睬。原先的保險計畫是用籠頭拉住牠，但就在我往前快跑幾步要拉住牠的頭時，突然覺得天旋地轉，我的蜥蜴腦接管了，它下令：趕快鬆手，免得死在這裡，我的手順從了這個命令。

哈爾追上泰迪，在前方約四分之一哩處等我。我半跑半走朝他而去，試圖挽回自己的顏面，但卻覺得在這樣的高度，每隔二十碼左右，就把空氣從我身上吸走。哈爾家海拔近八千呎（約二四三八公尺），遠高過海拔一哩高的丹佛，但卻遠低於驢子世錦賽賽道峰頂的一萬二〇〇〇呎（約三六五七公尺）。老天爺！即使只參加世錦賽十五哩的短道比賽，而非二十九哩的長距離比賽，也夠殘酷的。美嘉和齊克這輩子從來沒有跑過那麼遠的路，更不用說在這駭人的喜馬拉雅山中了。而且驢子又要如何面對這樣的情況呢？

「別擔心，」我搖搖晃晃地朝著哈爾走去時，他說道，「你會習慣的。」

我無法呼吸，說不出話來，只能揮揮手。我甚至都還來不及問他跨越溪水的問題。

20 齊克百科

比賽的時間越來越近，所以五月的一個清晨，我們決定冒個險，把驢子帶進迷宮。我們有兩個問題要問譚雅，因為只有她能回答，但在我們家和她家之間，必須穿過「迷宮」。

「準備好了？」我問齊克，他早上七點半就到了，赤著腳，還睡眼惺忪。這回我已經把驢子拴上繩索等待，甚至還把他的三倍濃度義式濃縮咖啡也端到外面來，這樣我們就不必再回屋裡。「喝下去，然後穿上鞋子，」我把杯子遞給齊克。「我們得快走。」

雪曼一定感覺到發生了什麼特別的事，除非牠光聞到齊克冒煙的咖啡就感到興奮。牠充滿緊張的活力，齧咬佛洛兒，讓佛洛兒追牠，又糾纏瑪蒂達，讓瑪蒂達厭煩不已。

「這野東西今天怎麼突然這麼有活力？」我高聲自語。

齊克說：「雪曼的大腦是個謎，需要驢子的佛洛伊德才能搞清楚。」

我走到佛洛兒和雪曼之間，用身體把牠們隔開，好讓雪曼結束惡作劇，然後領著佛洛兒走到路上。美嘉帶著我和齊克的手持式跑步水瓶走出屋外，但我們倆都（愚蠢地）拒絕了。美嘉聳了聳肩，自己留了一個水瓶，並且在拉鍊小袋子裡塞一把杏仁，然後戴上她在烈日下常戴的遮陽帽。

「每個人都好了嗎？」我問，「好了。讓我們看看大家的表現。」

佛洛兒一定是感受到了興奮的氣氛，因為我還來不及吼出命令，牠就已經開跑了。我努力跟上牠，只恨我還沒熱身，或者該選擇更長的繩索。幸好救贖的地點就快到了：三個月來我們每天都從石頭路經過AK鋸子店的招牌，佛洛兒卻仍然沒有忘記牠註定要死在某個扁平不動的橙色物體手裡。牠放慢腳步停了下來，讓我得以把雙手放下，對著風深呼吸。我已經渾身是汗了。

美嘉和齊克趕上來時，我說：「今天一定很熱。但我們應該很快就會結束，在太熱之前就已經上路回家。」

「聽來不錯。」齊克說，他對我還是不夠瞭解。

「你確定嗎？」美嘉問，她瞭解我。

我搖搖手：「大概吧。」

我已經注意這個迷宮一陣子了，只是一直沒有勇氣嘗試。在離我們家約三哩的樹林中，直下薩斯奎哈納河的陡峭山坡上，藏著一座可以追溯到一七〇〇年代的古老板岩採石場。它早在約一個世紀前就已廢棄，被森林吞沒了，只留下幾條細細的狩獵小徑。每一次我走進去，幾乎都會像《厄夜叢林》（The Blair Witch）那樣一直繞圈，雖然努力找路，卻發現自己一直在河流上方五十呎同一塊懸崖的邊緣。最後我跌跌撞撞地走出來，筋疲力竭，身上都是被植物刺刮的傷痕，而且所在的位置從來都不是我以為自己會在的地方。整個冬天我一直都持續探索，只要不與驢子練跑，我就來迷宮探險，希望找出可以從一端走到另一端的路線。有一天，我冒險走上我原本一直迴避的路，因為它顯然直接通向河水。我沿著路上的蜿蜒曲折，越走越迷失越後悔，直到我突然鑽出樹林。教我大感困惑和吃驚的是，我就在通往譚雅家前門的泥土路上。

我不知道是哪種慧黠的動物邏輯創造出那曲折的雲霄飛車路線，但它發揮了效果。我發現訣竅在於無視我的方向感，每當我的大腦喊「往左！」，就直走，但帶著三頭驢子還能不能這樣做，則是另一回事，這就是我們必須試一試的重要原因。如果我們真的要到科羅拉多州參賽，那麼在那些山裡必然也是憑著瞎猜前進。從賓州開車過去至少要兩天，或許三天的時間，因此沒有多少時間勘察地形。比賽當天，我們最大的敵人或許不是高山稀薄的空氣或嘩嘩作響的溪水，而是六個不同的大腦分別做出自己求生的選擇。我們這六個參賽者一定都會面對莫大的壓力，疲憊不堪，而且百分之百確定其他五個什麼也不懂。我們已經面對了很多不利因素，所以如果情況不佳時，我們無法齊心協力，就確定會出局了。迷宮可能就是個完美的試驗場。

「嘿——伊——呀波！」我對著佛洛兒喊道。牠滑步小跑，而我既已緩過氣來，跟在牠身後跑步就很輕鬆愉快。我們蹄聲達達，跑到碎石路盡頭，然後俯身進入「大路」：沿著板岩坡路一哩長的上坡路，通往迷宮的外緣。這條「大路」是沒有盡頭的難跑路段，但佛洛兒卻應付得輕鬆自如；牠的上坡如此順利，我可以不用憂慮牠，只要擔心自己。不到一分鐘，我的胸膛就上下起伏，所以我低下頭，開始計數我的腳步。一、二、三……

我數到十，然後從頭開始，專注在數目字上，好讓自己分心，克制放棄的念頭。一、二——

碰。我猛然撞上佛洛兒的臀部，這一撞害得我差點無法呼吸。牠停得這麼突然，我根本沒看到牠止步。我環顧四周，但看不到任何平常會讓牠停止的罪魁禍首。路上沒有打滑的痕跡，沒有懸掛的樹枝，甚至沒有牠自己的影子。美嘉和齊克跟上來，拚命喘氣。

「你還好嗎？」美嘉問。

「只是佛洛兒有點怪，」我說。我叫佛洛兒重新上路──「嘿──伊──呀波！」但每當我們漸入佳境，牠就又再次全身凍結。佛洛兒應該是我們的要角，是王牌選手，牠要帶領我們其他的人，可是我們連迷宮都還沒進，牠就已出了差錯。問題是不是在牠身上？雖然我很生氣，但卻忘不了柯提斯的話：「一群傻瓜，光是會怪牠，」他一定會哼一聲：「在你開始怪驢子之前，先找出自己的錯誤。」

因此，當我們再度開始上坡時，我就不再計算我的腳步，而是在佛洛兒與馬路之間來回掃描，要找出嚇唬牠的神祕幽靈。就在這裡！我看著牠棕色的大眼轉向側面，直勾勾地看著……我。

「你。這。大。笨。蛋，」我咕噥道。原來是這麼回事。佛洛兒並不是對牠所看到的事物起反應；牠是對牠聽到的事物起反應。只要我的呼吸一急促，佛洛兒就把它當作停步的信號。為什麼不？驢子常是困境中的倖存者，如果那座山坡會讓我吃不消，牠為什麼要冒同樣的險？佛洛兒不是傻瓜。牠測試我的領導能力，發現了兩個缺失：我沒有命令牠的體能，而且在牠用休息誘惑我時，我就立刻接受。有人該加把勁了，但那人不是佛洛兒。

在山頂上，我們在進迷宮前先停下來，圍在一起商議。

我警告說：「小心，不要傷到腳踝。前半哩非常糟糕。」創下阿帕拉契小徑（Appalachian Trail，美東著名小徑）最快速度記錄的超長距離跑步好手卡爾・梅爾澤（Karl Meltzer）曾說，他在全美十四個州跑了二二〇〇哩，就是賓州的石頭最教人吃不消，它們就像毒牙一樣生在地上，伸出來，讓你覺得就像在鯊魚怪物的嘴裡跳舞一樣。幸好這個迷宮只有在一開始才這麼糟，我們得面對半哩左右的鯊魚牙齒，之後小徑就會變軟一點，變成了緊密堅實的土壤。

佛洛兒和我領頭。我們慢跑進入樹林，繞過經歷數百年開採板岩而留下深坑的頂部。大自然和荒疏讓這個地方神奇地復原了，刺槐、黑胡桃和野生泡泡樹（pawpaw）長得茂密，我得倒退兩次才在樹木的縫隙中找出迷宮的入口。一如預料，佛洛兒一點也不想進入那陰暗的隧道。

我喊道：「把瑪蒂達帶過來。」

美嘉把瑪蒂達牽來，她們倆一起從側面避開我們，直接進入灌木叢中，雪曼拖著齊克快步跟上。眨眼間，他們四個就被森林吞沒了。佛洛兒看著他們消失，緊張地踱步，最後決定與牠的朋友一起快死總比和我一起長壽慢活來得好。牠一躍跳進了樹木的縫隙中，在很容易扭傷腳踝的石頭雷區跳起踢踏舞。佛洛兒的靈活總教我驚訝；我一直覺得牠很笨拙，主要是因為牠默不作聲，但只要一動起來，牠就像蝴蝶一樣，不用看地面一眼，就能往前飛奔，而我在牠身後跌跌撞撞，眼睛拚命地掃描一塊又一塊的石頭。

佛洛兒恢復了勇氣，牠超過雪曼和瑪蒂達，重回領先位置。我不停地放繩子，讓牠以自己的步調飛馳，我以為等我們到前面平滑的地面時，我就能趕上牠，然而佛洛兒的蹄子一碰到泥土路就像火箭發射一樣，彷彿牠一整天就在等待這一刻。我努力跟上去，但是有東西打在我腿上。我絆了一下，再度受到撞擊。雪曼和瑪蒂達正在往這裡擠，好像一對古羅馬競技場上鬥士的駿馬競速要超越我。三頭驢子全部都很興奮，以楔形隊形圍著我，美嘉和齊克則全力從後方趕上前來。

我感到十二呎長繩子的最後一吋從我的指縫中滑過。我告訴自己，該要控制這情況了——但我沒有勇氣拉住這群瘋子。牠們蹄下涼爽的泥土似乎使牠們非常激動，就像我頭一次帶雪曼走出石頭路，牠狂奔上山去拜訪我們鄰居的馬一樣。這幾頭驢子疾如狂風，讓我們所有的人都湧出新的活力。步道往下降並且曲折，我們六個都快速轉彎，因為我們這個迷你狂奔隊伍的刺激，而忘記擔心自己的腳步。驢子經過一團突出樹根覆蓋著的難行小路時，放慢了一點，但一等我們到達對面，大家又開始狂奔。

佛洛兒在前面疾馳，直衝向步道上的叉路。「右邊！」我大喊大叫，用手對著佛洛兒的左眼揮舞，希望在這五分鐘裡牠突然學會英文。那個叉路就是我前幾週啊哈發現的地方，走出迷宮的唯一出路就是靠右，但佛洛兒當然走了左邊。

我手裡只剩幾吋的繩子，所以無法把牠拉回來。佛洛兒歡欣地向前衝，完全不顧牠未來唯一的前景，就是跌落懸崖到一哩下方的薩斯奎哈納河裡。我往前衝刺，又抓住了一圈繩子，就像溺水的泳客一樣，一手接一手把自己拉了過去，每次都多抓一點。就在佛洛兒轉向一棵小樹苗時，我看到了機會。佛洛兒向右走，我向左走，樹苗纏住了我們之間的繩索。它被彎成弓形，但還是撐住了，讓佛洛兒放慢速度，也讓我得以控制住牠。

幾秒鐘後，齊克和雪曼滑行著陸，他們倆都踩著碎步，以便在陡峭的土坡上煞住速度。

「那真是——」齊克喘著氣說道，「太棒了！」

我靠在樹苗上，齊克則繞著小圈子，我們倆都用力地用腹式呼吸。瑪蒂達和美嘉這對比較明智的搭檔則徐徐地走下山坡。我本該向美嘉揮手，免得她還要再爬漫長的路回去，但我實在激動得無法清楚思考。陽光刺穿樹木，把迷宮加熱成露天烤箱。齊克和我脫下了襯衫，像大圍巾一樣綁在我們的頭上，讓長端垂下來，保護我們的脖子。我們才出門一個小時，但我已經曬乾了，為了要跑步而沒吃早餐的肚子也咕嚕作響。

美嘉從水瓶喝了一大口水，然後把水瓶傳給大家。她也數了數杏仁，然後分給齊克和我，很客氣地沒有指出應該給這兩個拒絕帶水瓶的笨蛋賞個爆栗，而不是零食。

我保證：「我不會再犯這個錯誤了。」

但私底下，我知道那還不夠。我有個麻省理工學院商學院的朋友喜歡提醒他的研究生：問題有兩種：一種是腳趾踢到什麼東西而受傷的小問題，另一種是鏈鋸失控的大問題。換句話說，你必須要先確定傷害的程度，再決定回應的程度。對企業而言，這是很好的戰鬥計畫，但是對於經驗豐富的驢子賽跑選手，卻完全不是這麼回事。你可能和你的驢子明明跑得好好的，你們倆完美同步，覺得棒極了，這時你襪子裡的皮膚卻起了皺，突起一小塊。為了這麼小的事破壞你的節奏顯得很愚蠢，因此你不理睬它，繼續往前跑……直到水泡破裂，鮮血滲入鞋中，你跛腳的步態擾亂了驢子，讓你無法繼續比賽，使你一瘸一拐，還留在一萬三千呎的山上。和驢子同跑，可沒有什麼是小毛病，每一個絆到的腳趾頭都是暴風雨的前兆。

我告訴自己，我們不能只擔心驢子。就在我們咀嚼最後一點杏仁，為再次推進迷宮補充體力時，我這麼想道。在我內心深處，雪曼、瑪蒂達和佛洛兒有強大的力量和忠誠，因此牠們會跟從我們參與幾乎任何冒險，但必須要由我們領導牠們安然歸來，我不確定自己能否勝任這份工作。到目前為止，我在迷宮裡丟了一個又一個鏈鋸，在重大的攀爬時失敗，在小徑上失控，面對酷熱的天氣卻沒帶水。在洛磯山脈，這其中任何一件蠢事都可能導致災難，而我在一小時之內犯盡全部三個。我們不能再光顧著訓練驢子；無論牠們準備得多麼充分，我們都必須領先一步。我們必須更堅強，而且要一直都如此。

我說：「該是爬聖母峰的時候了，」我們拖著沉重的腳步，開始往山上爬。

驢子讓我們輕鬆地走，我們在牠們身旁自在地步行，直到抵達山頂才緩步慢跑。這一回，我強迫自己緊貼在佛洛兒的身旁，手裡握著足夠長的盤繞繩索，以引導牠穿過小徑上的叉路。有好幾次，我太專心在佛洛兒身上，結果錯過了轉彎，不得不倒退回來，但似乎沒人在乎。零食和水讓我們恢復了精力。我們不再迷失在迷宮中了；我們在樹林裡狂奔，跑得很開心。在不知不覺中，我們已經跑出樹林，走上通往譚雅家的泥土路。

「我的寶貝兒！」譚雅看到佛洛兒和瑪蒂達小步跑上她的車道時歡呼道，「哦，我的天！那是雪曼嗎？那就是那隻雪咪嗎？」

譚雅大喜過望。她對著佛洛兒和瑪蒂達款款細語，按摩牠們的耳朵，直到牠們的下唇舒服地垂下來。她已經幾個月沒有見到雪曼，對牠的改變大感吃驚。「牠看起來狀況很好，」她說，然後蹲下來檢查牠的蹄子，確定一切都好。她點了點頭：「連牠的腳看起來都好多了。」

譚雅和她丈夫分手後，我們失去了雪曼蹄子的鏈鋸救星，只好在艾米許口耳相傳的熱線中求救。結果發現，原來我們在山上的鄰居老ＡＫ就有一個住在幾哩之外的兒子可以勝任這項工作。每當瑪蒂達需要修蹄子時，牠都會跳進我們小貨車的後車廂，把頭伸到前排座椅上，這樣在我開車時，牠就能欣賞風景。雪曼和佛洛兒的體型太大，塞不進廂型車，所以我們就趕著牠們越野跑過去，穿過牧草地，一邊向艾米許兒童揮手致意，他們圍在籬笆旁，看著我們從他們學校旁的棒球場後方跑過。雪曼一定很喜歡修蹄子，因為在回來的路上，牠會像作秀一樣昂首闊步。

「你覺得牠的狀況還不錯嗎？」我問譚雅。

「天啊，是的。還記得這裡的鮪魚肚嗎？」她邊說邊拍拍牠的側腹。「現在全都是肌肉。你簡直認不出是同一個雪曼。你可以在牠的眼中看到牠有多快樂。」

「所以……。」我準備向譚雅提出兩個被逼上梁山，不得不問的問題，這是第一個：「再兩個月就要比賽了，我們真的得加強訓練。可是讓雪曼這麼辛苦，對牠公平嗎？」

譚雅仔細思索了一下。「到目前為止進展如何？」

「有時很不錯，有時卻不好，」我告訴她：「牠們可以跑四、五哩，沒問題。但如果跑更遠，牠們就關機了。還記得那次艾米許滿月奔跑嗎？同樣的情況。我們原本跑得好好的，但突然之間，牠們就停下來了。」

「問題就在這裡，」她輕拍雪曼的頭說：「還記得我所說的目的感嗎？你教錯了工作。」

不知道在哪個地方，我不小心偏離了譚雅的第一法則：讓驢子認為一切都是牠們的主意。她向我解釋過，最好的工作就像最好的晚餐一樣，你放懷大嚼，因為你飢腸轆轆。飽餐之後，你感到強壯、快樂和充實。我以為我讓雪曼慢慢地接受新任務才對，所以一匙匙餵牠新的挑戰，但那就像每天晚上都餵牠吃同樣乏味的碎肉餅，如今該為菜單添加風味了：該讓我們的驢子嘗嘗偵爆犬的伙食了。

我最先是從亞歷山卓．霍洛維茲（Alexandra Horowitz）那裡學到這種飲食法，她是專門研究犬科動物心智的心理學博士。她花許多時間觀察偵爆犬和緝毒犬，因為牠們可算是舉世受過最嚴格訓練的動物。偵爆犬必須找到極微小的爆裂物線索——我們說的是兆分之一克，即使這些味道被咖啡渣或汽車空氣清香劑等氣味所掩蓋。如果成功，就能挽救生命，避免大屠殺，但同時也表示無視其他所有的本能和分心的事物，只專注於眼前的任務，讓這些狗在浩劫中能夠找出其他機器或活著的生物都檢測不到的隱藏化學物質。而且你知道牠們得到的回報是什麼嗎？並不是多汁的肉骨頭，甚至連零食都沒有。

只有一顆被咬爛的破網球。

偵爆犬會為這樣的玩具發狂，因為牠們可以追逐、狩獵和追蹤它，就像在工作中所做的一樣。換句話說，牠們的工作帶給牠們莫大的滿足，因此要感謝牠們最好的做法，就是讓牠們再多做一些工作。驢子會不會有同樣的感受？

「所有生物都有本能的需要：太陽出來了，我該如何填滿自己的一天？」一個晚上我們參加《犬之島》電影的試映會時，霍洛維茲這麼告訴我。她去那裡談犬科動物，但也非常親切地回答我有關驢子的問題。她解釋說：「藉著馴化動物，我們可以消除牠們演化的目的，但這可能會帶來問題」——如果你回到家裡，發現你的史賓格（Springer Spaniel）愛犬已經奇襲你的皮鞋，把它啃了個大洞，也就不足為奇了。

只要你記得我們人類只是穿上衣服的動物，這就很容易理解。霍洛維茲指出：「比起相似之處來，我們與動物之間的差異根本微不足道。」因此，如果你我渴望挑戰，期待急迫而且完全能讓我們發揮所長的任務，那麼為什麼其他生物不會這麼渴望呢？不過這很難應付；因為我們人類接管地球上大部分的工作分配，不讓動物自己選擇時，事情就變得複雜得多。流浪狗收容所爆滿就是活生生的明證，說明了人們多麼常犯錯，但其實要把它做對並不難。

霍洛維茲告訴我：「最好的情況，就是協調幾個目標。」一個能與牠們天生本能相匹配的工作，讓晚餐就像甜點一樣。

＊　＊　＊

「你們得重新訓練牠們，」譚雅在她的車道上向我、齊克和美嘉說：「你們得把事情混在一起，讓牠們知道每一天雖然都不同，但有件事相同：牠們的工作是留在你們身邊，直到你們決定停下來為止。」只要雪曼跑上足足　小時，牠小腦袋瓜裡的工廠哨子就一吹，教牠下工。但其實，牠應該跑得盡興，讓牠覺得與我們　起跑步的報酬就是……和我們一起跑步的樂趣。雪曼的腦袋瓜裡總有一部分在呼喚牠回去找勞倫斯，回到那個舒適的小穀倉，而我的任務就是要讓練習充滿趣味和滿足，讓牠能暫時徹底忘記關於穀倉的一切。

「至於比賽，」譚雅問：「起跑線情況如何？」

「天啊，一團混亂。」

「好，你必須應付混亂。終點線又如何？」

「更糟。觀眾在尖叫。哦，對了，有時候你會碰上戶外競賽。」我現在才想到這回事。在等待選手跑回終點時，主辦單位總是舉辦戶外廁所短跑賽以娛觀眾：由四人一組的團隊把裝了輪子的木製戶外廁所沿著大街向前推。參加的人很多，因此需要小組預賽、四強賽、決賽才能產生冠軍。因此驢子賽跑選手在跑完二十九哩山路之後終於掙扎回來，卻在最後一百碼失去了自己的驢子，因為牠看到賓漢式的神鬼戰士推著巨大的木製廁所賽跑，受了驚嚇。這種事司空見慣。

「好極了！」譚雅說，「那會讓牠們更迫不及待。繼續讓牠們瘋狂。你訓練得越嚴格，牠們的反應越熱烈。」我全都聽進去了，感覺越來越樂觀。能夠再次見到譚雅實在是太好了。我都忘了她多麼鼓舞人，即使在她驅策我下定決心克服萬難，開始動手時亦然。她的大腦似乎總在夢想和冒險，即使她總是直言無諱。難怪她的動物愛她。我並沒有百分百確定自己理解她所謂「瘋狂」的意思，但不論如何，它聽起來都很酷。我們會想出辦法的。

「牠們是很棒的驢子，」譚雅總結說。「牠們不會讓你失望的。看看牠們今天為你所做的表現多麼出色。在像這樣的烤爐天氣下，真的很棒。」

齊克突然說：「其實這樣的情況對驢子非常理想。」教我心驚肉跳的是，他接著繼續向譚雅講解——向在馬鞍上長大，主修馬科學，憑她一個人的力量就保住雪曼小命的譚雅，是的，就是對這個譚雅，齊克認為應該就非洲野驢的現代驢後裔問題發表演說，並指出對身為沙漠動物的驢子而言，像今天這麼炎熱的日子正符合牠們在演化小徑上的發展。

我料到譚雅一定會叫齊克少來這套演化蠢驢的胡說八道。不過她只是拍拍他的背，笑著問：「你在哪裡找到這個傢伙？謝謝，齊克百科。不論是不是沙漠動物，牠們都快要不耐煩了，你們最好趕快回去。」

「最後一件事，」我硬著頭皮說道，話還沒出口就已經開始後悔。我知道譚雅的婚姻突然結束後，她得努力維持生計，讓聖誕願望農場繼續生存。這幾個月來我們幾乎都看不到她的人影，即使見到她，通常也是因為她正匆匆趕去接送某個艾米許農民忙於另一筆最後的駕駛工作。我這問題一定會讓譚雅為難，但是只剩兩個月的時間，我想不出還有什麼別的辦法。

「你能不能載我們到科羅拉多？」我鼓起勇氣說，心裡七上八下：「有沒有可能？」

「你是說真的？」譚雅回嘴道：「我不會——」

「對不起，」我趕緊道歉，「我只是想——」

「我不會錯過的！」譚雅說完了她的句子。整個冬天，她一直都在期待的事就是可以看到雪曼和我進入世界一流的賽驢圈了，在高高的洛磯山脈上嘗試我們的運氣。她已經盤算好她可以離開多久，以及她不在時，該請誰來照顧她的馬兒和杜賓狗。我早該知道。我有沒有真正花一秒鐘想想，一個不聽話的前夫真的能阻止雪曼的仙女教母不讓牠參加舞會？

「我們要用多大的拖車？」譚雅問，「光是雪曼，還是你們三個全都要去？」

這回齊克百科安靜無聲。他的眼睛盯著地面，突然很專心地在解讀地上的石頭。他一個字都沒說，但他感覺到的一切全都寫在臉上。美嘉和我互看了一眼，我們還沒有討論過，但是在迷宮中的某處，我們已經做了決定。

「當然，」我說，「我們是一個團隊。」

21 傳奇人物芭柏・杜蘭

幾週後，我正站在房子前面為新的驢子圍場籬笆打樁，一輛汽車駛入車道，一個眼神倉皇的婦女招手要我過去。

我喃喃自語說：「冷靜點。」對她打斷我的工作有點不快，但又對自己最近能堅持不講髒話的決心感到高興。「難道你以前沒見過路上嚇壞的他媽的山羊嗎？」我補了一句，打斷了不講髒話的紀錄，因為我這輩子從沒有真正說過「嚇壞」這個詞。我放下了打樁用的鐵棒，走向汽車。「等一下，我來抓牠。」我喊了一聲，四下裡尋找勞倫斯，然後才注意到牠正在我身後遊蕩。不管這個陌生人是誰，不管什麼使她不安，這回勞倫斯可有不在場證明。

「你是克里斯嗎？」那女人問。

「是？」我謹慎地回答。

「保羅要我過來。」

「保羅？」

「譚雅的朋友。她出了意外，情況很嚴重。」

當時救護車正把譚雅送往蘭開斯特綜合醫院。「她在幫我訓練我拉馬車的新馬，」這個陌生人告訴我，「馬受到驚嚇，發起狂來，把馬車翻倒，拖住了她。」這女人設法抓住韁繩，讓馬停下來，但譚雅卻受了重傷。急救人員幫她止住出血，並把她固定在板子上，他們擔心她的脊椎可能受傷。「我是雪莉，」她終於提到了自己的名字。她打電話給保羅，保羅要她在趕往醫院前先通知我。

我跑進屋裡去拿手機，還沒拿到就聽到鈴聲在響。鄰居阿莫斯不知怎麼已經得到發生意外的消息，來找我要搭便車去急診室。「坐穩，」我告訴他。美嘉今天早上碰巧就在蘭開斯特，所以她可以先去醫院看看情況。我知道只要譚雅一睜開眼睛，一定會擔心她的動物，如果她知道阿莫斯和我在照顧她的農場，而不是擠在她醫院病床旁邊，可能會更放心。

我打電話給美嘉，美嘉立刻趕去急診室，她告訴我，譚雅人雖清醒，但很疼痛。她頭骨裂了，脊椎斷了兩節，膝蓋有很長的傷口。幸而醫師有信心，認為譚雅會康復，但他們警告說她要復元，還有漫長的路。她全身要打石膏，至少兩個月才能恢復活動。

阿莫斯和我開車去聖誕許願農場，發現譚雅的鄰居已經在忙碌了。他們餵了杜賓犬和馬，給牠們喝了水，清掃了穀倉，甚至連撞爛的馬車也被拖出圍場。他們向我們保證會好好照顧譚雅的地方，她的房子會乾淨整潔，只等她回來。她到家後，艾米許社區會為她做飯，並發起雞肉派籌款活動，幫忙支付她的醫藥費。譚雅可能住在偏鄉，但她並不孤單。

「你呢？」在回家的路上，阿莫斯問我。「你打算怎麼辦？」

我很清楚他的意思，但卻假裝不懂。自雪曼來到的那一天起，阿莫斯就一直幫我們的忙，甚至在譚雅的丈夫不辭而別時，還自願請他的弟弟[1]來照顧雪曼的蹄子，因此他親眼目睹我們對譚雅的依賴，知道她不在時我們碰上的問題。儘管如此，但在她出事後這麼快就為自己擔心，還是很奇怪的——直到我想起這是艾米許農民應對不幸的方式：一旦他們發現問題，便立即去處理。不然他們還有什麼別的辦法？如果你沒注意水槽下的滴水，或者忘記買晚餐的菜，卻不能靠著在電話上敲幾個號碼，找人來解救自己，那麼你就知道自己無法拖延，指望它們自己會神奇地好起來。你必須面對事實，這就是阿莫斯為什麼催我立刻面對這個新現實的原因：譚雅不會回來。從那一刻起，我們就得獨力應付了，而且我們沒有時間可以耽擱。一直到這時，我都以為譚雅在最後幾週會來幫忙，並且和我們一起到起跑線，但是這個計畫現在已經報銷了。我得要想——而且要趕快想，如何在沒有譚雅、她的卡車或她的拖車的情況下，把三頭驢子拖到科羅拉多州，如果想不出來，我們就甭指望看到起跑線。

「你知道有誰可以開車送我們嗎？」我問道。

阿莫斯搖了搖頭，「我連該問誰都不知道。」

我讓阿莫斯下車，然後慢慢開車回家，一邊努力思索。等我回到我們家的車道時，我已經有了點子。天哪，解決方案這麼明顯。我們已經有了三名駕駛，為什麼還需要去找人來開車？美嘉、齊克和我可以自行拉拖車上路。自從譚雅向我描述：一旦你在路上停下來，讓牠們走動一下喝個水，之後要再把驢子帶回拖車上是多麼危險和困難，我就排除了這樣做的可能，但現在我靈光一現，想出怎麼解決這個問題了：我們不要停車不就結了嗎？如果我們三個人分擔駕駛的工作，就可以一舉直接開到科羅拉多，大家輪流駕駛，沒有輪到的人在後座睡覺。要花多久？大約一天，一天半？簡單。

我在車道上坐了一陣子，反覆思量這樣的場景，然後進屋向美嘉報告。顯然，最初幾百哩路程我們必須慢行，因為我們之中沒有人曾經駕駛過拖車，更不用說塞滿愛踢腿動物的拖車了。我們得借用譚雅的道奇杜蘭哥（Durango）休旅車，那也需要一點調整：這輛車很挑剔，引擎已開了二十五萬哩，我想可能還是手排。齊克開過手排車嗎？她的拖車也一樣古老，輪胎的紋路看起來都磨平了，她還得在車底釘上三合板，蓋住車底的洞。不過且慢，我們還是沒辦法用那個裝備，它只裝得下兩頭驢子。意思是……

尖叫聲，警笛聲，垂死驢子的痛苦叫喊。我的腦海裡突然湧現高速公路事故的可怕影像：休旅車被撞碎，散落在整個柏油路面上，拖車像破舊的錫罐一樣四分五裂，雪曼、佛洛兒和瑪蒂達受傷流血，而我們其他人……不，不能往下想。我的想像力就此中斷，拒絕設想萬一我們出了車禍——而且我們絕對會，齊克和美嘉會發生什麼。把三個新手放進一輛已跑了二十五萬哩的老舊休旅車，然後讓他們拖著五千磅重的牲畜拖車，而且你知道在某處——可能是在藍嶺山脈（Blue Ridge Mountains），或許是在印第安那波里斯市中心的交通尖峰時間，最有可能是在洛磯山上的髮夾彎，那場小賭局最後以太平間收場。通常對於放棄壞點子，我總比雪曼更固執，但是路上鮮血淋漓的影

---

1 阿莫斯是老ＡＫ的兒子，前章照顧雪曼蹄子的是老ＡＫ的另一個兒子，就是阿莫斯的弟弟。

像讓我甚至在下車前，就已經放棄了這個計畫。

走進家門時，我明白有件事阿莫斯是對的：白擔心只是自尋煩惱。目前，對於如何運送驢子這件事，我除了發出求救訊息，保持耐心外，完全無能為力，就像先前我需要新的修蹄師一樣。而同時，還有另一個需要立即注意的情況。我看了一下時間。這裡是晚上將近八點，在懷俄明還算早。該是撥電話的時候了。

* * *

「嘿，飛毛腿！」電話裡傳來開朗的聲音。

除了艾瑞克．歐頓（Eric Orton）之外，不論是誰喊我這個綽號，聽起來都像在諷刺。他比任何人都明白，什麼事都不能使我更快一點，任何人都不能讓我在意，因此在我眼中，他成了十全十美的教練。艾瑞克是我先前還在一家雜誌擔任記者時認識的。當時《男士月刊》（*Men's Journal*）派我報導懷俄明州傑克遜．霍爾（Jackson Hole）這位創意健身教練，他是最早使用自然運動技巧使運動員更強壯、更穩定，更不容易受傷的教練之一。當時我體重超重、開始老化，而且醫生禁止我跑步，醫生說我像史瑞克的身體無法承受「那些衝擊」。

狗屁，艾瑞克哼了一聲，接著證明了他的看法：在九個月中，他把我改頭換面，重新打造，直到我可以參加五十哩的比賽，與塔拉烏馬拉（Tarahumara）族人一起穿越墨西哥的銅峽谷（Copper Canyon）。艾瑞克教練送給我的這個禮物改變了我的生活，不僅使我寫出《天生就會跑》一書，還讓我一心一意認定自己大可以放心冒險，彷彿我每天都可以走出大門，盡力跑到我想要的距離，而不必擔心受傷——從那以後，我也一直都這樣做。雖然有時候我會拉傷肌肉，或者技巧退步，但只要重新溫習艾瑞克教我的方法，我就能馬上恢復行動。

「最近怎麼樣？」在譚雅出意外後，我打電話給艾瑞克時，他問道：「興奮嗎？」

「你不會相信這裡的瘋狂戲碼。我們需要你幫個大忙。」

「很好，」艾瑞克說，「讓事情保持有趣最好。發生什麼事了？」

去年秋天我動念要參加驢子賽跑時，艾瑞克自然是我最先打電話請益的對象。我希望我所信任的人能明明白白告訴我，我能不能應付那樣的考驗。五十四歲的我面對的是要在北美最高通車道路的稀薄空氣中，為上坡跑步做準備。費爾普雷這段路從一萬呎高開始，然後爬升至一萬二千呎，幾乎已經是聖母峰的一半高。自從上次艾瑞克幫助我扭轉了多年不活動的狀態以來，我已經十年沒受過這麼困難的訓練，我知道他會對我直言無諱。我在銅峽谷已經學到了這一課：我們在比賽中巧遇，他正從我即將要攀登的陡坡上下來，我以為他會幫我加油打氣，沒想到他竟說：「打起精神來，這比你想像的要難得多。」差點讓我支撐不住——直到我再度開始跑步，才體會到逆耳的實話比好聽的謊言有用得多。

因此在我開始訓練驢子跑步，並請艾瑞克評估我的機會時，是橫著心，準備聽他無情的批評，可是他的反應卻出乎我意料，講起了緣分。

「太怪異了，」他說，「你知道這有多怪嗎？」

「不知道。你在說什麼？」

「老弟，自我們為銅峽谷練跑那個月以來，已經十年了。而且還可能是同一週，可能是同一天，」艾瑞克說。

不錯。這個時機的確像是天意。但從比較世俗的眼光來看，也讓我意識到自己已經有很長一段時間沒有訓練了。「你覺得怎麼樣？」我問道，「我們可以再做一次嗎？」

在那第一次對話中，艾瑞克就已實事求是地開始規劃。他說：「好，我們有很多工作要做。但，是的，你可以辦得到。你的運動神經很好，而且在你下定決心要做某件事的時候，你會堅持到底。」艾瑞克很快地為我安排好訓練計畫，逐漸增加我跑步的距離，並且小幅修改我的跑步方式，以防止我過勞而受傷。在我們不訓練驢子時，我就遵循艾瑞克的方法練習，週復一週，我開始覺得自己力量更強，速度更快，腳步更輕盈。

只是後來事情變得複雜起來。艾瑞克以為他承諾的是協助一個人和他生病的驢子，但卻沒想到我讓跳草裙舞的內人加入團隊，又接收一個罹患憂鬱症的大學生，把驢子的數量增加了三倍，而且其中一頭的速度對我來說太快了，還發現我們得在比賽中穿越洶湧的溪水，而且我們的拖車司機和總訓練員出了意外。

我告訴艾瑞克：「我們正面對緊要關頭，問題很多，但卻沒有多少時間。」

艾瑞克糾正我：「反過來想，」他說，「還記得我對你說關於銅峽谷比賽的話嗎？你不是從今天開始，瞄準自己的目標去努力。你是從目標開始，然後朝著今天前進。那樣做，你總會找出方法的。」

艾瑞克說得對。我忘了十年前我們也有過同樣的談話，那時我認為九個月的訓練時間對任何人來說都太少，更不用說像我這樣身材走樣的胖子，要從每週零哩增為每天五十哩。這不是魔術，艾瑞克教我，甚至也談不上是毅力或運氣；它只是數學而已。找出終點線，算算到達終點要花多少步驟，然後一鼓作氣把它完成。

「但是你說對了一點，」他繼續說道，毫不猶豫就由精神訓話轉為講解說明：「這比光是跑上山跑下山要複雜得多。」在他看來，我們就像同時在進行三場拔河：我們必須要在平地上為高海拔做準備；我們得和驢子一起訓練，但又要領先驢子一步。美嘉、齊克和我的年齡、性別和經驗程度各不相同，但我們必須結為團隊，共同努力。艾瑞克喜歡這個挑戰，並承諾他會立即研究，並想出戰鬥計畫，與我聯繫。

「還有，」他補充說，「你有沒有告訴美嘉她可以獲勝？」

一如往常，艾瑞克做了他的功課。他知道與驢子同跑比賽的一個怪異事實：有幾場最偉大的賽事是男女選手之間的決鬥，而且往往獲勝的不是男性。槍聲一響，瘋狂的奔馳在山上消失後，人人都在猜第一個返回的選手是男還是女。

例如二〇一一年，四十歲的凱倫·索普對上舉世速度最快的三位驢子賽跑選手——湯姆·薛巴爾、賈斯汀·莫克，和吉姆·安德瑞格（Jim Anderegg），結果一舉擊敗他們所有人，贏得第六十三屆世界冠軍。路易絲．邱斯特（Louise Kuehster）自少女時代起就一直是短賽道實力最強的選手，還有芭柏．杜蘭在這項運動中最緊張刺激的最後一段衝刺中，和值得信賴的搭檔查格斯擊敗了鮑比．路易斯（Bobby Lewis）和威斯頓，贏得了二〇〇四年布埃納維斯塔淘金熱（Buena Vista Gold Rush）十二哩大賽。驢子賽跑是美好有趣的活動，歡迎所有人來參加，就像馬克吐溫說的，狗打鬥的勝負和狗的體型大小一點都不相干，甚至也不在於狗的志氣高低：肌肉和睪固酮完全不敵毅力、耐心和對隊友的尊重。

柯提斯．伊姆瑞總是說：「不管你心裡藏著什麼，驢子都嗅得出來。你不能欺負人，自吹自擂也沒用，如果你覺得這話聽起來好像和性別有關，你就會明白為什麼男人在這項運動中苦苦掙扎，而女人卻表現出色。」

我到科羅拉多拜訪哈爾．華特時，意外學到這個教訓。就在那個週末，哈爾主辦他的年度哈茲克拉布山路賽跑（Hardscrabble Mountain Run），這是在附近山上舉行的十公里／五公里越野賽，不過並沒有驢子參賽。由於我前一天才因此地空氣稀薄而丟人現眼，因此不是很想跑步，但哈爾如此熱情好客，我實在不能拒絕他辦的比賽。教人吃驚的是，我起步不錯——至少我是這樣想的，直到我在第一次大攀爬的一半時，一個紮著馬尾的孩子就像砲彈一樣直接衝到我前面，消失在非常遠的地方，到哈爾頒獎時，我才再度看見她。

「請上來，琳茲，」哈爾喊出十九歲以下那組的第一名。「各位，她也是傑出的驢子賽跑選手。去年，才只有十四歲的琳茲在驢子世錦賽名列第四。」

十四歲，第四名……

等一等。我有沒有聽錯？哈爾在說一個九年級女生不僅能應付前一天我和哈爾一起訓練時教我自慚的野獸，而且還做得完美無瑕，讓一整隊經驗豐富的賽跑選手都趕不上她？整個週末，我都一直在想著驢子造成的大災難，嚴重意外，討厭的驢咬，和一片好心的麥克默菲載著癲癇病童，卻被自己的蹄子絆倒的可怕故事，而正當我陷入黑暗的懷疑深坑，這道人類的希望之光卻突如其來地出現了……

但也同樣快地消失。

等我趕到頒獎區想要詢問琳茲她的祕訣時，她已經收拾好離開了。我穿過人群，尋找她不斷消失的馬尾辮，就在她坐上她媽媽的車時發現了她。如果我向左而不是向右看，她們恐怕在我趕到前便已離去。我只差一點，就錯過我所聽過關於死亡、愛和勝利最偉大的故事。

另外，我也永遠都不會學到「零食包裝紙祕訣」。

「見過琳茲（Lynzi）小時候的人，都不相信她還活著，」琳茲的母親凱莉・杜克（Kelly Doke）告訴我。她邀請我到她位於樹林裡的家。她和丈夫雷恩（Ryan）要捏捏自己，才相信他們真的擁有這棟房子。因為他們為挽救女兒的性命耗盡了一切，全家一文不名，流離失所，失去了房屋和財產。直到十五年後的今天，他們才重新站穩腳跟。

琳茲出生的那天，凱莉正打開小皮卡的車門，這時腹部一陣劇痛，使她痛得彎下了腰。雷恩扶她上了皮卡，猛踩油門及時趕到醫院，八分鐘後琳茲誕生了。凱莉是護士，儘管她仍然因自己所受的折磨而暈頭轉向，但她立即感到有些不對勁。她可以聽到護士在竊竊私語，但聽不到寶寶的聲音。她大聲喊叫要知道是怎麼回事，堅持要瞭解情況，最後有位護士告訴她：琳茲肺部積水。凱莉在車道上感到的疼痛是她的胎盤破裂，液體滲入琳茲的肺部。琳茲還早產六週，心臟和肺部發育不全，容易感染。

幾分鐘後，護士們清除了琳茲肺部的堵塞，她開始穩定呼吸。杜克夫婦帶她回家，但四週後，凱莉又送她回醫院。琳茲喝奶的情況不佳，呼吸急促，沒有活力。「不，她很好，」兒科醫生向她保證，「你是護士，所以你想得太多了。」凱莉曾和那位醫師一起工作，她信任他，但是直覺告訴她，他錯了。通常她先生是全家的和事佬，他總是很安靜，而且顯然很喜歡一切由凱莉拿主意。凱莉一開始甚至不願和他約會，她在獸醫那裡擔任技術員，半工半讀上大學，只有在趕著去為母牛剖腹生產的路上，她才讓他陪著，算作約會。雷恩在情人節那天送她玫瑰花，她聽到價格後嚇一大跳，堅持要他把花拿去退款，帶她去吃塔可鐘（Taco Bell）的速食就好。他們結婚後，雷恩很樂於讓凱莉為孩子的事做主，尤其在醫療方面。

但是這回不一樣。

去他的，凱莉從醫生的辦公室打電話給雷恩時，他說。如果他們不聽你的，那我們帶她去奧克拉荷馬。凱莉把四週大的寶寶繫在安全座椅上，開了一百多哩的車，越過州界，到另一家醫院。在那裡，醫師稱讚她的直覺：是的，琳茲對一種呼吸道病毒的測試呈陽性，但這種病毒很溫和，所以凱莉可以帶她回家。

「不，」凱莉說，「感覺不對勁。」

醫生指出：「她的肺上只有一個小斑點。」

「請再檢查一次，」凱莉堅持道。他們檢查了，結果又是一樣，她再次要求測試，又再一次——這回情況完全不同了。在幾個小時內，原本只有一點的斑點暴增，一層幽靈般的白膜覆蓋住琳茲的肺部，她幾乎窒息。醫師按下「藍色代碼」（Code Blue，急診），醫護人員湧入病房。幾分鐘內，琳茲和凱莉就搭上急救直升機，前往德州的特別醫院。她們降落後，急診室的醫師只看了琳茲一眼，就跳上她的輪床幫她按壓胸部，並推著床去緊急輸血，代換她缺氧的血液。醫師讓她暫時拔管，看她能否自行呼吸。片刻後，醫師又趕緊把管子插進她的喉嚨：琳茲所有的器官功能都在停止運作。

凱莉盯著看，因震驚而麻木。在她驚慌的陰霾裡閃過一個念頭：如果她聽從了奧克拉荷馬州那位小兒科醫師的話，她的孩子就會死在回家的路上，在汽車的後座。

日復一日，琳茲的性命岌岌可危。醫師提出警告，要凱莉和雷恩作最壞的打算。面對這種困境的寶寶——早產、體重過輕、心臟和肺承受致命壓力，十分之九永遠都無法復元。凱莉甚至不能把倍受折磨的嬰兒抱在懷裡。每當琳茲感覺到母親就在附近時，她都會因興奮而痙攣，開始窒息。一連數週，凱莉只能隔著厚重的玻璃凝視她的寶寶掙扎求生，她每天都痛苦地看著呼吸專科醫師猛力地拍打琳茲，讓她因震動力而彈到床的另一頭。「相信我，那樣是對她好。」護士向凱莉保證：「他在為寶寶排除肺阻塞。如果寶寶沒有彈飛起來，那他就沒有盡到責任。」在病房外的走廊，雷恩則面對著他自己的噩夢：每隔幾天，他就會看到輪床推過，上面蓋著床單，載的是死於與琳茲相同感染的嬰兒。

但琳茲逐漸強壯起來。兩個月後，她度過難關，情況穩定，可以回家。杜克一家人回到科羅拉多，只是他們原本的人生已經一去不返了。身為農民的雷恩必須自行投保醫療險，教他大吃一驚的是，這個保險為琳茲理賠的醫療費用少得可憐，因此杜克夫婦積欠醫院逾一百五十萬美元。琳茲需要繼續昂貴的治療和監測；比如光是為了保護她免受另一次感染，杜克家的兩個大女兒就得接種價值四萬美元的疫苗。杜克夫婦不得不賣掉房子及其他所有的一切，然後再努力奮鬥，重新開始。雷恩放棄農耕，改行做電話線路工人，在科羅拉多嚴寒的冬季，每天連續值兩班，健康福利雖然比較好，只是他每天回家都已太晚，幾乎趕不上吻別在聯邦監獄擔任護士，正要出門去值大夜班的凱莉。

凱莉可以承受自己的疲憊，她擔心的是琳茲。到琳茲四歲時，凱莉發現她總是在屋子裡各個古怪的角落睡覺。凱莉說：「她會找出任何狹小的空間——書桌下，洗衣籃後面，把自己塞在那裡小睡。她睡覺的姿勢很笨拙，蜷縮起來，姿態就像胎兒。」她打電話給醫生，醫生要他們立刻把琳茲送去醫院。測試證實了他所擔心的：琳茲的心臟衰竭。洛磯山脈的高海拔對琳茲已受損的呼吸系統造成莫大的壓力，使她脆弱的心臟必須超時工作。他告訴杜克夫婦：「如果你們繼續留在這裡，你們的女兒就會死亡。」

雷恩和凱莉再一次放棄了他們所擁有的一切，重新開始。他們帶著三個孩子，向家人和他們鍾愛的山脈道別，搬到密蘇里平地的地下室公寓。雷恩和凱莉找到了工作，隨著光陰流轉，這個家庭開始復元，琳茲亦然。她中學起開始參加越野隊慢跑，希望能鍛鍊她脆弱的肺部。這個實驗非常成功，不到三年，琳茲就由正在康復的生病少女一躍而為這個地區頂尖的明日徑賽之星。杜克夫婦喜出望外，因為琳茲的成功還有其他的意義：她的身體足夠強健，可讓全家人回到科羅拉多。

在將近十二年後，他們回家的第一週，凱莉帶琳茲去看牙醫作檢查，她很高興地發現洗牙的技師就是她的老友芭柏‧杜蘭。凱莉和芭柏曾在同一個監獄醫療單位工作，但自從杜克一家被迫遷到密蘇里州以來，他們就再也沒有見過面。

「哇，你回來多久了？」芭柏問。

凱莉用一個問題來回答這個問題，這比任何問題都更清楚地說明了她已經與這裡脫離了多久。她問芭柏：「有沒有可能你還在養驢子？」

有沒有可能？有沒有可能太陽仍然升起，地球仍然是圓的？因為比起芭柏不養驢子來，你把賭注押在另外這兩件事上，賭贏的機會還比較大。沒錯，芭柏確實退出了這項運動。她高掛籠頭，結束了一切——卻在兩年後咆哮著重回賽場，雪恥復仇，在萊德維爾二十一哩賽跑中擊敗場上所有的男女。

且慢——這話從技術上來說並不正確。沒有人會把芭柏與咆哮或復仇這種詞連在一起。只要向認識她的人提起她的名字，就一定會讓對方立即不由自主地回應（「她是個甜姊兒！」），然後以一連串故事來證明這一點。《天生就會跑》書中的主人翁「白馬」卡巴羅（Caballo Blanco）那個牢騷滿腹的流浪漢帶著他收養的那隻滿身跳蚤的墨西哥流浪狗來到萊德維爾時，猜猜是誰打開了房門和冰箱收留他，即使她根本不認識他，卻從他們相識的第一天到他去世的那一天，一直為他提供乾淨的床單和熱呼呼的餐點？

「芭柏‧杜蘭是舉世最可愛、最安靜、最熱心的人，」來自威斯康辛的驢子賽跑同好羅傑‧佩德雷蒂（Roger Pedretti）說，「但只要槍聲一響，你就最好別擋著她的路。」

芭柏和她的雙胞胎姊妹在博爾德長大，她們倆都入選美國自由車國手。但芭柏也喜歡跑步，她發現自己越來越常放下自由車，攀爬泥濘的小道。她在熱愛的魚與熊掌之間難以取捨，直到一九九四年，她締造了全新的成績標準：她成為有史以來在同一個月內完成萊德維爾一百哩小徑賽和一百哩山地自行車賽事，成為雙料冠軍。如今這個成就被稱為「領導人（Leadman）挑戰賽」，但實際上應該稱為「雙料杜蘭」，或至少稱為「領導女性」（Leadwoman），因為在芭柏證明這可能辦得到之前，一直沒有人嘗試。

「你如果和我的驢子一起跑，一定會大勝，」一天，她的跑步同伴吉姆‧費茲納（Jim Feistner）說了這句話，芭柏完全不懂這是什麼意思，直到他向她說明驢子賽跑的基本知識。博爾德是培養耐力運動員的溫床，離費爾普雷僅幾小時路程，但兩地卻像被鐵幕隔開一樣，有天壤之別。費茲納向芭柏解釋說，他的驢子丁吉動作敏捷，訓練有素，只可惜他膝蓋疼痛，無法參加即將舉行的世界錦標賽，除非芭柏想試試？

芭柏說：「這聽起來很瘋狂，但是我可以試試看。我要怎麼做？」

「很簡單，」吉姆說，「只要抓住繩子就好。」

說得倒容易。「教我震驚的是那些驢子跑起來的速度！」芭柏回憶說：「我根本是掛在丁吉背上，命懸一線。幸好瑪麗・華特憐憫我，她大喊，『把繩子纏在你的臀部！讓牠放慢腳步！』天哪，我這輩子從來沒有跑得這麼辛苦。比賽結束後，我想我哭了。我發誓再也不這樣做了。」

但是隨著疼痛消退，這場比賽卻一直縈繞在芭柏的腦海。瑪麗・華特的表現為什麼比她好得多？芭柏是更強壯、更敏捷、經驗更豐富的競爭對手，她是奧運級的自由車手，而且她的驢子也和瑪麗的一樣快速。那麼為什麼瑪麗能夠在山上飛奔，而芭柏卻慘遭折磨？就運動賽事而言，驢子賽跑遠比表面上複雜得多。

芭柏決定：「我一定要把這一點弄清楚。」一旦她下了決心，就全力以赴，甚至因為在一本雜誌上看到有一頭漂亮的驢子出售，就把拖車鉤上她的卡車，一路開到南達科他州去買驢子。等她抵達時，她看中的驢子已經售出，但芭柏看到牧場上有一頭更大的驢子。「那一頭怎麼樣？」她問道：「我可以帶牠去跑一跑嗎？」飼主聽不懂她在說什麼，但他把籠頭遞給芭柏，祝她好運。

「我套住牠，牠就像燙到屁股的猴子一樣飛奔，」芭柏後來說，「也許牠喜歡伸伸腿，也許牠想知道這位女士在牠後面做什麼。但是老天爺，那傢伙速度很快！」

不用說，牠也很狂野。芭柏就這麼把查格斯帶回了家，努力學習訓練驢子的技巧。頭三個月，芭柏整個白天訓練，每天傍晚則帶查格斯繞著她長方形的大圍場散步。她想要讓查格斯明白自己的任務是要以穩定的步調直線前進，但查格斯有牠自己的主意，常常在芭柏分心時掉頭，撞上芭柏。

芭柏衝刺出另一個世界冠軍。

「牠總在注意看我什麼時候不專心，」芭柏說，「有一次，牠很用力地撞上我，害得我跌倒。」不過查格斯在小徑上的表現很傑出——只要牠在小徑上。芭柏說，她們會以齊一完美的步伐穿過樹林，「然後**碰**！牠會跑進樹林，我得把牠趕出來，然後從頭開始，接著又是**碰**！牠又把我拖到另一邊。」

動物和人的夥伴關係就像有個不斷害你有腦震盪的可能或時時想脫逃的隊友那樣不可靠，但芭柏把部分的原因歸咎於自己經驗不足。她向瑪麗・華特和蘇・康洛（Sue Conroe）請益，而兩位老將也邀芭柏與她們一起參加在洛磯山高處舉行的全天訓練課程。芭柏和查格斯開始互相瞭解，他們的溝通越好，跑得就越快。到三年結束時，芭柏所經歷的學徒訓練連少林和尚也自嘆不如。她學成後，不論驢子出什麼狀況，她都能夠應付。

槍響了。該是她上路的時候了。

「那就是我開始所向披靡之時，」芭柏說。這話並不是吹牛，而是自謙。接下來二十年，這位性情溫和的洗牙技師就成了舉世數一數二的驢子賽跑選手。芭柏在距離最長的三項比賽中獲勝，十三次榮登女子三冠王寶座，包括連續十年創此佳績。多年來，芭柏一直都保持驢子賽跑最主要項目的歷史紀錄，二〇一〇年以極大差距贏得萊德維爾二十一哩賽事冠軍，第二名落後她整整半小時。那也是芭柏退休兩年後復出的第一場比賽——當時她五十四歲。

然而身為絕佳好手也要付出代價。到二〇一四年，芭柏考慮是否該再度退休。和像查格斯以及她的新驢子達科他那種霹靂火一起跑步的缺點在於，對於下坡該用多大的力道，你根本無權置喙。雖然芭柏很享受從漫長崎嶇的石徑急降，尤其像一陣風一樣吹過哈爾・華特和湯姆・薛巴爾之時，但二十年來的狂奔遲早要算總帳。芭柏感覺她的臀部和膝蓋好像廢了一樣，嚴冬裡在降到零度以下的風寒中長途跋涉成了折磨。芭柏和她丈夫在萊德維爾郊區有個可愛的小農場，離雙子湖（Twin Lakes）只有一小段距離，騎自行車走山路就可以到達，芭柏終於可以放鬆下來，在小坡上騎車，健行到希望山口（Hope Pass）。

不過她還有個牽掛：查格斯和達科他該怎麼辦？查格斯仍然很有活力，達科他也漸入佳境。她訓練出如此優秀的賽跑機器，可不想只讓牠們待在她的後院裡。她還不確定該怎麼辦，直到牙醫診所的門被推開，凱莉・杜克走了進來。

芭柏領著琳茲走進畜欄時心想，這可能是非常糟的主意。

這孩子這麼安靜，年紀又這麼小，骨瘦如柴；芭柏很確定，查格斯那天早上吃的東西比這個女孩身上的肉還多。芭柏不想嚇跑琳茲，但說真的，要有點肌肉才能駕馭體重七百磅的奔驢。大部分參加驢子賽跑的選手都是在他們的體能達到巔峰後，二、三十歲才開始比賽，而不是還沒參加大一新生訓練的小毛頭。還有琳茲的健康問題——萬一這孩子在一萬兩千呎高處昏倒，芭柏是否要求助？

「琳茲比她表面上看起來的更堅強，」凱莉向她保證，「那是她能活到現在的唯一原因。」

芭柏懂了。琳茲想要的只是一個機會。於是，芭柏給了她一個籠頭，開始分享瑪麗．華特和黛安．馬吉斯（Diane Markis）等偉大選手教她的智慧。芭柏教琳茲展示她自己的位置該在哪（緊跟在牠後面，就像你們倆臀部連在一起一樣），也教了她怎麼低吼。「琳茲，你不能像餵小貓那樣輕聲細語地說『達科他，過來』，要用你的丹田。嘿——啊啊呀！耶！快來！」

芭柏甚至透露了她的祕密武器：「零食包裝紙祕訣」。芭柏解釋說，用丹田吼會讓驢子快跑，但是很難讓牠們放慢腳步。所以在訓練查格斯之初，芭柏總是因為被驢子拖著跑，而被樹枝刮傷流血，於是她開始嘗試來自十九世紀俄羅斯的古老技巧。芭柏告訴琳茲，在長距離的跑步訓練中，她總是隨身攜帶一些能量棒。每次停下來吃零食時，她都會小題大做，打開包裝紙，大聲地揉皺和撕開它，再與查格斯分享。久而久之，培養出帕夫洛夫式的制約反應：只要查格斯聽到包裝紙沙拉沙拉的聲音，牠都會放慢腳步。如果他們正在下坡，芭柏趕不上查格斯的速度，那麼她只要把手伸進口袋裡就行了。

那年春夏，芭柏和琳茲幾乎每個週末都聚在一起。有時凱莉會騎山地自行車加入她們，也有時，芭柏會號召明星隊小聚會，邀請她最好的夥伴／對手／多次三冠王冠軍凱倫．索普。各位，沒什麼大事，只是九年級新手與大小威廉斯姊妹練練網球罷了。芭柏總是要琳茲大聲指揮達科他，但私底下，她喜歡這女孩安靜的力量。會說的人往往不會聽，而芭柏見過太多舉止像人在國外的美國鄉巴佬，以為他們只要大喊大叫就夠了，不必學習當地語言。

「你會看到人們大呼小叫，給驢子打氣，但越是這樣，驢子就越困惑，」芭柏告訴琳茲：「但其實你只需要一些安靜的命令。驢子會給你很多信號，因此你必須配合。哈爾就是這樣，柯提斯也是。驢子有寬容的胸懷，這就是這項運動之所以特別的原因。這一切都與建立關係有關。」

有一次，舉世最傑出的兩名超跑選手來到費爾普雷，要試試驢子賽跑。他們已在這個星球上最困難的競賽中獲勝，該是償和驢子同跑這個心願的時候。其中一位是剛在世界高山跑步和一百公里世錦賽摘冠的馬克斯·金（Max King），而他的好友雷恩·山德斯（Ryan Sandes）則征服了其他各大賽：萊德維爾一百哩、美國西部大賽、所有主要的沙漠大賽，甚至還包括大喜馬拉雅小徑（Grand Himalayan Trail）越野賽。馬克斯和雷恩與速度很快的驢配對，並由梅瑞迪絲·霍奇斯（Meredith Hodges）這位馴馬馴驢專家指導，她對馬科動物瞭若指掌，就連哈爾·華特都向她求教。

梅瑞迪絲警告馬克斯和雷恩說：「如果你太自大，牠們肯定會羞辱你，而且牠們會選擇在人最多的時候這樣做。」她教他們與驢子溝通的基本知識，然後讓他們參加驢子賽跑世錦賽，試試運氣。梅瑞迪絲預言：「如果這兩人真的和他們的驢子做了功課，如果他們真的以積極的方式培養關係，那麼他們會合作無間。如果你與牠們建立夥伴關係——如果你以禮貌、體貼、尊重的態度提出你的要求，並且保持樂趣和興奮，牠們就會喜歡與你合作。牠們喜歡額外的刺激。牠們認為這很酷。」

理論上，這是動物與人類的完美結合，但是比賽當天，這卻成了一場災難。雷恩和馬克斯花了大半個上午把他們的驢子拉上山，像做苦工的奴隸一樣，把繩子繞在肩上跋涉。最後雷恩排名第六，遠遠落後凱特琳．瓊斯（Caitlin Jones）和蘿拉．赫羅尼克（Laura Hronik）等只有在週末才運動的人，以及年已五十七歲，已可以參加退休人員協會（AARP）的哈爾．華特。馬克斯的名次更後面，排名第十六——總共就十六名選手。專業選手雖然可以健步如飛，但是他們卻沒辦法合作。

芭柏教了琳茲三個月後，就放她單飛。

在最後一課中，芭柏教琳茲如何在達科他的背上掛上駝鞍，把它繫得正正好（鬆到讓牠覺得舒服，但又要緊到足夠穩妥），以及如何繫緊比賽規定要帶的鐵鍬、鏟子和淘金盤。接著芭柏就讓她去參加二〇一四賽季的第一場比賽：賽程為八哩的熱

琳茲首次參加驢子賽跑就與男選手爭奪領先優勢，並登上了報紙頭版。

身賽，就在丹佛西方的喬治城舉行。起跑槍一響，琳茲就被拔腿狂奔的隊伍吞沒。九十分鐘後她出現了，夾在隊伍中間結束比賽，但她笑容燦爛，輕鬆自在，顯然還有很多實力尚未發揮。

「大家開始注意到她，」芭柏說，「他們問：『這個可愛的女孩是誰？』」

他們很快就知道了。就在費爾普雷比賽之前，芭柏做了戰略性的調整。她知道琳茲這輩子從來沒跑過十五哩，更別說和驢了綁在一起跑，因此她決定讓她與查格斯配對，而不選年輕，快速和精力充沛的達科他。達科他雖然快得足以讓琳茲跑出這輩子最佳的成績，但是查格斯這些年來已經成熟，由半野性的閃電變成智慧、可靠的老將。芭柏不敢去想萬一達科他有什麼紕漏，琳茲在高山上會有什麼結果：孑然一身，筋疲力盡，說不定還受了傷。芭柏自己曾經有過這樣的經驗：有一次在比賽中，達科他陷入雪堆中，芭柏差點就沒辦法把牠挖出來。她希望查格斯夠聰明，不會讓琳茲出什麼差錯。

琳茲和查格斯擠進正在嘶鳴、頓足的驢群，琳茲感到自己的胃一陣翻攪，她把查格斯的繩索緊緊繞在自己的拳頭上，試著放鬆心情。在倒數計時前，她引起了兩位美國最匪夷所思驢賽選手的注意：瑞克（Rick Pedretti）和羅傑・佩德雷蒂，兩位來自威斯康辛州，以養牛為業的中年牧農。他們每年拖著自己的驢子來回近三千哩，參加費爾普雷的比賽。其實十五年前，佩德雷蒂家人曾贏得驢子世錦賽冠軍：羅伯・佩德雷蒂離開自家農場，到科羅拉多州擔任打獵嚮導。他這一生都在等待驢子賽跑的機會，只是自己不知道而已。他最愛的三件事是動物、山岳，和奔跑。有一天，他發現竟然有天才把這三件事結合在一項運動中，不覺大喜過望。他花了一段時間才掌握住訣竅，到一九九九年，羅伯已能夠擊敗衛冕冠軍哈爾．華特，贏得世界冠軍榮銜。五年後，羅伯回到威斯康辛州，在雪地上用腳踩出巨大的「**我愛你們**」幾個字，然後朝自己的心臟開槍自殺。

此後每年七月，佩德雷蒂家人都會在比賽那個週末包下歷史悠久的韓德旅館（Hand Hotel）所有的房間，把驢子世界錦標賽當成家族團聚的機會。佩德雷蒂家人從前不跑步——根本不跑，但現在他們可熱中得很。兄弟倆輪流和羅伯的驢子史莫基一起跑，總是有一群各年齡層的佩德雷蒂家人陪跑，他們向羅伯的老友借了各式各樣的驢子參賽。這場比賽已經成為他們家人的成人禮，就連想要當女婿的男朋友都知道，要給這家人留下深刻印象的最好方法，就是在比賽當天帶著驢子向羅伯叔叔致敬。

因此，羅傑和瑞克．佩德雷蒂在二〇一四年起跑槍響之前，看到了一個害怕的少女時，他們想到羅伯會怎麼做。他們對琳茲說：「把查格斯夾在我們的驢子中間，我們會陪著你。」或者至少他們會嘗試陪著她。他們三個人轉過賽道一半的彎，開始往回跑時，琳茲顯得神采奕奕，讓佩德提蒂兄弟懷疑他們是否拖慢了她的速度。「你別和我們客氣，」羅傑說，「如果你能跑得快，就往前跑吧！」琳茲像砲彈發射一樣，和查格斯在陣中穿梭，越過一個又一個選手。她衝刺越過終點線，在她參加的第一個世界錦標賽中名列女子第一，總排名第四。

柯提斯對這場比賽印象深刻，他說：「那女孩是真正的好手。是這項運動中女選手的新星。這賽事的很多女選手都很勝任，競爭力很強，並且有訓練動物的本領。她們憑什麼不能擊敗所有的男選手？」柯提斯喜歡對驢子賽跑新手這麼說：「你的面前有輝煌的過去。」但是在琳茲身上，他看到了全新的未來。「她有機會重新定義這項運動，就像芭柏·杜蘭一樣，」柯提斯說。

芭柏也許做到了，但也許她還沒有完成這個任務。

因為幾週後，擠在布埃納維斯塔（Buena Vista）街頭的觀眾聽到一扇拖車門砰地一聲打開，兩個傳奇的主角出現：芭柏·杜蘭和羅伯·佩德雷蒂的冠軍驢子史莫基。布埃納維斯塔的賽道只有十二哩，相對較短，（柯提斯稱之為「徑賽」），因此芭柏認為讓琳茲和達科他配對是安全的。至於她自己，史莫基是完美的搭檔：牠是一心要趕上牠前面所有驢子的追逐狂。槍聲一響，芭柏和琳茲一起飛奔，乒乒乓乓跑過橋去，並開始往漫長的惠波山徑（Whipple Trail）爬。

她們肩並肩到達頂峰，並在轉彎處急轉直下，琳茲深吸一口氣，看芭柏給她上究竟該怎麼做的大師班課程。領先的是前面那群選手，由來自加州惡名昭彰的越野選手領導。這名加州選手好像在趕牛一樣大聲吆喝，知道只要他和租來的驢子能夠繼續保持速度，第一名和五百美元的現金獎勵就是他的囊中物。芭柏盯著他，雖然覺得厭煩，但並沒有多事。她審視琳茲和達科他面對騷動的情況，看到了柯提斯所謂的未來。

琳茲以我們在夢中的方式跑步，輕盈而平穩，就像地球在她腳下旋轉一樣。她按著芭柏教她的方法緊貼在達科他的臀部，以她的實體而非用喊叫的聲音來鼓勵牠。每隔一陣子，琳茲就低聲下令，達科他的耳朵抽動，聆聽，並服從。看完琳茲後，芭柏轉身回頭對加州選手說：「我不想惹人厭，但你可以閉嘴嗎？」

她給琳茲的訊息則短了很多：「去！」

琳茲消失了。她把芭柏留在漫長的下坡路上，緊緊地跟著如雷霆般的領先群，隨他們衝向終點線。琳茲越過了以往曾經摘冠的鮑比．路易斯和喬治．查克（George Zack），緊追哈爾．華特和曾跑出二小時二十九分佳績的馬拉松選手賈斯汀．莫克。這個九年級的學生再次獲得女子第一和總成績第四名。

「她的表現怎麼樣？」幾分鐘後氣喘吁吁地跑回來的芭柏問道。聽到結果後，她笑了：「非常好，真是非常好。」芭柏知道，未來她還有機會跑贏那吵鬧的加州選手和其他男選手。琳茲的過去才剛剛開始。

22 裙子和微笑

教練艾瑞克從不好高騖遠。在譚雅出意外後，我驚慌失措地打電話給他，我知道他聰明的腦袋瓜必然很快就會想出個戰鬥計畫。我依舊不知道要怎麼從賓州運三頭驢子去科羅拉多，但至少我還有兩個月的時間來收拾那一團混亂。現在我們的當務之急，是三個互相牽扯的謎：

- 如何在山谷準備高山地區的比賽？

- 如何與驢子一起訓練，但又要領先牠們一步？

- 像美嘉、齊克和我這樣三個截然不同的運動員，要如何學會組成團隊，一起奔跑？

艾瑞克只花了一個晚上就破解了密碼。第二天早上他告訴我說：「我為你所有的問題找到了三十秒的解決方案。而且你也知道那方案是什麼。」

我知道嗎？我茫然不解……接著我想起了一切。「哦，不，」我呻吟道，「不要再來一次。」

「要，」艾瑞克說，「你不能抗拒傳統。」

那就是三十秒訓練。十年前我初識艾瑞克時，他教我的第一件事就是這個。當時我們在丹佛市的一個公園裡，我正在為《男士月刊》採訪他，採訪快結束時，我說：「你所說關於跑步的一切，對某些人有益，」我重複曾經治療過我各種傷害的足病醫生和運動醫學醫生一再給我的建議：「但是像我這樣的人不行。」

艾瑞克徐徐地吐出一口氣，一副奉行禪宗，自我克制的模樣。又來了。他解釋說：「聽著，跑步並不會傷害你。問題在於你跑步的方式。讓我們嘗試一件事。」艾瑞克要我脫了鞋，我們打赤腳，一起繞著公園慢跑。「現在就要看到神奇的地方，」他說，「我們到達那棵樹後，快跑到下一棵樹。」

「你的意思是，就像——」我摸索著，對那簡單的指令感到困惑，我想到上一次有人下這樣的命令給我時，是四十年前在高中的籃球場。此後快跑的次數可能比側翻還要少，而且我根本不會側翻。現在還有誰會快跑？任何曾經和九歲侄女賽跑而抽筋的人都知道，只有一種明智的跑步方法，那就是找到自己的步調，並且堅持下去。有時我們跑得快一點，但通常會跑得慢一點，在大多數情況下，我們都是用讓自己能輕鬆自如跑完三哩的速度奔跑。沒有人全力衝刺，這必然會造成災難。

「盡你可能地快」，艾瑞克堅持說。「讓我們快跑約三十秒，然後再恢復慢跑。」

二十秒鐘過去了，我已經不行了，不得不停下來走完，像被淹死在浴缸裡一樣喘息。我太久沒快跑了，早就忘記該如何跑，只覺得既尷尬又沮喪，但艾瑞克不讓我有時間自怨自艾。一等我恢復，我們又開始快跑，然後再一次。重複到第四或第五次時，我注意到自己有一種奇怪的感覺，就像你撞到手肘後，發麻的手感到刺刺的，逐漸恢復知覺一樣：我的雙腿並不是覺得累，而是比我們開始之時更輕鬆、更強健、更清新。我跑得越快，感覺越舒服。我挺直背脊，用膝蓋驅動身體，從丹田深呼吸，並且用臀部周圍的肌肉推動我的雙腿。

「不錯吧？」艾瑞克問，「覺得有彈性吧？」他解釋說，快跑會自動改正你的生物力學，而緩慢則會導致鬆垮。這是我老是受傷的主要原因；我的步伐讓我花在兩條腿上保持平衡的時間太長，讓我搖擺身體時，組織和肌腱都承受嚴重的扭力。相反地，我該要彈出我的腳，讓它們盡快離開地面。

「這並不是說你得一直不停地衝刺，」艾瑞克說，「但是技巧是一樣的。在放慢速度之前，你必須學會快速。」三十秒訓練非常天才：它集鍛鍊、生物力學回饋裝置和健身追蹤器於一身，而且這種方法再簡單不過：首先，你先以兩哩跑步輕鬆地預熱，然後衝刺三十秒鐘，然後再慢跑恢復。重複交替的衝刺和慢跑，直到你覺得足夠為止。不用擔心，你會知道何時該停止；一旦雙腿失去彈性，而且在兩次衝刺間要很吃力才能恢復，那就是結束的時候。

在接下來的九個月裡，艾瑞克就用配速跑訓練（cadence drills）和速度練習，幫我準備五十哩銅峽谷超馬，為我帶來了顛覆性的變化。但是那個夏天過後，我的訓練挑戰也就結束了。我不再遵循練習日程，逐漸退回原先緩慢而安逸的舊習慣。接下來十年，我的速度表幾乎沒有變動。快跑？算了吧，現在沒有人快跑了。

艾瑞克的新戰鬥計畫雖然籠罩著三十秒訓練的不祥陰霾，但看來很不錯。

那是四／二／一制：四天與驢子同跑，兩天不和驢子一起跑，一天休息。艾瑞克希望我們每一次與驢子同跑時，都只朝一個方向前進：向上。永遠向山上跑。那樣我們就能一邊培養體力和腿力，一邊訓練驢子不要理會我們的喘息。與其假裝我們不會喘氣而死，我們必須讓驢子覺得這很正常。佛洛兒必須習慣：大多數時候，牠身後的那個傢伙會像個不自量力的小引擎一樣氣喘如牛。在科羅拉多，即使只是步行，我們也會站在一萬兩千呎的高度，努力呼吸，因此驢子必須瞭解，這並不是要牠們停止的信號。

不和驢子一起訓練的日子則是用來作額外的訓練。幾個月前，艾瑞克給了我練習時間表，以許多短暫、快速的重複訓練為主，但齊克加入團隊，我們開始認真訓練驢子之後，我就放棄了那個時間表。現在看來真是愚蠢的錯誤；我們失去了領先三頭驢子的好機會。不過艾瑞克認為，只要我們三人練習時加快速度，就可以彌補這個問題。我們越加快步伐，就越能降低靜止心率（resting heart rates），並改善我們在高海拔地區的表現，雖然不能完全使我們適應洛磯山脈的環境，但至少會比較接近那種感受，可以作為很好的訓練營，讓我們對缺氧的壓力做準備。

老謀深算的艾瑞克對山岳也很瞭解：它們是大自然醫治自大這個毛病的良方，僅次於驢子。在山岳面前人人平等；這就是為什麼即使在比賽中，精明的超跑者在任何他們得要抬頭仰望的地形上，都會以走代跑。當然，跑步上山是比步行上山更快登頂，但快不了太多，而且持續不了太久。在五十公里越野賽中，爬坡三、四次後，賽跑選手的雙腿就已疲憊不堪，而步行的選手卻仍有足夠的精力，可以在下坡和平地上超前，拉開距離。登山越野考驗的不只需要耐力，更需要機智。你必須要有經驗，明白自己最佳的登山速度並不比其他人快多少，而且要謙虛地接受這個事實。

艾瑞克知道，如果美嘉、齊克和我一起登山跑步多次，我們就會發現我們六個，不分男女、老少、動物與人類，甜蜜點大致相同。我們不必擔心要如何找出團隊合作的節奏：山會為我們解決這些問題。

＊　＊　＊

美嘉和齊克喜歡艾瑞克的比賽計畫，驢子更充滿熱忱。

艾瑞克為我作好計畫次日，我們就把三頭驢子套上繩索，開始我們的第一次山地訓練。我並不指望說服佛洛兒進行第一階段：牠應該繼續攀登，而我落在後面。但是當我們走到碎石路上時，我想到了一個主意。我轉向右邊，把佛洛兒引向小溪。牠在溪畔停了下來，讓美嘉和瑪蒂達趕上前來。我建議說：「讓我們帶牠們從這裡過溪，我想到對岸試試。」

瑪蒂達從沒有到過小溪的這一邊，但這不要緊，牠一下就跳進溪裡，像小孩在泥水中亂踢一樣，水花四濺地到對岸去。雪曼很快地跟在後面，佛洛兒發現自己被留在後面，連忙跳下水跟隨，就像七百磅重的隕石一樣躍入水中，齊克連忙迴避。三頭驢子爭先恐後地上岸，把頭伸在一片薄薄的雜草中，走近牠們從未見過的小徑。佛洛兒的頭像雷達掃描一樣轉動，耳朵豎起，處於最高警戒狀態，一邊四處嗅聞，檢查有沒有危險的跡象。牠的鼻孔發出了一道命令：

發狂。

佛洛兒大約花了六個步驟，就由零升級到發狂的程度，繩子從我的手中嗖地一聲被拉走，我在牠身後狂奔，用力拉住最後的那個結才停止。三頭驢就像牛羚一樣健步如飛，瘋狂奔馳，速度快到我根本來不及避開樹枝，只能夾在牠們之間沿路衝撞。雪曼和瑪蒂達緊跟著佛洛兒的尾巴疾馳，我簡直快要失控了，連冒險回頭看一看齊克和美嘉都沒辦法。

「大家都好嗎？」我大喊道。

「**呀——嗚！**」齊克在附近某地大喊。

「尤——嗚！」美嘉在遠處喊道。佛洛兒繼續向前奔馳，就像曲道滑雪選手一樣，沿著蜿蜒的小路曲折前進，讓我拚命越過我幾乎來不及發現的水溝。一直到佛洛兒終於在泥濘的上坡上放慢腳步時，我才有時間去思索，為什麼二十年來我從沒有聽過美嘉像狼那般吼叫——。仔細想來，如果瑪蒂達的鼻子已經在我身旁，美嘉怎麼可能會落後這麼遠呢？我回頭看，只看到美嘉的繩索，但沒有看到美嘉。

糟了，那不是號叫；那一定是痛苦的尖叫。我拋下佛洛兒的繩索，衝下山坡，卻看到美嘉正朝我走來。我大喊：「等一下，我會來找你。是扭到腳踝了嗎？」

「不，我很好，」她說，「我剛才喊的是，『你先走！』」

瑪蒂達跑得太快，因此美嘉明智地決定不要冒被拉倒的風險，放掉繩索。瑪蒂達的體積只有佛洛兒的一半，但牠確實可以引爆動力。在牠下定決心時，你可不想阻礙牠。「天哪，牠好興奮，」美嘉說，「雪曼和瑪蒂達像在遊戲場上一樣蹦蹦跳跳。」

那就是我的計畫，只是我原本估計驢子瘋狂的程度僅有一半而已。早上出發時，我知道艾瑞克策略中棘手的部分是我們雖然落在驢子身後，卻要讓驢子向前推進。不幸的是，佛洛兒是此舉的關鍵：牠是驢子配速的領導者，因此如果要讓行動成功，這頭容易受到驚嚇的大個頭嬰兒在那兩隻毛茸茸的耳朵之間，必須要靈光乍現，讓牠知道這是個很棒的遊戲，在山上正是牠發揮所長的時候。我們必須讓爬山充滿樂趣，難以抗拒，就像南西．史威加特教她的山羊布巴跑步，讓牠滿院子追趕她。[1]或者就像我們帶雪曼往通向馬場的泥土路，結果牠突然像駿馬一樣飛馳……

泥土。就是它，那就是我們要尋找的刺激，就像去推山羊的屁股一樣。

我莫名其妙疏忽了驢子奔跑和牠們奔跑地點之間的聯繫。我只顧忙著向艾瑞克抱怨佛洛兒在通往迷宮的柏油路面上表現多麼氣人，卻忘了提牠一進迷宮就多麼飄飄然。我們遍尋不獲的祕密元素——抹去佛洛兒的戒心，讓牠搖身一變，成了在山上狂奔的飛毛腿，就在我們的腳下。我一直以為要提高跑步的里程，必須要在鋪上柏油的平坦路面上進行，但那天早上，我終於恍然大悟：在山上練跑，最好是在樹林裡進行。

五月剩下來的時間，我們就像住在迷宮裡一樣。

1 見第九章「把驢之道」：由於沒人知道該怎麼教山羊賽跑，因此南西自己發明了一套方法：「我偷偷溜到牠身後，推牠的屁股，牠會拚命跑，讓我追牠，然後牠追我。接著牠會縱身一躍，在車上亂跳，直到外子出來，我們才只好下來。」為了避免你認為推屁股和在車子引擎蓋上狂歡是粗俗不雅且沒有科學根據的健身法，不妨想想這個事實：南西後來三獲大獎賽冠軍，她連續十五年從未缺席比賽。

佛洛兒很快就適應了我們的新路徑。我甚至不需要再驅趕牠往小溪去；嘗試新路徑兩天後，只要我們沿著石頭路走半哩，牠就朝新路徑直奔而去。儘管牠不喜歡水，但牠愛溪水對面的遊戲場。驢蹄踩著泥土的感覺一定和牠們古早非洲大草原DNA通了電，把它從休眠中驚醒，因為牠們一爬上溪岸，就盡情奔馳。我們盡力與牠們一起衝刺，有時能跟上，也有時得拋下繩子，任牠們跑，知道最後一定能找到在小徑前方等待我們的牠們。

我們從「大山」山腳下的樹林中冒出來，這是沿著板岩山路往上通往迷宮的漫長坡道，接著我馬上感覺靶心就在我的背上。佛洛兒和我領路，雪曼和齊克緊跟在後，我幾乎可以感覺到他們在我脖子上的呼吸，而且我知道為什麼：雪曼想靠近佛洛兒，但齊克卻渴望向前衝。這幾個月來他和雪曼已經結為絕佳的搭檔，主要是因為齊克就像巫師一樣，對雪曼所發的信號心領神會。有時，在我們休息的日子裡，我會在車道上看到齊克的車，但齊克不在車上，他已和雪曼一起在牧場上，不是向朋友介紹雪曼，就是獨自和牠廝混，坐在草地上和牠分享蘋果。齊克的媽媽以前常悄悄跟蹤他，確定他真的有去治療師那裡，但只要他是來看雪曼，她就可以放輕鬆，因為她知道他迫不及待地想要過來。齊克對雪曼的瞭解比我們任何人都深，但是一涉及「大山」時，雪曼必須弄清楚齊克的意思。

我知道這是怎麼回事。如今我們在「大山」的表現更順利，一部分的原因是艾瑞克的速度訓練，另外也是因為佛洛兒現在知道牠越快到達山頂，就能越早回到樹林中。雪曼的表現很好，牠必須比佛洛兒努力一倍，才能跟在牠身邊，但對牠而言這很值得，因為這是牠最想要待的地方。因此雪曼不由得疑惑，這個金髮男孩為什麼老是逼著我，要我追趕佛洛兒呢？雪曼不明白齊克不是在驅趕牠，而是要超越我。我不必費勁就能猜到齊克在想什麼：「喂，我是全美數一數二的游泳選手。我以前仰泳的距離比這還遠，速度還更快！而現在我卻跟在這個擋路的五十四歲老頭身後？」「大山」是齊克發揮實力，展示雄風的理想地點——只是他那蓬毛的搭檔另有打算。

沒那麼容易，朋友。歡迎加入驢子賽跑。

齊克總是假裝他並不打算超越我們，而我也總是假裝沒有注意他的意圖。我是從小就會假動作上籃的費城球迷，垃圾話是我的拿手好戲，但我從沒有向齊克道破我們日常的祕密較量，甚至連提都沒提。他和雪曼合作無間，我不想破壞這種魔力。他們倆每天都覺得強壯勇敢，足以打敗我，而佛洛兒的表現更是無出其右。

幸運的是，即使天氣燠熱，迷宮裡依舊保持涼爽，這對我們來說是個好消息，因為五月之後是六月，而六月就像戶外三溫暖一樣酷熱。我們只要在樹林裡就能消暑，也探索了迷宮中許多曲折的小徑，因此兩週後，佛洛兒對這個地方比我更熟悉。每當我們在小徑上碰到叉路，我免不了會猶豫，但佛洛兒卻照樣往前跑，從不懷疑該走哪條路，也永遠不會犯錯。芭柏曾告訴我會有這樣的情況（「如果有嚇到牠們的岩石或樹樁，相信我，就是過了一年，牠們還是記得」），但直到我親身體驗，才真正相信她。

我們跑步的距離與熱的程度成正比。隨著溫度計度數攀升，我們的長跑距離也不斷增加，直到我們能夠輕鬆地跑十哩。不過有時並不那麼輕鬆：有一天早上，齊克的第二頓早餐和我們的第三杯咖啡耽擱得久了一點，一直到快要十一點，我們才出門。齊克和我已從美嘉那裡學到了教訓，纏著腰帶水壺出門，但天氣熱得像蒸籠一樣，才跑到一半，我們三個人都口乾舌燥。

我們停下來休息時，齊克說，「我們一到陽光底下，一切就變得難以控制，就像看慢動作的《興登堡遇難記》（Hindenburg）一樣。」

「等美嘉一來，我們就趕快離開這裡去瀑布，」我說——只是美嘉沒有現身。過了片刻，瑪蒂達獨自小跑過來。我把驢子留給齊克照顧，自己回頭沿著小徑慢跑，想要確定美嘉是否沒事。我發現在幾百碼外，美嘉頭向下垂，雙手放在自己的臀部上。她說：「我想我今天已經夠了。」我們慢慢地走回驢子所在的位置，但因為燠熱，再加上沒吃午餐，因此她仍然感到頭昏眼花。

她說：「你們繼續往前，自己跑完。我和瑪蒂達一起走回去。」

我還來不及回答，齊克就脫口而出說：「不行，」他用力搖頭表示不、不、不。「我們一起開始，就該一起結束。」

他的善意出自內心，不過這句話卻是來自他每週三晚上的活動。艾瑞克教練要我們在休息的日子練習加速，我們三個人都各自找到可以提升表現，但不致太費力的方法。齊克的方法是按山羊布巴的作做法，基本上就是在後院狂奔，在汽車上跳舞。他已加入一個跑酷團隊，[2]每週三晚上在蘭開斯特市中心訓練。齊克喜歡跑酷成員將城市當成健身房的做法，在小巷裡訓練，攀爬停車場的牆壁。雖然他仍是新手，但已經發現像小偷跳（Thief Vaults）、暴力上槓（Muscle-Ups）、踢踏（Tic

Tacs）和雙重金剛（double kong）這些跑酷動作可以提升驢子賽跑的敏捷性、耐力，和上身力量。跑酷著重的是技巧和同志情誼，而非競爭。身為新手的他動作笨拙，有時會落在隊伍後面，但經驗豐富的老手總是繞回他身邊，確定他不會孤孤單單地獨自完成練習。

如今齊克在晚上就像蜘蛛人一樣在市區出沒，而白天，只要不和我們在一起，他就消失在樹林深處，蹲在小溪裡。這是齊克的第二個附加活動，他已成為「冰人」荷蘭冷水大師維姆．霍夫（Wim Hof）的學生。維姆治療憂鬱症的獨特方法吸引了齊克，但真正讓他著迷的是它背後的科學。如果維姆理論有根據，那麼齊克就能用冰人本身從沒想到的方式來運用冷水療法。

維姆原本是個沒沒無聞的怪人，畢生大半時間都住在阿姆斯特丹的一艘船屋上，直到有一天，有人從冰上墜入冰封的運河中，他縱身躍入水裡救人。溺水者得送往急診室，但禿頭大鬍子的維姆卻輕鬆自在，精神煥發，彷彿他只是在游泳池裡暢游一樣。而事實確是如此；即使是冬天，維姆也會在冰上挖個洞，每天泡進去游泳。他在嚴寒中仍能這麼自在，因此開始破各種世界紀錄：他在冰層下游了將近兩百呎，創下一個紀錄；接著在芬蘭零下的氣溫裡，赤腳且幾乎全裸跑馬拉松；赤腳只穿著短褲爬上比聖母峰「死亡區」更高的高度；還淹沒在水中逾九十分鐘，卻不知道以什麼方式

2 請參考我為《戶外》（*Outside*）雜誌上關於蘭開斯特跑酷運動員的文章：https://www.outsideonline.com/1928031/concrete-jungle-worlds-best-gym

提高了自己核心體溫。

在這輩子的研究和單人實驗中，「冰人」相信急凍是已經失落的健康之道，而他本人就是教人信服的例子。他指出，我們的祖先總是冷入骨髓，房子潮濕，穿堂風陣陣，他們得在寒風中外出工作，防水的服裝是痴人說夢。活著就會一直發抖，但我們確實有個好處：在演化的路上，我們的身體適應了寒冷，因此可能導致我們死亡的寒霜也可能使我們更平靜、更強壯、更健康。一切都是因為氧氣：就像你吹火可以把火吹旺一樣，你也可以藉著吸入空氣來吹旺體內的爐子。那就是為什麼在人們把你推入游泳池時，你會喘氣尖叫，寒冷的衝擊能觸發你的肺部過度運動，加快你的循環系統。增加你血液的供氧不僅使你溫暖，而且也使你平靜下來；而且因為清醒的頭腦有助於你在困境中生存，因此大腦迅速釋放舒緩情緒的荷爾蒙，幫助你放鬆。

維姆宣稱，綜合這一切，你就該明白為什麼應該珍惜而非避開偶爾的寒風。我們承襲了莫大的天賦，但時時刻刻卻只求舒適，因此錯過了暫時不舒服和終生健康的關係。我們不讓自己的身體適應寒冷的天候，反而躲在恆溫的泡泡之中。我們離開溫暖的家，乘坐有加熱座椅的汽車前往恆溫的辦公室工作，即使我們運動，也都是在非常溫暖的健身房裡，光是擺出瑜伽的嬰孩式姿態就足以讓你汗流浹背。

但維姆說，其實驟冷就是良藥。為了證明，他捲起袖子向醫師挑戰。二〇一〇年，維姆讓荷蘭醫學研究人員給他注射會造成發燒、嘔吐和頭痛的大腸桿菌，他認為自己可以藉著使自己免受零下氣溫影響的專注呼吸，來控制免疫系統。他接受了注射……覺得沒事。因此，荷蘭拉德伯德

（Radboud）大學醫學中心的研究人員加碼，招募了二十四名志願受測者，由維姆訓練其中的十二名，另外十二名則未經訓練，接著這二十四人都注射了同樣的有害細菌。維姆的學生表現很好；平均而言，他們對這些細菌幾乎沒有反應，而且表現出更多的抗炎蛋白，而另外十二個人則生了病。

「冰人」很快就成為世界各地研究人員最喜歡的實驗品。他身穿特殊的冰水服，接受核磁共振檢查，以繪製大腦功能圖像，接著再作正子斷層掃描，研究他的身體組織和微血管。研究人員也分析了他的棕色和白色脂肪比率，繪製他的皮質醇數值，測量他的荷爾蒙分泌。《哈佛商業評論》（*Harvard Business Review*）也以維姆為目標，研究為什麼洗冷水的企業員工較少請病假。這些研究剖析了維姆謎團的各個部分，他們的結果基本上都指向相同的結論：如果你想燃燒脂肪、緩解憂鬱、增強體能，提高運動能力，促進健康，最好從發青的嘴唇開始。

研究人員推測這種方法的祕訣可能在於呼吸：維姆帶領他的學員做二十分鐘的過度換氣訓練，這能讓他們隔絕寒冷，但也可能觸發他們的交感神經系統和免疫反應。十多年來，許多想要改善肥胖、糖尿病、嚴重關節炎，甚至帕金森氏症的抽筋和震顫症狀的病人，都擁護「冰人」的自癒策略，他們的反應極為熱烈，甚至如衝浪高手凱利．史萊特（Kelly Slater）和萊爾德．漢米爾頓（Laird Hamilton）等的頂尖運動員，都已經成為他的門徒。

萊爾德說：「氧氣會激發體內的每一個細胞，呼吸是決定成敗的關鍵。如果你看一看任何選手，任何運動員，一旦他們開始用嘴呼吸喘氣，就完了。你可以數週不吃東西，數天不喝水，但是一切斷氧氣，幾分鐘之內你就結束了。呼吸是你的力量。」

一天下午，齊克在樹林裡準備自己的冰人方案時挖到了寶。他一個人沿著河坡（River Hills）的樹林跑步，跟著高聳石崖下的一條小溪，發現一個很深的水潭。他脫下跑步涼鞋，用腳試了水溫。這個潭被樹木和巨石遮蔽，因此即使在那個溫暖的春日，水仍像初融的雪一樣教人心驚。

噢，天哪，這真是酷刑，齊克想道。這太完美了。

齊克滑入水中，水達到他的下巴。他盡可能在水中待一陣子，然後穿過樹林，跑向陽光明媚的石峰（Pinnacle），那是南端的最高點。那天晚上，他上網記下維姆呼吸練習的三個具體步驟（三十至四十次強力呼吸；深深呼氣，然後屏住呼吸；深深吸氣，並屏住呼吸；接著再重複三遍）。第二天下午，齊克又回到樹林裡。他躺在溪畔，做了強力呼吸後再涉水做冰水浴。太殘酷了！他不確定自己是否能長期這樣做。但是就短期而言，他當然知道自己的腦袋尖叫要你趕快離開這個肉類冷凍庫時，不能繞著陰暗的念頭打轉。

齊克還知道，在倫敦，裸體泳者的次文化早在冰人出生前約三百年，就已經發現了冰人的祕密。在倫敦的漢普斯特德荒野（Hampstead Heath）大公園，早在一七〇〇年代就挖掘了一堆泉水池塘。從那時起，泳客就會涉雪入池，即使在英國最嚴寒的冬天亦然。克利斯．范．杜利肯（Chris van Tulleken）醫師說：「即使只游泳很短暫的時間，我仍然能維持精神抖擻幾個小時，並保持幾天的平靜。」由於這種北極熊冰泳使他自己精神煥發，因此他也開始實驗用冷水游泳而非藥物來治療憂鬱症患者。二十四歲的莎拉就是明證，她從十七歲起就一直服用抗憂鬱藥，但她討厭生活在「一團化學迷霧」中。

范・杜利肯醫師說：「每次游完泳，她的情緒立即改善，而且隨著一週週過去，她的症狀也減輕了。」兩年後，她依然不用服藥。范・杜利肯醫師和另兩位專門研究極端環境表現的科學家分享了他的發現，他們一起在《BMJ病例報告》（*BMJ Case Report*）上發表了研究結果，認為在冷水池中的游泳可能是治療嚴重憂鬱症的良方——這表示維多利亞時期的那些老傢伙在感覺到「中氣不順」時就穿上泳褲，跳進漢普斯特德池塘的冰水中，可能比我們更瞭解心理健康的治法。研究人員訪問許多戶外泳客都說，他們開始游泳是在「悲傷或喪失親人之時，並且在水中得到舒適甚至歡愉的感受。」

齊克還鎖定另一個讓他神往的細節。這項研究的重點在於：冷水淋浴幾分鐘後，就可以解決這種教人煩惱的疾病，但它還有另一個附加的效果。這點被列在病例研究最後，彷彿研究人員很不好意思，因為它與憂鬱症無關，只是因為他們是極限運動的專家，因此對他們很有吸引力。范・杜利肯醫師指出，泡冷水後：「對高緯度運動壓力的反應也減輕了。這被稱為『交叉適應』（cross-adaptation），一種壓力使身體適應另一種壓力。」他推測，也許學會處理冷水的衝擊，也會「減輕你對路怒、考試，或遭解雇等其他日常壓力的壓力反應。」

不過這是往小處想。齊克則是往大處想。他明白交叉適應不僅僅可以用在醫學上，而且它根本就是火箭燃料。難怪冰人能夠一次訓練數十名業餘的健行者，以驚人的速度帶領他們在吉力馬扎羅山上打赤膊探險。維姆率領這些小組登山的成功率高得出奇。儘管許多人是因為他們身體虛弱或罹患慢性病而來求助，但年復一年，他的學員有九成以上都能登頂。他們脫到只剩短褲，飛快地攀爬近兩萬呎，登上這座非洲最高峰，他們非但沒有出現高山症，而且還能彼此擁抱擊掌，打破團體攀登的世界紀錄。你永遠不知道山上會有什麼狀況，但是藉著學習深呼吸，他們找到了方法，征服稀薄空氣、自我懷疑、困惑和疲憊。

維姆不明白這點，齊克在溪水中一邊發抖，一邊告訴自己。另外，他也想出了培養更優秀驢子賽跑選手的藍圖。

或許如此。但對美嘉而言，就算齊克的深潭底下有海盜的藏寶箱和白金信用卡，她依然不會下水。她願做任何事來幫助雪曼，可是在歐胡島海灘上長大的她絕不願跳進賓州寒冷的溪水裡。何況她也找到了自己的指路明燈。美嘉對超跑冠軍克麗西．梅爾（Krissy Moehl）產生了莫大的興趣，這位選手在她不再以男性跑者的思維方式思考之後，打敗了男性選手。

二十二歲的克麗西大學畢業後在西雅圖的一家跑鞋店工作，她跟著後來幾乎拿下每一項超跑冠軍的同事史考特．尤雷克（Scott Jurek）探索附近的越野路徑。當時克麗西沒有多少長跑的經驗；她大學時是八百公尺的跑步選手，習慣在兩分鐘內一決勝負。但她在奧林匹克國家公園的高山湖泊跑得很愉快，因此史考特不久就說服她參加這輩子的第一個五十公里長跑賽事。但甚至在起步槍響之前，克麗西就明白自己犯了大錯。先前的徑賽經驗讓她知道賽跑是痛苦無情的，是自尊殺手，在比賽前一天折磨你的神經，後一天折磨你的身體。在山上跑五個小時會帶來什麼樣的磨難，她甚至連想都不敢想。

克麗西不需要那種煎熬。這是她這輩子頭一次不是為學校、教練或團隊而比賽，她只是為自己而跑。所以她應該享受它，不是嗎？但有沒有可能既全力奔跑，同時又樂在其中？克麗西反覆思索，認為堅持下去的唯一可能，就是遵循以下三個規則：

#1從起跑槍響到終點線，都面帶微笑。

你付出的喜悅越多，就會得到更多的回報。此外，這也是避免讓媽媽阻止她的最好方法，克麗西的母親答應在她看起來沒有精神，不能「樂在其中」時，阻止她跑步。

#2讓別人微笑。

當你想到別人時，就會忘記自己的情緒有多糟。

#3全力以赴。

光是湊合著跑步沒什麼意思，不是嗎？克麗西說：「不要誤會，我還是會數算在我前面的跑步選手，但只是在我做到前面兩點之後。」

因此，在跑壇還不知克麗西的芳名之前，就已認得她的臉。她飛馳進補給站時，觀眾會彼此問道：「這笑容可掬的女孩是誰？」她攀上貝靈漢（Bellingham）市上方的山丘，低頭望向延至太平洋邊那片苔綠色的冷杉，即使在她到達第二十二哩時下起大雨，不得不攀爬稱做「刮頜坡」

（Chinscraper）的險丘，她卻興高采烈。她想道，這是我的地方，我本來就該屬於這裡。

克麗西的規則更像是物理定律：只要她遵守這些規則，就勢不可擋。接下來幾年，她像脫韁之馬在山上奔跑。二〇〇七年的硬石一百哩耐力賽（Hardrock 100）中，只有兩名男選手擊敗她。而在夏威夷惡名昭彰的 HURT 百哩賽事中，只有一名男選手勝過她。在奧勒岡州的百哩賽事中，不論男女，都沒有任何選手能超越她。但也許克麗西時代之初最大的成就是她的大滿貫成績：她在十一週內跑遍了美國四大百哩賽事，成為完成這一系列賽事最年輕的女性，也是歷來第二快的女選手。（如果你沒有注意這些數字，請再看一遍：克麗西在不到三個月的時間內，參加了十六項山地馬拉松賽。）

當然，幸福快樂不會永遠持續。克麗西成了奇蹟人物，她開始明白自己可以靠這項運動為生。她的重要時刻很快就來到：二〇〇九年的美國西部百哩耐力賽（Western States 100）這是越野菁英展現才華的一流賽事，也是克麗西成為第一位封后選手的絕佳機會。她的體能狀況已達巔峰，兩位飛毛腿男選手也同意為她配速。該是努力工作，認真練習的時候了。比賽當天，她抹除了笑容，使出全力……

可是卻厭惡這場賽事。她在女子選手中排名第二，在全部的選手中排名第十三，不過教她失望的並不是比賽結果，而是她一整天如行屍走肉，眼神呆滯，焦慮不安。她跑了一百哩，可是沒有任何一哩感到快樂。她一心一意要衝到終點，結果錯過了沿途的一切。她後來才明白：「我錯過了美麗的日出，我沒有微笑。」她想要向配速的同伴顯示她像男人一樣堅強，所以飛馳過補給站，抓緊水瓶，一聲不吭。她跑得比以往任何時候都更努力，更深入……結果卻跑得更慢。

接下來幾天，克麗西窩在沙發上，全身痠痛，並且疑惑自己接下來的人生該做什麼。賽跑生涯顯然是結束了。她決定，如果在這項運動中名列前茅意味著要投入自己剛經歷的那種折磨，那麼，不，謝謝。她在腦海中重播了那場賽跑，從起跑槍響之前的時刻開始。她記得在黎明前的黑暗中和其他選手聚在一起，穿越前方的黑暗凝視巨大的山脈：長達四哩急攀三千呎的天際。之後還有九十六哩要跑。

克麗西想道，這真的剝除了外在的一切。跑步可能是你一生中唯一不因自己收入多寡，來自何方，和怎麼打扮你的頭髮而受影響的時刻。「我們全都只剩短褲和T恤，」克麗西思索道：「只剩下我們自己是誰的核心。」拿她的夥伴史考特為例，他原本是舉止最溫和的超人。比賽當天史考特一摘下眼鏡，就不知著了什麼魔，突然變成了野蠻的超人，一個又一個擊敗舉世最厲害的跑步選手。克麗西回想起在起跑線上，史考特總是一躍騰空，像《英雄本色》（Braveheart）電影中蘇格蘭戰士威廉·華勒斯（William Wallace）一樣吼叫。

克麗西明白，那不是表演。那是史考特的本色，是他的核心。

那麼她是誰？克麗西從沙發上站起來，測試痠痛的雙腿。有個方法可以知道。

在加州受挫後八週，克麗西飛往法國，參加舉世規模最大，最負盛名的超馬賽事：這是行程最殘酷的心靈考驗：長達一〇八哩的白朗峰超級越野賽（Ultra Trail du Mont-Blanc，簡稱 UTMB），從沒有美國選手獲勝，就連跑完全程的美國選手也屈指可數：迪恩·卡納西斯（Dean Karnazes）、史考特・尤雷克、喬夫・羅斯（Geoff Roes）和查克・米勒（Zach Miller）都在巔峰狀態時嘗試挑戰UTMB，但到頭來都徹底潰敗。這十年來美國最佳的超跑選手之一哈爾・科納（Hal Koerner），嘗試了三次UTMB，僅完成一次，而且光是這一次，他也花了四十小時，還因為他的睪丸摩擦得太厲害，不得不用塑膠袋包住它們。所有的超跑賽事都各有殘酷之處，但UTMB在每一方面都殘酷：夜裡受凍，白天被驕陽燒烤，遭碎石絆倒，因高達三萬三千呎直達雲端的攀登而窒息（想像一下攀登卡塔丁山〔Katahdin，緬因州最高峰，海拔一六〇六公尺〕——就在你剛登上聖母峰之後）。

克麗西抹除了腦海中所有負面的聲音。她在六年前曾贏得了長度短得多版本的UTMB，但這次正式挑戰，她決定要徹底改變她在美西百哩耐力賽中所做的一切。她母親說得對，如果你不能融入其中，並「與它同在」，那麼最好不要參加。因此，克麗西邀請了一群女性友人擔任她的夥伴，這回她不再穿功能短褲，而翻遍自己的衣櫥，找出可愛的衣著——可愛到在比賽中可以聽到山腰村落中的觀眾大喊：「那個選手穿著裙子！」在她跌跌撞撞跑出樹林，進入補給站時，她也停下來和閨蜜一起吃一碗義大利麵，並提醒她們——提醒她們，要記得休息一下。太陽升起，落下，當它再度升起時，克麗西仍然保持良好的狀態——而且依舊在領先群中。她衝斷終點綵帶，再創賽事新紀錄，成為第一位贏得UTMB的美國選手。

克麗西的「裙子和微笑」風格如此動人，如此大膽和鼓舞，讓沙加緬度的一位小兒科護士也想嘗試。蘿莉・波西奧（Rory Bosio）在小兒科加護病房工作，她上班時間很長，負責照顧生死一線間的嬰兒，這輩子最不需要的就是更多的壓力，因此只要一下班，她就等不及要到戶外，去樹林裡遊戲。蘿莉冬天越野滑雪，夏天則越野跑步，她有很多時間都待在遍布岩石的高山上，因此她家人稱她為「比利山羊」。她嘗試超跑運動，發現自己是天生好手，但就像克麗西一樣，在參加大型比賽時，她突然撐不下去。蘿莉為了參加二〇一〇年的美國西部百哩耐力賽而努力練習，而且在比賽中拚盡全力，因此賽後一連幾個月，她連爬樓梯都幾乎喘不過氣來。她的醫生發現她貧血嚴重，建議輸血。

*你在開我的玩笑嗎？*蘿莉想道。她就像被困在伊索寓言的矛盾之中，可以喜歡但不能熱愛跑步，因為如果她太愛它，就會完全失去它。比利山羊短暫而輝煌的賽跑生涯還沒真正開始，就已結束了。

除非……

也許該換人來掌舵了。她已試過用「一板一眼的護士蘿莉」和「拚命三郎比利山羊」兩個角色來演這齣戲，結果是進了醫院，手臂上還插著針。現在她只能試試其他辦法，即使機會不大，但不妨把一切交給她的另一個自我，自她大學狂歡派對以來都潛伏在地下的一面：歡迎回來，夥計。

你以為她需要訓練嗎？不，實際點，她要遊戲。只要下雪，蘿莉就把迷你雪橇綁在背上，奔上加州特拉基（Truckee）她家附近最大的山丘，然後腹部貼著雪橇，高速下滑。天氣一熱，她就在湖面上立槳衝浪，或到公園玩呼拉圈。每週一次，她固定與她粗短厚實的心愛沙灘自行車約會，一起騎完全程十八哩，衝上唐納隘口（Donner Pass）頂端。一路上她也吃零食，把手伸進運動胸罩，拿出她藏在那裡的水煮番薯和酪梨。蘿莉開始實踐好友的建議：每一天都應該是「一場盛大的冒險，在曠野做你喜愛的活動」。

在美西百哩耐力賽失敗後三年，蘿莉又重新加入來自近一百個國家的兩千五百名跑步選手之中，等待二〇一三年UTMB展開。第二天早上，蘿莉狂奔越過終點線時，還有二四九三人仍在山上苦苦掙扎，她獲勝後轉過身來，向觀眾行芭蕾舞者的屈膝禮，大家為她歡呼雀躍。她的表現光芒四射：蘿莉是女子第一，總排名第七（！），二十二小時三十七分鐘的時間打破了克麗西的紀錄達兩個多小時。比較起來，蘿莉的成績比哈爾·科納的最佳表現還快了整整半天。

蘿莉把獎杯塞進行李箱，然後回家，回到她在醫院的二十四小時輪班工作，回到她原先騎著亞歷杭德羅練習的地方。一年後，她又回來參加UTMB，但這回她成了眾人企盼擊敗的標的。她不再可能悄悄地混在人群之中；所有的眼睛都盯著她背上的靶心。但沒有多久：蘿莉連續第二次在國際比賽中揚名立萬，成為第一位連續兩屆贏得UTMB大賽的女性。「裙子和微笑」再次勝利。

那麼，為什麼像克麗西、蘿莉，以及二〇〇七年冠軍妮基·金博爾（Nikki Kimball）這樣的美國女性能夠在UTMB技壓群雄，而美國男選手卻得在蛋蛋上包著三明治袋跛行？

大概和我與齊克第一次穿過迷宮去譚雅家的慘狀原因相同。我們比美嘉強壯，速度也比她更快，因此在情況不妙時，我們就跌得更重。比起擔心我們能力不足來，我們更怕自己看起來軟弱，因此我們堅持不跟隨她精明的領導，而非要靠蠻力陷入困境。克麗西也經常碰上同樣的情況。在比賽中，她常會在狹窄的賽徑上追上速度較慢的男選手，試圖超過他們。按照賽跑的禮節，他們應該讓到一旁，但他們卻會加快速度，擔心「被女生超越」，因此他們會設法跟上她，亦步亦趨，直到最後他們免不了筋疲力竭，讓克麗西揚長而去。如果這些人聰明，就該立刻讓開，並緊跟在後，但是罣固酮並不聰明。

美嘉卻很聰明，她有一本克麗西的書《你的第一個超跑》（*Running Your First Ultra*），這成了她的聖經。美嘉仍然認為自己是舞者而非跑者，而克麗西基本上說的是：很好！這是正確的態度。美嘉在克麗西書中尋求的是她單人運動的指引，很快地，她跑的距離和腳的速度都更快。美嘉的能力越強，她就越有自信，而那種胸有成竹的態度也沿著繩子傳給了瑪蒂達。這個霸道的小驢子知道現在由牠的搭檔負責，在跑步過程中，我曾看到牠的視線轉向美嘉，等候她下令。

到六月中旬，大家仍然不知道我們綜合冰冷溪水、跑酷動作、樂在其中，和三十秒快跑的古怪大雜燴練習究竟可不可行，但是已經沒時間讓我們猜測了。離比賽日只剩不到一個月，我們仍然沒找到開車送我們去的司機。在我全力搜尋之前，我想要知道是否真的值得這麼做。所以在一個週六清早，我們做了一次測試。我們集合驢子，朝著我們的舊剋星前進：「大山」。

四週前，我們試圖跑過「大山」，但它擊敗了我們。這回我們希望得到回報——外加利息。我們的目標是在「大山」來回跑六次，最後再往返迷宮一次。如果我們能成功，那就是紮紮實實跑了逾十六哩，其中約一半都是直線上坡。幸運的是，早晨霧濛濛，所以在熱氣蒸騰之前，我們已經第三次沿著「大山」上坡了。我們又一次上坡，接著又一次，不知不覺中，我們已經在山頂上彼此對視。

「我真不敢相信，」美嘉說。她雙頰發紅，氣喘吁吁，但比較像是彩票贏家，而不是船難倖存者。

「我們還要跑迷宮嗎？」

齊克和雪曼在迷宮中略作休息。請注意齊克的自製跑步涼鞋。

「你可以嗎？」我問。

「我……」美嘉停頓了一下，在心裡掃描自己的身體，她猜想一定有哪裡系統故障，但卻什麼也找不到，「當然！」

齊克一膝跪下。「你可以嗎？」我問道，這才發現他正在調整自製神鬼戰士涼鞋上的皮帶，他穿這種涼鞋跑步。齊克對自然運動的精神和早期的美國式木工藝非常有興趣，因此學會自行製作越野鞋。

「當然，」齊克說，「讓我們帶雪曼避開陽光。」

我們為逞能付出了代價，掙扎著讓疼痛的腿隨著迷宮的雲霄飛車行進，但這很值得。我們終於從迷宮中冒了出來，朝回家的方向走，沿著「大山」下山，在瀑布下涼爽的水中泡了一陣子。我們把驢子綁在陰涼處，然後縱身一躍，泡進水裡。天氣熱得像烤箱一下，一下水，熱度就彷彿蒸氣一樣，從我們身上冒出來，滋滋作響。我和美嘉在可以游泳的深水洞中休息，而齊克——不愧為齊克，則在充當水壩的粗石堆中發現了結構上的瑕疵，開始按照歐幾里得原理，重新堆放它們。

飢餓和對BELTTS[3]的迫切需要終於驅使我們步出小溪。我們伴著身旁的驢子一起走完最後半哩，依舊不能完全相信我們早上所做的一切。我們不再只是覺得狀況很好而已，而是深信自己能夠辦到，勝券在握。

直到又出了差錯。

3 培根、雞蛋、生菜、番茄和塔巴斯科辣醬（bacon,egg,lettuce, tomato, and Tabasco）三明治。

23 峰迴路轉

「你覺得這正常嗎？」我伸出左手問一個名叫內特的小夥子。

大約一個月前，我在教練艾瑞克的速度訓練計畫中加入了自己的活動。我聽說每週三晚上都有一群人在我女兒學校的體育館裡打兩小時的全場籃球。我已經三十年沒有摸球了。由於我非常依戀我在費城家鄉的球場，差點拒絕了在葡萄牙的那份記者工作，只是開始那份工作後，我就再也沒有打過球了。現在我的球技簡直是位於谷底，心知自己出於種種不該的原因，做出打球的決定。如今我已五十四歲，上次我打球時，這些在學校打球的小夥子恐怕都還沒有出生呢。在我參加之前，先和艾瑞克教練打了個招呼。

「好主意，」他說，「橫向運動、爆發力、衝刺、上身運動──這一切都正是你所需要的。只是不要受傷。」

「不會，」我向他保證，「我只是在球場上跑來跑去。我的腳並沒有離開地面。」

「你看怎麼樣？」我問內特。

我在籃下防守時，有個球員突然朝我的方向倒退，我用一隻手把他推開，可是手指頭吃了蘿蔔乾。我用力拉那根指頭，想要把指關節彈回原位，接著我就忘了這回事——直到我去搶籃板時，手臂彷彿被上百萬融化的榴霰彈碎片擊中一樣，不得不齜牙咧嘴，握著手腕退場，然後走到正在場邊休息的內特身旁，問他的意見。

內特說：「你知道我不是，呃，不能算是真正的醫生。」其實他是本地牙科診所的業務代表，但他還是檢視了我的手。他用一支手指小心地探索：「我不敢確定，但我認為你身體上的任何部位都不該有咔嗒聲，可是你現在有這種聲音。」

「可能只是一點點，唔，移位，」我對自己而非內特說。那是六月二十二日，正好是世界錦標賽前四十一天。我們克服了這麼多難關，訓練得如此辛苦，和驢子建立了情誼，我簡直不敢相信自己可能突然毀了這一切。絕對不行。不能破壞它。

這也是我在幾個小時後告訴急診室醫師的話，她帶著我的診斷書來到診療室。「我感覺好多了。」我拿起又黑又藍腫脹的手對她說：「你看到了？只不過是瘀青而已。」

她盯著我：「你知道我有你的X光片吧？你不能說服我。」她把片子放到大螢光幕上。

她說：「它斷了。」

「很嚴重？還是只是正好在邊緣？」

「你自己看看。」

她指著螢光幕上看起來像已爆開爆竹的東西。我左手的一根骨頭在中間碎裂了，使兩端過於分開，無法連結。她說我得動手術。他們應該可以用六個螺釘和一塊金屬板來重建骨骼，不過有個好消息：如果我的傷勢能迅速康復，並且認真地做物理治療，那麼我很快就可以恢復原本的力量和活動力。

她結論說：「大概在夏天結束之前。」

美嘉和齊克並沒有放棄。我們沒有抱太大希望，但我們確實有個計畫。

兩天後，我接受了手術。第二天早上，我手上包著厚厚的繃帶，從窗戶裡看著美嘉和齊克用繩子牽著佛洛兒和雪曼。他們要一次帶著兩頭驢子跑，每天換不同的兩頭，好在我養傷期間，讓牠們依舊保持練習的狀況。瑪蒂達吃驚地站在大門口，牠簡直不敢相信自己會被拋下來，接著牠沿著柵欄來回疾馳，不斷地高聲怒吼嘶鳴，讓我們瞭解牠的感受。

而同時，我的任務是用一隻手打電話，搜尋一位越野卡車司機，一輛牲畜拖車，還有，是的，我們到科羅拉多州後可以住宿，同時還得要有供驢子畜欄的地方。如果我們到得了科羅拉多的話。

也許哈爾和柯提斯能幫忙。哈爾和柯提斯經常會讓自己陷入困境，但也總能靠著自己摸索，全身而退。有一次，柯提斯受雇在汽車廣告中扮演牛仔，並因此可以暫時使用一輛全新的龐蒂克 Fiero 跑車。不過所謂的「暫時」是見仁見智，而柯提斯決定繼續「暫時」下去，除非他們能從他的手裡撬出鑰匙。多年來，柯提斯想方設法迴避通用汽車的追討團隊和遞送傳票的司法人員，把汽車從一個藏匿點移到另一個藏匿點，還把像哈爾這樣的朋友變成共犯，把汽車藏匿在他們家穀倉後的油布下，直到通用汽車終於投降。我相信憑著這種勇於進取的精神，加上他們在長途運輸驢子方面的經驗，哈爾和柯提斯一定會有一些點子。

我想最好找一個安靜的地方，因為我們的一頭驢正在大聲宣洩牠的不滿，在這種情況下與哈爾通話讓我頗感不安。但瑪蒂達突然安靜下來。我往外朝牠一看，卻發現美嘉和齊克把車開回車道上。

「忘了東西嗎？」我喊道。

美嘉抬起頭來，露出我很少看到但卻一眼就明白的表情，她正火冒三丈，齊克看上去也很生氣。但雪曼和佛洛兒卻很高興。牠們小跑步朝柵欄而來，鬃毛左右搖曳，很高興與瑪蒂達團聚。

「我們根本走不了，」美嘉說。

「牠們根本是耍我們，」齊克加了一句。

美嘉和齊克才走了一百碼左右，到達泥土路時，就已經覺得非常沮喪生氣，彷彿已經走了五哩一樣。美嘉說那簡直就和我們起初訓練雪曼那幾天一樣糟糕，說不定更糟；佛洛兒從雪曼那裡學會怎麼兜圈子，而譚雅又不在這裡，不能幫忙解決問題。我們把雪曼和牠的朋友調教得太好了，這三頭驢子已經結成小圈圈，不能分開。

「除非在一起，否則牠們就不肯跑，」美嘉說，「毫無辦法。」

但是經過一個晚上的休養之後，第二天早上美嘉和齊克又重新開始。美嘉發現了他們的錯誤，並修改了計畫：問題不是驢子，而是陣容的編排。佛洛兒是最佳的領跑者，雪曼則是天生的隨從，但即使驢子也可以用上「情感支持動物」。瑪蒂達就是關鍵，牠受不了被獨自留下，但牠獨立性足夠，可以自己跑，只要所有的配對中有牠在，兩頭驢子還是可能有機會出動。如果把瑪蒂達留在後面大喊大叫要另外兩頭驢子回來，那麼牠們可能哪裡也去不成。

齊克喜歡陣容裡永遠有瑪蒂達的做法，但他也加上了自己的看法：只要有佛洛兒陪著，瑪蒂達就會保持冷靜，所以齊克建議他和雪曼先跑，讓美嘉和瑪蒂達跟在後面。他推斷：在比賽當天，會有其他所有參賽的驢子和綿延數哩的彎道，幾乎可以確定我們一定會分開，所以提前讓雪曼做這方面的準備，以免牠到時驚慌，有其意義。齊克的打算很合理，只是他沒有料到一個因素：

雪曼的野性再度發作。

齊克打開了大門，卻沒想到他即將釋出一個超級大壞蛋，雖然牠遭冰封，但破壞力卻不停地增長。如今的雪曼不再是正在康復的受傷驢子。這幾個月來，同伴的陪伴、在林中恣意地奔跑和新鮮的青草增強了牠的力量和信心，牠不再有任何恐懼和脆弱的跡象，而改頭換面成了新驢子，但在牠內心深處，「野東西」的生存本能仍然隱隱燃燒。雪曼的大腦像以往一樣堅強，現在牠又擁有更強壯的身體，齊克沒有半點機會。

美嘉在窗前凝望，然後躲開，以免傷了齊克的自尊心。從頭到尾的過程都很痛苦，她不希望齊克知道有人看到。雪曼假裝、扭動、後退和威嚇，看著齊克使出混身解數，卻不為所動。儘管瑪蒂達在牧場上平靜地咀嚼，佛洛兒也保持穩定，雪曼還是不肯跟隨齊克。美嘉等了將近半個小時，最後只好走出去結束了這場戰鬥。雪曼和齊克仍然停在大門口。

這幾頭驢子已經訂下了規則：大家一起，我們就跑，如果分開，我們就不動。

手術四天後，治療師解開了繃帶，讓我們看了一下傷勢。我的手腫起來，從手腕縫到指關節，就像是洩了氣的足球。手指變成了爪子，僵硬到治療師要我拿起一些彩色的珠子時，我都能感覺到縫線在伸展，手上的金屬在抗議。

治療師警告說：「復元與否完全取決於你。你必須每天都用這隻手復健，否則它永遠都不再能動。我常常看到有人休息太久，結果行動能力永遠消失了。」

我張開嘴，本來要問問題，但還是閉上了嘴。如果她沒告訴我什麼時候可以開始跑步，那麼即使為時過早，我也不會知道，對嗎？雖然這種推理半愚蠢半自欺欺人，但卻忽略了她早就表明超級清楚的一點：如果我不小心把手上那塊金屬盤弄鬆了，他們就得重新打開我的手，卸下那些五金，然後再用我剩下的骨頭重建　次。

但為了要親自瞭解一下情況，當天下午我還是去試跑了一下。我戴著塑膠夾板，笨拙地握住手臂，盡我所能地保護它。「感覺還好，」我想，但這並沒什麼意義。和佛洛兒一起，我以左手為錨點，握住盤繞的繩索，再用右手拉緊和放鬆繩子。在突如其來非得馬上夾緊繩子時，左手會先上陣應急。我絕對沒辦法只用一隻手控制重達七百磅的驢子。

但是，如果我不夾緊繩子呢？

幾年前我在萊德維爾嘗試驢子賽跑時看到的一件事教我印象非常深刻，那就是最傑出的跑者的身體總是緊貼著驢子，彼此接觸，就像在跳交際舞一樣。湯姆・薛巴爾、凱倫・索普和芭柏・杜蘭似乎和驢子心靈融合，他們不必用行動控制，只需要用手揮舞，輕推驢子的臀部即可溝通。這教我不由得想道：我們這幾頭驢除非同進同出，否則不肯跑步，但也許我們可以把這一點變成對我們有利的優勢。

「讓齊克過來，」我對美嘉說，「我想試試一個新做法。」

我以為她會為我好而拒絕，但我想錯了。美嘉和我從沒有經歷過像我們擁有雪曼這樣的一年。我們彼此的「捍衛戰士呼號」是「神經」和「魯莽」，美嘉一聽到打雷就會把女兒帶進室內，讓她們躲進地下室，而我則曾經在雨中走一條陌生的泥土路，看它是否會通到薩斯奎哈納河，結果車子拋錨，而我還讓六歲的瑪雅坐上駕駛座，教她怎麼踩油門加速，我在後面推車。當時車上還有她的妹妹和堂弟。（我們回到家後，美嘉的第一個問題是：「你也教她煞車了嗎？」答案：「嗯……」）。但在把驢子裝進我們的小貨車，為雪曼的「小弟弟」清理「豆子」，在森林中埋頭猛衝，卻不知道下一次該如何回到原處的這幾個月後，我們對彼此的瞭解超過預期。在表面之下，我們倆比以往任何時候都更堅強和謹慎。我知道如果美嘉會擔心，一定有充分的理由；如果我想冒險，她也知道我明白冒險的極限。

她打了電話，齊克很快就駛上我們家的車道，他跳下車來，幫美嘉把三頭驢都帶來。我沒有用我通常用的十二呎長繩索，而用只夠兩步遠的距離：六呎長的短繩。「嘿呀！」我喊道，佛洛兒加快速度，做好準備，牠輕鬆自在地小跑，朝小徑直奔。通常我會在後面幾呎處漫遊，保持適當的距離，足以發現並阻止佛洛兒可能有的愚行。但這回，我黏在牠身後，距離近到我們奔跑時牠的尾巴會打著我的腿。我只用右手握住繩索，這表示如果牠狂奔，我會無法阻止牠。我所能做的就是讓牠知道我在那裡，該開工，做我們該做的事了。

我們走到佛洛兒最喜歡的小徑時，牠轉向我們常走的涉溪地點，但我還不打算冒險走滑溜溜的石頭，所以我輕輕地把繩子向後拉，並且準備在牠抗拒時迅速放下繩子。但是牠很平靜地接受我的指揮，轉了回來而沒有大步向前跑。在碎石路的盡頭，牠再次被我拉住，牠原本以為要往右走，朝「大山」那頭走去，但在我轉過身來，用臀部朝左輕推時，牠立刻接受了我的指示。

在小徑上花了這麼多時間後，如今再回到平坦的路上，雖然感覺有點怪，但卻很舒服。我已經忘記了與佛洛兒一起跑步的感覺；我們六個在樹林裡各自為政，雖然參加的是同一個遊戲，但卻各跑各的。但今天，佛洛兒和我卻像雙人滑冰搭檔，我們的身體緊緊貼在一起，不知不覺地，我的雙腿和肺部融入牠的起伏中；我們的腳一起落到地面，我們的呼吸也以完美的鼓點節奏進出。我可以在眨眼間就明白牠接下來要做什麼；我不知道是否因為我看到地形，還是感覺到牠身體的抽動，但在牠移到一邊之前，我就能感覺牠快要移動了，因而轉開，以避免妨礙牠。

佛洛兒和我是如此的合拍，就像在我還沒要求之前，牠就知道我要什麼。幾乎就像我甚至還沒有……

該死。突如其來的記憶讓我踩到一塊岩石，差點絆倒。跑步最大的一個好處是，你的思維可以漫遊到天涯海角。那天早上，我突然頭一次想到，自我看到美嘉起，近二十年來，我對史蒂夫之道的看法有多麼錯誤。每當有人問我們怎麼認識時，我都會這麼說：「公式的三個部分是：不要有欲望、表現傑出、消失。而且我非常相信它，因此按著它的字面解釋，拿起外套就離開了，而且還在

貼近距離，彷彿消失一樣：美嘉和雪曼練習把驢之道。

大雪暴的天氣裡，拒絕美嘉載我回家的建議：因為它說，在你的招式變老前，要從她的視線中消失。」

佛洛兒讓我明白，我其實一點也不懂把驢之道。剎那間，許多片段以前所未有的方式融合在一起，彷彿我的大腦已經決定，羅伊・貝勒（Roy Beiler）山羊牧場對面的那條泥土路就是奈特・沙馬蘭（M. Night Shyamalan，美國導演）電影結尾的理想地點。我想道：「佛洛兒喜歡奔跑，我也喜歡。在你們倆想要同一件事時，你自己的欲望就不再重要了。你變成沒有欲望！」我們一起練習，並創造了佳績（實際上非常出色），但是仍然缺少一件事：那天早上，我發現佛洛兒需要更多的保證。牠想要的只是我的手觸摸一下，或者是瑪蒂達的噴鼻子的聲音，讓牠知道雖然牠在前面，但並不孤單。在我和牠保持距離時，我們失去了這種聯繫。但是當佛洛兒知道我在附近時，我就像消失了一樣。

我不見了，我沒有欲望，這太棒了。

現在，「把驢之道」已經為佛洛兒更新，並且重新上線了，我們很快又開始融洽地奔跑。我們遠離樹林，留在孤獨的路徑上，避免任何危險的小溪或小徑，以便保護我的手。我認為在比賽前最後幾天，我們還有時間加強水上穿越和越野跑的步法。目前，當務之急是要強壯，避免再次骨折。

我們仍然有一個教人頭痛的重大隱患——直到青天霹靂，一道閃電打來，一個女人手中揮舞著紙片出現。

這道閃電的面孔看起來很熟悉，我猛然想起：在我車道上從車窗裡大喊要我過去的那名婦女，是譚雅的朋友雪莉，上回她跑來通知我們譚雅出了意外。我感到一陣內疚——我有好一陣子沒去探望譚雅了，接著我的胃一陣翻騰。不妙，雪莉要告訴我的消息似乎很急迫，她甚至連車都來不及下。這不是好預兆。

「我呃呃有東西要給你以以，」雪莉用高低起伏的音調說，她一隻手開車門，另一隻手同時在空中揮舞著紙片，但她忘了解開安全帶釦。兩隻手都不見了，然後門打開了，她跳了出來。

「看看這是什麼！」她歡呼道，「你去科羅拉多還需要司機嗎？」

「別告訴我你找到人了！」我已經問過所有養牛養豬農場的鄰居能不能拖我們的驢子去比賽，但是沒有人的車有那樣的馬力或有空閒在那裡等我們比賽結束，再帶我們回家。我一直拖延這個問題，告訴自己：到緊要關頭我一定會向哈爾．華特求救，請他和哈瑞森一起來個父子載驢公路冒險，只是我一直沒有真正問哈爾有沒有興趣載驢子公路冒險。

「你究竟是想不想知道？」雪莉開我的玩笑說：「因為如果你說『別告訴我——』」

「快說吧，你手上那是什麼？」

她給我一張馬術表演節目單上撕下來的紙片，上面草草寫了「打電話給卡琳」幾個字，還有一個電話號碼。就只有這樣。

「我去參加維吉尼亞的一次馬術表演中，不知怎麼談起這個，但我對這個女人談起譚雅的車禍，說到不只她陷入困境，連你也是，結果她突然說：『好，我來。』」

「哇。你覺得她可以嗎？」

「當然。」雪莉點點頭。「我在各大馬展中都看到她。她從歐洲引進了漂亮的馬車。她當然沒問題。不過我對她開車就一無所知了。」

雪莉一走，我就趕緊打那個電話。接電話的是個口音奇特的女子，聽來像是南方腹地的腔調，卻又有點假假的。那拖長的音調很明顯，但她把「的」說成「德兒」，又像奇怪的德國腔。我本想和她聊兩句探問一下她的來歷，但卡琳只說她住在「伏」吉尼亞，接著就立刻切入正題。

「我聽說你需要有人載你的騾子。」

「其實是驢子——」

「都一樣。我和我的幾個女性朋友可以幫你解決這個問題，只要告訴我牠們在哪裡，你想要把牠們載去哪裡。」

「好的。嗯——你的收費是多少？」

她說：「我會算一算。」彷彿載著這兩噸重的牲畜拖車，辛苦駕駛八十小時純是為了好玩才做的。「不會花你很多錢。我們會睡在拖車裡。」

不。這聽起來有點像騙局，只是我想不出為什麼要騙我。這個陌生人不是要錢。我們唯一要交給她的是三頭大小不一、性情不定的驢子。或許她想把牠們偷走？雪曼一定會讓她後悔這一決定。何況為什麼要自找麻煩呢？就我所知，驢子並不是熱門商品。在一年內，我連試都沒試，就免費獲得了三頭。

「你有經驗嗎？」我努力想著能把這事化為意義的問題。

「馬的很多。驢子，沒有，」卡琳回答，「不過我一直想去看看科羅拉多。」

沉默。該輪到我行動了。我仔細衡量，想要決定哪個錯誤會比較嚴重：相信一個陌生人送雪曼、佛洛兒和瑪蒂達參加比賽？還是因為我不信任陌生人而錯過比賽？我說：「讓我考慮一下，我會盡快回覆你。」

卡琳說：「我們沒有太多時間。因此如果你那幾天需要我，現在就得讓我知道。」

那把我喚醒。老天爺，再三週就要比賽，我還有什麼其他選擇？

「對，當然，」我同意，「就這麼說定了。」

卡琳答應要畫一條路線，去召集她的朋友，並在比賽前的那個週日到我家門口。如果她們直接開車過去，會在週二到達。驢子有足夠的時間休息，我們也可以略為適應高海拔。

「太好了，」我說，「我們再——」

卡擦。卡琳，無論她是什麼人，都說完了她要說的話。

接下來的兩週，我每一次去跑步時，都會把心裡的清單檢查一遍。我知道少了一樣重要的東西，但是不知道是什麼。這讓我很焦慮，因為倒數計時只剩十四天，我沒時間找出並糾正我搞砸的任何事情。

我究竟忘了什麼？我們有三個身體健全的跑步選手；應該可以說，身體足夠健全。阿莫斯的兄弟剛剛才為這幾頭驢子修了蹄子，我們甚至還請獸醫上門為牠們驗血，確定牠們適合旅行。她說：「我通常看到的都是肥胖的驢子，尤其是牠們整個冬天都待在穀倉裡之後。但你的驢子卻很健康整潔，」她讚歎說：「真的很棒。」齊克鬆了一口氣，三頭驢都得到沒有毛病的健康報告。「你能想像雪曼患上狂犬病嗎？」他說：「那會是大災難。」

現在我們有了一位司機、一輛拖車，三個新的駝鞍，和那天早上找到的住處。多虧了永無止境的Airbnb奇蹟，我找到了既可讓我們投宿，也收驢子的住處。距離賽道十哩的地方有一間三房的「地球之船」（Earthship），我們仔細研究照片，認為那一定是用天然再生建材蓋在山坡上的房子。夠好了！更靠近城鎮那裡，還有一位副警長出租自家的農場穀倉和草地。所以三驢幫在科羅拉多州的全部時間，都可以受到警察不折不扣的保護。

也許該是深呼吸，不要再擔心的時候了。這是瘋狂的一年，一個接一個的問題接踵而來。但每一次，我們都會反彈得比以往更強、更犀利、更團結。雖然仍然可能會出問題，但那不是我們所能掌握的。

我以為是如此，直到齊克的媽媽打電話來。該死！那就是我忘記的事。我應該要和預訂韓德旅館所有房間的那一家人問問看，他們有沒有地方可以容納齊克家人。但我卻把這件事忘得精光，直到安卓亞的名字在我的手機屏幕上閃現。慘了。韓德的房間一定被訂光了。

「喂，安卓亞。」我說道：「我知道你為什麼打電話來。我真的很抱歉。」

「哦，」安卓亞聽起來很驚訝，「所以……你是說齊克已經跟你說過了？」

「齊克？不。你是為了訂旅館的事打電話來，對吧？」

「不，不是旅館。」安卓亞停了下來：「齊克本來要打電話給你，但他還在處理。」

「處理？」

「是。齊克摔斷了腳。」

24　天外救星

我和美嘉趕到安卓亞家，發現齊克倒在躺椅裡，腳上打了石膏，旁邊是一副拐杖。電視開著，但是齊克的媽媽和兩個姊妹已經放棄讓他觀賞節目或對話。齊克陷入了自己的沉思世界。

我說：「幹得好，傻孩子。」然後從他的神情看出開玩笑沒有用。「究竟發生了什麼事？」

齊克說，前一天跑完步後，他在南端公共泳池值兩班的救生員工作。下班時，太陽還沒有完全下山。他坐在救生椅，用手轉了八小時的哨子後，很渴望活動一下筋骨。他花了最後白天的一個小時在操場上練習跑酷，在野餐桌上練習金剛撐越（kong vault），還在鞦韆上練上槓。天黑時，他覺得好極了，而且飢腸轆轆。他慢跑到汽車旁，一邊打算要不要暫停一天生酮飲食，來個雙層漢堡，就在這時他的腳撞到了路緣石。他回到家時，對自己的跛足輕描淡寫，向媽媽堅稱那只是扭傷。

齊克說：「但是今天早上我起床時，痛得幾乎暈倒。」安卓亞拖他去醫生那裡照X光，證實了她的懷疑：第五蹠骨骨折了。齊克的腳和我的手一樣糟糕，只除了和驢子一起奔跑只需要用一隻手。

「所以，」我開始說，不太確定提出這個問題是否人道：「有沒有機會在一兩週之內也許——」

齊克迅速抬起頭來，像我一樣想知道他媽媽的回答。

「也許什麼？也許他能跑嗎？」安卓亞說。「免談。那個石膏要打上一個月，至少，」她補充道，眼睛朝下盯住齊克，確保他聽明白了。

「走著瞧吧，」齊克喃喃道。

在開車回家的路上，美嘉和我都很沉默。我們都在心裡盤算，繞過顯而易見的真相，避開我們想要避免的醜陋事實，搜尋要說的話：我們被將軍了。這是絕不可能復元的打擊。

「一定有人可以幫忙，」美嘉終於冒險開口：「難道你不認識任何可以幫忙的科羅拉多人嗎？」

我說：「不是任何人都能和雪曼一起跑步，沒有人能。除了齊克以外，你認為雪曼會聽別人的指揮嗎？」

一直到這些話脫口而出後，我才真正體會到它們的意義。在那一刻之前，我從沒有真正想清楚齊克和雪曼已經變得多麼形影不離，一直到我發現：無論我把網撒到多遠，我都想不出誰能取代齊克——沒有一個朋友、親戚或其他跑步選手能取代他。雪曼現在是齊克的驢子，這樣的默契是不能靠亂點鴛鴦譜來搭配的。有時我和佛洛兒一起在前面奔跑時，不免感到內疚，因為實際上速度快得多的齊克被卡在後方，努力讓雪曼不要吊兒郎當與瑪蒂達廝混。

但後來我想起了幾件事：我想到用牙齒晃動牧場大門上的鏈條，策劃所有動物大逃亡的不是佛洛兒；用頭撞門，直到門突然打開來，好從柴房偷貓食的也不是瑪蒂達。而且如果你拍撫另一頭驢子比拍撫雪曼多，也只有雪曼會用嘴咬住你的手臂，把你拉走，牠動作雖輕，但卻很認真。雪咪有牠自己的想法和永不放棄的意志，就像那整個春天都在和憂鬱症搏鬥，坐在冰凍的小溪中，訓練自

齊克出了意外，只好由美嘉替補，協助訓練雪曼。

已成為更好的驢子賽跑選手的那個孩子。他們倆是天生一對，他們心知肚明。

「你說得對，」我對美嘉說，「我們一定要辦到。」這一年來，雪曼和齊克承受了許多考驗，他們倆也一直堅持下來。齊克一頭栽進這個瘋狂的挑戰，而他也以極大的耐心和同理心來應對，從沒有抱怨，從不放棄，而且他從未——除了有一次我們全都很餓，齊克忍耐不住，失去了冷靜，像推購物車一樣用兩隻手推雪曼。我只能希望齊克每一次去看治療師時，她對齊克能有齊克對那頭驢一半的關懷體貼。

美嘉是對的。我們必須找個人，讓雪曼在那場比賽中發揮，這是我們該為齊克做的。

一個星期後，我盯著廚房窗外，雙眼從夕陽到空蕩蕩的路面來回逡巡。前一天，美嘉和齊克帶著我的小女兒蘇菲和我的侄女莎拉搭機飛往科羅拉多，他們四個人打前鋒，要在「地球之船」建立基地營，而我則應該要留下來，幫助卡琳和她的朋友拖運驢子。

說是應該，但是到了日落時分，依舊沒有任何拖車的蹤影。其實自幾天前我們在電話裡一番較勁以來，我一直沒有聽到卡琳的消息。因為我盤算了一下，覺得即使在司機方面我沒得選擇，我也不放心把「三驢幫」在沒人照看的情況下，交給完全陌生的人。我告訴卡琳我想跟著驢子坐她的車時，她起初的反應是生氣，接著變成尖酸。

「恐怕沒有位子。你可能得坐在拖車裡，」她不高興地說。

「我沒問題，」我回擊。

「最好，」她反駁道。

之後——沉默。我最不想做的就是惹惱她到甩手走人的地步，所以我不再多說，只等她在週日早上露面……週日下午……週日黃昏——

叭啦啦叭——叭啦——叭啦——叭啦！喇叭大響，彷彿我只有五分鐘的時間疏散似的。屋外，有人在一輛巨大的柴油皮卡駕駛座上猛按喇叭，同時在兩棵樹之間和我的車道上又操縱著我這輩子所見最大、最長的馬匹拖車。這位司機終於把她的手從喇叭上移開。車子的兩個前門被甩開，接著滑下兩個女人的裙褲和夾腳拖鞋。我屏住呼吸朝她們身後望去，希望會有更高大、更強壯、更年輕的人從後座出現。這兩名婦女的身材都和我十一歲的女兒一般嬌小，如果要我猜穿粉紅色T恤那位的年齡，我猜是六十多歲。

錯了。「琳達七十二歲了，你相信嗎？」卡琳說，我是從她奇特的口音和顯然並非琳達猜測她的身分。

「全部的人就這樣嗎？」我問道，仍然抱著希望：「你提到還有其他人？」

「沒有了，凱瑟琳來不成，」卡琳說，「所以你還是可以派得上用場。我們出發得晚了，所以趕快動身吧。趁我們在裝驢子時，你去拿你的裝備。」

我警告說：「你們最好讓我處理，牠們真的很難伺候。」

「哈！」琳達哼了一聲，一根手指指向卡琳。「牠們還沒有碰上真難伺候的呢。去，去拿你的裝備。」

隨她們吧，讓她們馬上嘗嘗雪曼的滋味，知道一下她們要面對什麼也好。我跑進屋去，迅速關了燈，匆匆給我們不在時要來幫忙照顧貓、山羊、綿羊、雞鴨鵝的年輕鄰居艾比留了張字條。我拿起包包，鎖好門，不到二十分鐘就回到屋外，正好看到卡琳砰地一聲關上拖車門，而琳達——七二高齡，身材僅有十一歲女孩嬌小的琳達，正把五十磅重的大捆乾草扔進皮卡的後車廂。我環顧四周尋覓三驢幫，卻看不見牠們的蹤影。

「等等。牠們已經進去了嗎？」我說。

卡琳揮手，向我示意去拖車的後方。「你自己看一看。」拖車裡，三頭驢子都臥在自己個別的畜格中，每個格位間有高度僅及一半的屏障，低到驢子依然能夠互相用鼻子擦觸。佛洛兒和瑪蒂達都面對牠們的窗戶，安靜地從成袋的新鮮乾草中咀嚼。而雪曼不愧是雪曼，牠用屁股對著窗戶，固執地盯著後牆。「這頭是緊張的那一個，對吧？」卡琳說，「別擔心，我們會把牠爭取過來的。」

我去幫琳達扛乾草，但她已經裝完了。在不到三十分鐘的時間裡，我一直擔心沒辦法應付這份工作的這兩位婦女裝滿了水箱，扛完了半噸乾草，捉住三頭疑心病重的驢子，並把牠們裝上拖車，而且我相信她們一定在我的車後面撒了尿。卡琳和琳達爬進卡車前座，我則滑進車子的後部，在我甚至連計畫（如果有的話）都還不知道之前，兩位維吉尼亞女士就已經像一陣風般穿過蘭開斯特，往科羅拉多前進。

大約午夜的某個時刻，琳達和我在西維吉尼亞州的某處加油，卡琳則進便利商店去休息一下，買魔爪（Monster）能量飲料。琳達說：「卡琳有件事你該知道，她自己不會提。幾年前她得了癌症。不是在這上面，」她在胸前揮了揮手，「而是在這裡」，她指著自己的鼠蹊。卡琳兩次與子宮癌搏鬥，琳達形容說，切除「嬰兒頭那麼大」的腫瘤，幾乎送了她的命。也因此，卡琳不能生育，這幾乎讓她的婚姻觸礁。在那段黑暗期，她發誓如果她能重獲新生，一定要把每一秒都活得淋漓盡致。

「現在沒有什麼能阻止她，」琳達說，「只要她一有點子，就立刻身體力行。我和凱瑟琳通常都和她同進同出。如果她招呼我們去冒險，我們會抓起皮包就走。有一次，卡琳發現在新澤西有一艘噴射快艇待售。你坐過噴射快艇嗎？真是瘋狂！我們開著我丈夫的拖車上路，走到一半，才想起來要告訴他我要出門。」這也是兩位維吉尼亞女士此行的唯一原因：卡琳聽說她可以走訪從未去過的科羅拉多，並觀賞一群怪人與驢子一起奔跑時，就像是再度搭乘快艇一樣。

琳達自己也有一段陰暗的經驗。她說：「我母親生了四個孩子，每年六月生一個，她受不了。她自殺時才四十三歲。你能想像年紀這麼輕，卻認為沒有什麼值得活下去，是什麼感覺嗎？」琳達當時只有二十一歲，那種痛苦的失落感從未從她心中消除。她藉著不停地移動來自我治療，因此去拖車公司擔任長途司機，經常連續七十二小時開車跨越美國中西部送貨。等到她結婚，有了自己的家庭後，又發現了一種巧妙的方式，可以用微小的劑量來滿足她的旅行癖：她成了馬的接生婆，經常在半夜接到緊急電話，衝出門去幫難產的母馬接生。

「西西．史派克（Sissy Spacek），泰德．透納（Ted Turner），珍．方達（Jane Fonda）——我幫過各種人接生小馬，」琳達說。琳達和卡琳就是在這種情況下認識的，維吉尼亞的愛馬人士總在偏僻的森林小徑見到彼此。沒有多久，她們就一起騎馬沿著詹姆斯河馳騁——偶爾也會開車往山中而去。

卡琳步出加油站，搖晃著她的車鑰匙，彷彿那是遊戲節目的獎品。「你起來了，牛仔。準備開車了嗎？」

我猛嚥了一口唾沫。「我覺得這拖車很大，」我大聲說道，而我的大腦則尖聲大喊：你瘋了嗎？現在是凌晨兩點，我們在西維吉尼亞州迂迴曲折的山路上。對方來車的頭燈刺著我們的眼睛，車後還有活的牲口。我要在這裡頭一次試開拖車？「我從沒開過這麼大的東西。我不想出什麼差錯，害驢子受傷。」

「你出了差錯，是你受傷！」卡琳說，「你知道這玩意兒要花多少錢？」她仍然把鑰匙懸在我的面前。「放心吧，你不會有事的。我們在後面野餐，我們有好聽的音樂。你不會有問題的。」

我無奈地爬進駕駛座，琳達鑽進車後的毯子裡補眠。卡琳則伸手到保冷箱，拿出零食消夜。她和琳達雖像任何卡車司機一樣強悍，但吃起東西卻不同。我本來以為我們一路會吃速食打發，但她們卻打包了驚人的盛宴：夾著烤雞肉酪梨義大利巧巴達麵包、切成薄片的青椒和蘋果、白煮蛋、小袋沙拉。卡琳仔細查看了導航系統，確定我們是在往印第安那的路上，以免她睡著我會走錯路。接著她安頓下來聊天。

「你知道我是荷蘭裔嗎？」她說，終於揭開了她口音的奧祕。她的家人仍在荷蘭。她從小在那裡長大，是鄉下女孩，每一秒鐘都在戶外度過。即使在小時候，她就喜歡親自動手做，而且對機械很有天賦，最後拿到電機學位，成為美國最先進影印機的技師。她告訴我：「我當時在五角大廈和國家衛生研究院（National Institutes of Health）維修機器。」她在維吉尼亞的家離華府市中心雖然可以通勤，但她非常喜愛農場，她覺得自己在都市中度過的每一個小時都像在浪費一樣。卡琳的丈夫布奇（Butch）是馬蹄鐵師傅，因此卡琳認識了許多週末騎士，這些騎手擁有的馬匹太多，難以處理，因此他們開始聘請卡琳為他們培訓馬匹，她堅定而溫柔的觸摸和對馬兒肢體語言的敏銳解讀，使她贏得了魔法師之名，就連最棘手的動物，都能在她的啟發下發揮潛能。

我說：「難怪你能把野東西帶進拖車。」

「你說的是哪一頭？雪曼？」她問道，「哦，牠是個可愛的小傢伙。」

可愛的小傢伙？我真無法分辨旅途中的卡琳和在電話中對我發脾氣的卡琳之間的區別，不由得懷疑這部分是我的錯。她突如其來地出現，主動要解救我的問題時，必然以為我會心存感激，沒想到我竟搞不清狀況，還懷疑地提出一些問題，在她眼裡一定是覺得這個光說大話的男人竟敢挑戰她的專業和獨立。但現在她看到我很樂於跟從她的領導，她就給我莫大的支持，相信我會好好處理她心愛的拖車，甚至在我問到她的病情時也解除戒心。她在我開車的頭一個小時一直悉心指導，最後終於稱許了我一番：「你不需要我耳提面命了，」她說，然後把外套枕在頭下，沉沉入睡。

＊　＊　＊

我們駛到印第安那州特雷霍特（Terre Haute）附近時恰好黎明。我把拖車駛下公路，開進餅乾桶（Cracker Barrel）餐廳的停車場。在我們進餐廳，甚至去洗手間之前，卡琳要我們先去看看驢子。我們一拉開拖車門，就看到雪曼——依舊面朝後方，面對牆壁，無視牠的乾草和打開的窗戶。

「這傢伙真固執，」我說。

「不，你不能這樣想，」卡琳說，「動物做事不會出於惡意。牠們不會想給你一個教訓。這是人們對動物犯的最大錯誤，以為牠們所做的一定與你有關。你得擺脫這種想法，才能瞭解究竟是怎麼回事。」

我們打掃拖車，把驢子腳下的舊松木屑掃出去，撒上新鮮的松木屑，卡琳問了我關於雪曼的來龍去脈。我告訴她我們怎麼開始養這頭野東西，把牠從動物囤積人的畜欄中帶回家，牠還是無精打采，退縮孤僻，直到傻頭傻腦的山羊勞倫斯成為牠的朋友。「看，那不是告訴你這裡的情況了嗎？」卡琳問。佛洛兒和瑪蒂達都曾與譚雅一起住在聖誕願望農場，牠們在那裡總是有很多朋友，經常在戶外玩耍。而雪曼先前是像囚犯一樣獨自被關起來。牠必須想出一種機制來應對，那就是我們看到的：在封閉的空間中，雪曼告訴自己要保持心神渙散，直到結束。

「牠不是固執，」卡琳結論說，「牠是恐懼。所以我們要繼續檢視牠，撫摸牠，讓牠知道牠沒有被遺棄。」

琳達為驢子攪拌了一桶補充電解質的泥狀馬飼料，卡琳和我則把水桶拿到後門，問一名洗碗工可不可以借根水管。他去找了經理來，經理親自把軟管接上水龍頭，拖來給我們。她動作輕盈，態度友善，教我不得不懷疑在早餐尖峰時間去為停車場上的驢子服務，難道是她日常工作的一部分嗎？她告訴卡琳，「如果您還需要其他什麼，就讓他們找我瑪麗蓮就對了。」然後匆匆趕去照顧滿座的顧客。

「這不是很了不起嗎？」卡琳說，「動物讓人表現出最善良的一面。」

等我們終於坐下來用餐時，這是我們頭一次全都清醒，而且不是把心思放在道路上——我才發現自己即將遭遇什麼樣的情況。我們的食物送上來時，琳達給了我第一個提示。我正伸手去拿叉子，她卻抓住了我的手說：「等一下。」她和卡琳手拉著手低下頭，我說：「謝謝，但我不信教。」可是兩位女士已閉上眼睛等我。好吧，要有禮貌，我告訴自己。她們是你的主人，何況我們是在作風老派的餅乾桶餐廳。

在這樣的開場後，接下來比賽開始。命運讓美國最紅（支持共和黨）和最藍（支持民主黨）的兩派鎖在同一個鋼製膠囊中，而且連續三十小時。我們駛出印第安那，繼續往堪薩斯州前進，談論所有的話題，卻沒有任何一點意見相同。不論是邦聯旗（Confederate flags），學校是否可以禱告，和「黑人的命也是命」（Black Lives Matter）問題上，我們都互相衝突，在我主張應該有更嚴格的槍枝管制法時，卡琳告訴我她腿上就綁了一把手槍。一路上我們最接近的共識，是聽到廣播節目說川普對一名陣亡士兵的父母不當發言。「共和黨人搞砸了，」卡琳同意說，「他們本來可以找莎拉．裴琳（Sarah Palin）的。」

在橫越大草原時，我們一邊爭執不斷，但一邊又同時分享兩位女士做的三明治，並且互相看顧，確定無論誰輪班睡在後排座位上時，毯子都不會滑下來。奇怪的是，雖然我們三個人對事情的看法有天壤之別，彼此卻氣味相投。卡琳和琳達在中西部一路發揮魅力，不論我們停在哪裡，都有新的「瑪麗蓮」來幫忙，並邀請孩子們來撫摸驢的鼻子。卡琳嘲笑我對多力多滋的喜愛，但是每次加油時都會買上一包。琳達看到我的老花眼鏡時，要我把它交給她。她說：「這眼鏡看起來像是浸在培根油脂裡似的，」然後用紙巾徹底把它們擦了一番。太陽在堪薩斯落下時，琳達疑惑說，為什麼在這一州，到處都看不到牛。「是被提（the Rapture）！」她宣布，自己笑個不停，「主帶走了我們之中最純真的。」

當我們駛入科羅拉多時，已是第二個午夜，此時卡車裡的音調變得嚴肅起來。白雪皚皚的群山在我們的面前升起，佇立在我們通往費爾普雷的路上，濃霧沿著山坡滾滾而下，「好玩的部分結束了，」卡琳說。柏油路因霜凍而鬆脆，能見度很差，我們看不到來車，直到它們的大燈突然從黑暗中冒出來，光線射進我們的眼睛。我們以爬行的速度上山，以四十……三十……二十……哩的時速穿越冰冷的陰暗處。

到凌晨四點，我們的手機收不到訊號，導航系統找不到太空之船的地址。「會不會是那裡？」我指著一座平頂山上的一條泥土路。「最好是，」卡琳說，「我們一進去，這車子就沒辦法掉頭了。」我的手機出現了一道閃爍的線條，所以我趕快給美嘉發了最後一個簡訊，告訴她我們在黑暗中流浪，這是我唯一的通話機會，所以如果她正好清醒，請出來閃一下燈。

我們繼續轟隆轟隆向前行駛，被延伸到地平線的熠熠星光迷住，但也希望能看到一點有人類生活的跡象。突然卡琳停了下來，她說：「我有預感。」這聽起來不是好消息，直到她要和我換位子，由我來駕駛。她解釋說：「如果我的感覺是對的，你就可以向你老婆展示一下你的技術。」我也有一個應該會很準的預感——這條路只會把我們帶往越來越深的麻煩中，但是我還是聽了卡琳的話，坐上駕駛座，並打了低速檔。片刻之後，美嘉衝進車燈，在黑暗中奔跑，揮舞著她的手臂，在馬路上歡迎我們。

25 「害怕的事，就要去做。」

如果你生長出你裡面本有的，那生長出來的會拯救你。
如果你不能生出你裡面的，那裡面不能生出來的將毀滅你。
——《多馬福音》（*Gnostic Gospel of St. Thomas*）

「兩位女士在哪裡？」那天早上十點左右我爬下床時問道，我仍然頭昏腦脹，眼睛都睜不開。

「她們出去了，」美嘉說，「她們大約八點進來，和齊克一起喝了咖啡，然後開卡車走了。」

「天哪，去哪裡？」

「她們只告訴我：『我們停到哪裡，就走到哪裡。』」

這兩位女士的體力實在驚人。從週日黃昏連續行駛到週二幾乎日出後，我們在冷冰冰的黑暗中工作了一個小時，確定幾頭驢子經過漫長的旅行後都無恙，然後把牠們趕到外面

到了！雪曼醒來，度過牠在科羅拉多州的第一個早晨。

的草地上，那裡有很多乾草、飲水和沖泡好的電解質飼料。之後，兩位女士還得清理並收拾她們的裝備，才能到拖車前方上層的特大號床墊上睡覺。三個小時後，她們又起身，忙著冒險。

「驢子呢？有人檢查了嗎？」我問。

「有，齊克現在就在那裡，」美嘉說，「他等不及要看雪曼。」

雪曼正在檢視牠的科羅拉多住處。

我環顧四周，頭一次好好打量地球之船。昨晚我們抵達時，我已筋疲力竭，什麼都沒注意就倒在床上。美嘉告訴我，我們其實是在地球之船的衛星小屋裡。這是一棟美麗的草房，舒適，陽光充足，由大捆稻草上覆厚厚的磚土泥打造而成。牆壁的厚度和磨砂磚土泥的光滑，使整棟建築堅不可摧，同時又不可思議地舒適，就像由《酷男的異想世界》（Queer Eye，美國的真人實境秀）五人組重塑的洞穴一樣。透過前窗，我可以看到附近的太空之船：一幢低矮的長形

兩位女士：卡琳（左）和琳達拯救了我，然後「偷」了兩匹馬。

建築物，坐落在平緩的斜坡上，倚著人造山丘，輪廓十全十美，就連瑪莎．史都華（Martha Stewart）本人，都無法設計出比這更漂亮的世界末日地堡。

美嘉和我決定去看看驢子安頓得如何。我們才走到外面，開始走向漫長的泥土路時，就看到兩位女士過來——

騎在馬背上。

「睡美人！」琳達大叫，「公主終於起床了。」

卡琳說：「我們已經起床很久，還有空偷來這兩匹好東西。趕快打開拖車門，讓我們在警察來之前把牠們藏起來。」

女士們在等我回答，但她們從我掉下來的下巴和迷惑的眼神，意識到我明白她們絕對有能力順手牽牛偷幾頭牲畜為樂。「不是啦，我們是借來的，」卡琳說。她們那天早上開車出去認識環境，就像平常一樣，沒多久就和另一個「瑪麗蓮」交上朋友。她們看到兩頭漂亮的馬悠閒地佇立在一棟房屋旁的草地上，就去敲門，問她們是否可以帶牠們出去幾個小時。不知道為什麼，馬主竟肯讓兩個完全陌生的人幫他的馬上了鞍，一路騎下去。

琳達說：「我們只是回來拿啤酒的。」

「還有我的淘金盤，」卡琳補了一句。在離開維吉尼亞前，她在行李裡裝了一個淘金盤，萬一看到可能有希望的小溪就可派上用場。誰不會這樣做？女士們從馬背上滑下來，消失在拖車裡，過了一會兒，她們拿著卡琳的淘金盤和裝滿啤酒、三明治的保溫馬鞍袋出來。琳達一邊翻身上馬一邊說，「如果我們沒有回來，就當我們從來沒有來過。」她們倆把啤酒罐相碰，策馬離開。

當然，上午十點就看到兩個不法之徒在車道上碰啤酒罐，引起了克莉斯汀和基普．奧特森（Kristin & Kip Otteson）的注意，他們是地球之船的物主和建造者，兩人出來察看發生了什麼事。我很高興見到他們，因為這讓我有機會提出已經思索了一段時間的問題：地球之船是什麼？我們一邊往牧場走去，基普一邊解釋說，基本上，這是一棟被動式的太陽屋，藉著大片窗戶和天然絕緣材料自行發熱和冷卻。

「就連在這裡也可以？」這裡的七月仍然很冷，我只能想像冬天會多麼酷寒。

「這是我這輩子有過最好的家，」基普說，這話有它的意義。基普原本住在南加州，喜愛衝浪，後來遷往北方，到華盛頓州塔科馬（Tacoma）讀大學——他以為只是暫時的。他在那裡邂逅了克莉斯汀，畢業後兩人一起到北極阿拉斯加只有越野飛機才能到達的一個小村莊教書。克莉斯汀說：「那裡的居民有兩百人，其中一百人是兒童。一切都以學校為中心。我愛它。」凍土帶的生活非常粗獷荒野，基普帶領越野團隊跑步時，還得在胸前繫上點三五七的萬能（Magnum）左輪槍。基普說：「在我們去那裡的前一年，有人和女友一起走在街上，被一頭熊撲倒，她跑去求救，十七分鐘後跑回來時，他已經被吃掉一半了。」

基普和克莉斯汀雖是外地人，但在那裡卻從沒這種感覺，因為關係緊密的社區立即接受了他們。他們在阿拉斯加的時光十分美好，因此三年後要離開時，不得不狠下心來，才能出發去泰國進行下一段冒險。他們很快就發現，在亞洲和北極圈都有一種團結的精神，但在美國本土，它卻似乎正在凋零。「在當今的美國，一家四代人彼此親密生活的情況非常罕見。」克莉斯汀說。所以在她的姊夫提出一個瘋狂的安家夢想時，他們立刻加入。克莉斯汀的姊妹嫁給了泰國的前瞻生態家喬恩．簡代（Jon Jondai[1]），他教綠色戰士（green warriors）如何用對地球生態保護有益的材料興建房屋。簡代在前往科羅拉多州拉夫蘭（Loveland）探望克莉斯汀的父母時，發現這四十英畝荒涼的土地待售，他非常興奮，熱烈的情緒簡直就像要起火燃燒一樣。

「我們可以把麋鹿圈養起來，若有需要，就把牠們趕到陷阱裡殺死！」他告訴基普說。

「哦，」基普答道，「你知道這些都是非法的行為吧？」

等簡代瞭解二十一世紀的美國漁獵法之後，他說服了克莉斯汀整個家族一起投入，大家一起買房地，然後由簡代指導，在茫茫荒野的台地中興建了一個家庭社區。「他是了不起的工人，」基普說，「他把軛架在肩上，到池塘為我們的土坯磚打水。他推動我們做我們從不覺得我們辦得到的事。」基普、克莉斯汀，和他們的兩個孩子仍然在泰國和科羅拉多兩地往返居住，但現在他們已經建成了兩棟房屋，準備長期定居，並開始打造克莉斯汀兄弟的第三棟房子。

「現在我明白我們真正需要的是什麼，」基普說，「驢子。牠們在那裡看起來真酷。」我們到達牧場，穿著石膏鞋的齊克正伸長身體躺在草地上，沐浴著陽光，和雪曼一起消磨時光。我們並沒有把三頭驢子送到幾哩外副警長的農場，因為基普和他對面的鄰居商量，讓我們的驢子留在鄰居的草地上。基普說得對；這些驢子映著大草原的天際線，牠們已蛻下冬季的粗毛，肌肉在閃閃發光的毛皮下面起伏，看起來確實很漂亮——只是流露出有點困惑的神情。

「雪曼黏著我，」齊克笑著說，「牠就像在說：『感謝老天爺！在這個陌生的新宇宙，總算還有我的大腦能認得的東西！』」齊克正在學者接納自己的新角色；儘管他在蘭開斯特家裡時，堅持自己仍有可能參加比賽，但幾天旅行下來，他的腿抽動的情況終於讓他知道這的確辦不到。不過他也以鬥士的態度面對這種教人失望的情況。齊克讓自己從雪曼的隊友轉變為牠的支持者，教我十分感動。如果是我處在他的立場，一定會覺得難以忍受，一路發牢騷，向每一個人抱怨，但是齊克似

1 網上拼法有的是Jandai。

乎真心樂於接納他的新角色，因為他是唯一可以幫助取代他的人熟悉雪曼，並確保雪曼瞭解整個情況的人。齊克不僅僅是一個新的人，他是新的譚雅。

齊克和雪曼，從南端長途旅行到科羅拉多之後團聚

「這比賽到底怎麼進行？」基普問。儘管他和克莉斯汀是本地人，但他們有很長的時間都在海外工作，因此從沒真正參加過費爾普雷的驢子賽跑。我讓齊克解釋，自己則樂得輕鬆一下，準備再閉上眼睛休息一會兒。齊克說明了比賽的戰術和訓練，接著美嘉解釋當初雪曼怎麼來到我們家。突然之間，大家變得非常安靜，好像人人都屏住呼吸一樣。我睜開一隻眼睛看看是怎麼回事，發現克莉斯汀和基普把頭從雪曼轉向美嘉，聽她細述雪曼由一頭孤單的跛腳病驢，蛻變成這頭

得人疼的小瓜呆，正準備——上天保祐，參加世界錦標賽的山區賽跑。

「哇，」基普最後呼出一口氣，「這可真是龐克搖滾。」基普年輕時是死硬派的重金屬搖滾樂迷，他從沒忘記華府硬核樂團富加濟（Fugazi）表演時的一段插曲。那時有位暖場的歌手遭舞台前方「衝撞區」（Mosh Pit）的觀眾用玻璃菸灰缸擊中鼻子，雖然滿臉鮮血，依舊繼續演唱。富加濟的主唱怒不可遏，他說：「丟菸灰缸的白痴不是龐克。你打中的那個人，他是龐克，為他的樂團支撐下去，永不放棄，承受痛苦，那是龐克。」

說得真對，我躺在陽光下思索。還有什麼比驢子賽跑更龐克？其他的美國運動全都像扔菸灰缸一樣，他們教你如何用力打擊，要打得比女生更好，永遠不能把球放下。權力和擁有，力量和統治：一言以蔽之，這就是美國運動的精神。接著出現了這群亂糟糟的運動員，完全不吃這一套。驢子賽跑的靈感來自探礦者和驢子，是真正的美國異類。而這種賽跑顛覆了現代運動的一切。用驢子來試試「不勞無獲」這類的教訓，一定會教你失望。要到達終點線，你只有一個希望，那就是忘記優勢和自我，發現分享和關懷、同情與合作的力量。這並不是說驢子賽跑的選手是花拳繡腿；他們像豹子一樣強壯，競爭十分激烈，但是男人仍然會向擊敗他們的女人致敬，女性選手會盡全力狂奔，但她們會發揮姊妹情誼，在賽程中遵守「方便休息」的約定，杜蘭解釋道：「你絕不想把競爭對手獨自一人留在山上，因此如果其中一個女選手必須方便，我們全都會停下來等她。接著大家再來見真章。」承受痛苦，支持為你的團隊。

基普一眼就看出了它的意義。驢子賽跑是我們被排斥的祖先反叛的吶喊，提醒人們過去曾經是不同的，現在改回來還為時不晚。

「那麼誰來取代齊克？」基普問。

這話讓我睜開了眼睛。齊克摔斷腳後的第二天，我就打電話給我所知所有在科羅拉多州的人，希望找到替代的人。可是我們並不是那個夏天唯一倒運的驢子賽跑選手。我找的每一個人幾乎都在治療某種傷害，碰到了某個災難，或者有某種嚴重的疼痛。琳茲・杜克在田徑季受了傷，需要動手術治療。杜蘭的膝蓋有問題，而且她有位摯友因為動脈瘤而猝死，使她大感震驚，認為該退一步重新評估自己的人生了，所以她再度退休。與此同時，哈爾・華特則對新養的泰迪技窮，他認為這頭半野性的驢子應該是飛毛腿，結果卻發現牠是一靠近水邊就六神無主的蠢驢。

但是我仍然還有一張萬恩牌可以打：布萊德・萬恩，這個像灰熊一樣強壯的父親為了幫助罹患癲癇病的兒子而參加驢子賽跑。布萊德像山一樣高大，充滿了輻射能量，他喜歡一路尋覓石牆，好在上面留下布萊德的印記。就算他沒有和大多數西南部的人交上朋友，至少也和驢子比賽的每一個人都結為好友，因此我相信他會勇於面對這一挑戰，成為取代齊克的理想人選。只是布萊德並未回應我發的頭兩個簡訊，教我覺得很詫異，而當我考慮要發第三條簡訊時，卻接到了他太太安珀的電話。她告訴我，一週前，布萊德生了怪病，被送進加護病房。醫師不知道造成他高燒和液體積聚在他肺部的原因是什麼，只能給他罩上氧氣，二十四小時不停地打抗生素點滴保住他的性命。安珀告訴我：「看到我的大個子一直衰弱下來，神智不清，簡直教我心碎」。他們的兒子班也在癲癇停止四年後再度發作。安珀的兩位至親都生病，教她陷入了茫然無助的噩夢。幸運的是，在布萊德流失四分之一的體重，經歷了一連串的器官和毒物測試後，終於逐漸康復，可以回家了。班的癲癇依然教安珀擔憂不已，但至少她的另一半已經度過難關。

我實在無法對安珀啟齒談我的問題。我走投無路，直到我突然發現：其實我是走錯了路。幾乎每一個活著的驢子賽跑選手都住在科羅拉多州，但有一個很棒的例外：佩德雷蒂家族。這十多年來，各年齡層的佩德雷蒂家族成員年年都浩浩蕩蕩從威斯康辛南下參加世界錦標賽，以紀念已故的羅伯·佩德雷蒂。在所有這些侄女、兄弟和堂表親之中，總會保留一位可以幫忙的吧？我致電給羅伯的哥哥，才告訴他有關齊克和雪曼的基本資料，他就打斷了我。

「他和羅伯面對的是同樣的問題，」羅傑說，「在學校是全A的資優生、出色的運動員、是全州，甚至是全國最好的山獅嚮導，……」羅傑放輕了聲音。突然，他恢復原來的聲音：「你的驢子！我們不能讓牠們失望。絕對不行。」羅傑思索了一下。「你知道嗎？我弟妹可以和你一起跑。儘管放心好了。」

「羅傑，你是我的英雄，」我說，「但我們不必先問問她嗎？只是確定一下？」

「不，」羅傑說，「這會讓我弟弟捲進來。交給我。」

＊＊＊

我告訴基普：「這就是我們的情況。我們正在等待佩德雷蒂家族到來，才能和我們的神祕隊友見面，確定她是否真的願意參加。真教人緊張。」

「如果你需要，我可以和你一起做點練習，」基普自告奮勇說。他經常騎登山車，因此身體狀況良好，儘管他已經有一段時間沒有跑步，但跑幾哩仍不是問題。我立即接受了他的提議。我想看看雪曼會對新夥伴有什麼樣的反應，而且美嘉和我至少也得設法適應高海拔。四天的時間還是無法讓我們適應一萬呎的高度，但我希望我們夏天在山上的跑步練習能減輕高海拔的影響，讓我們稍微放心。

我們趕緊回去換上跑步裝備，然後收起繩索和馬具，把三驢幫從草地上叫了回來。驢子漫步來到門口，在我們為牠們套上裝備時，耐心地抬著頭。基普就像天生的選手似的。在阿拉斯加期間，他經常參加狗拉滑雪（skijoring）——由雪橇犬在前拉動的越野滑雪，因此可以輕鬆自在地與動物為伴。齊克教他怎麼撫摸雪曼的耳朵之後，基普和野東西就處得很好。

「**嘿伊**——」我開始喊，但還沒喊完，佛洛兒就已開始動作，牠沿著一條漫長的泥土路一路往下小跑，從地球之船穿過台地，一直延伸到山麓。瑪蒂達在長途旅行後，一定也渴望動一動。她和美嘉緊緊地靠在我身旁，而雪曼——牠跑得無影無蹤，只見一尊驢子石像在地球之船的車道盡頭。基普竭盡所能鼓勵牠向前進，但雪曼卻保持原樣，沒有動彈。齊克一瘸一拐地撐著拐杖過來幫忙，想帶領雪曼走幾步，讓牠起步，也許這是我的想像，但我發誓雪曼給了齊克一個表情，意思是：「真的嗎？你以為我會肯嗎？」雪曼和齊克終於重聚，如果我們以為雪曼會跟著牠從未見過的陌生人走，那我們就是不瞭解雪曼。

我對美嘉說：「讓我們交換一下，看看牠會不會跟你一起。」由她帶領雪曼，我和佛洛兒就在牠旁邊，基普和瑪蒂達跟在後面。我們再次開始，這次先慢慢走，讓三頭驢子聚在一起。過了一下子，我讓佛洛兒緩步輕鬆慢跑，瑪蒂達馬上跟進，雪曼把牠像屹耳的大頭垂下來，鼻子噴氣，然後跟在瑪蒂達後面。困在卡車裡兩天後，感到自己的身體因運動和夏日的陽光而溫暖，真是天賜的幸福——但只維持了大約三分鐘。我舉手投降，因為氣喘如牛，連停步都說不出來。我頭昏得很厲害，差點就倒栽到地上。

「感謝。老天，」美嘉氣喘吁吁地說，「差點就完了。」

美嘉和我雙手撐著膝蓋，努力地呼吸，肯恩在一旁耐心地等待。我記得曾聽說巨浪衝浪冠軍佩姬．艾姆斯（Paige Alms）也在這個高度接受訓練，因為這就像被四十呎高的巨浪一鍾打到海底一樣。即使是處於巔峰狀態的職業運動員，在這個高度運動也很難

驢子賽跑是如此的龐克搖滾！基普帶領我們在他的地球之船附近做賽前跑步。

受。佩姬說：「在一萬呎的海拔高度上奔跑是我這輩子做過最困難的事情，」而且這還是吃了許多苦頭，被提名為年度最佳失敗者之後的事。佩姬提醒我們的是，在你是運動，在我卻是懲罰。

或者該說是死刑。就在離我們不遠的亞斯本（Aspen），有個二十歲的賓州女孩健行時就因高山症而死。儘管高山症這名稱聽起來就像肚子痛一樣沒什麼大不了，但如果你知道它的正式名稱其實叫做「高山肺和腦水腫」（High Altitude Pulmonary and Cerebral Edema），就明白它的可怕。這女孩到達海拔一萬呎時，她的嘴唇應該會變成藍色，並且咳出血沫。她會喘著粗氣，頭痛欲裂。她不得不躺下——這舉動將會致命。她的肺部會充滿液體，把她淹死。而在那一刻，我們正接近她死亡時的海拔高度。

我們重新出發，這次速度更加緩和，但我只跑了五十碼，就因劇烈的頭痛不得不停下來。在我身後的美嘉已經改為步行，她垂著頭，雙手放在臀部。我真的要讓她經歷這樣的辛苦——只為驢子賽跑嗎？而且我們還得再爬兩千呎。我們究竟在搞什麼？當然，我們團隊中唯一一個泡在冰冷的水裡以適應高海拔環境的人，現在卻是腳上打著石膏，坐在屋裡的那個人。

我告訴基普說：「這似乎是個餿主意。老實說，我擔心在山上會發生什麼情況，我們真的可能會在那裡遇到麻煩。」

「說得對，」基普說，「但是你要想一想。」他猶豫了一下，思索該不該繼續說：「我不想聽起來神祕兮兮的，像個巫師，但緬甸人有句俗話，我認為很有道理：『害怕的事，就要去做。』」

「對，」我盡可能假裝很有興趣地說，「很酷。」他是用這種廢話在開我玩笑嗎？我需要的是頭痛藥和輸血，而不是幸運籤語餅。我的焦躁已經達到沸點——但接著就像拉起水槽塞子一樣，一下全部都放光了。不是因為我做了什麼事，而是因為佛洛兒。和牠相處了六個月，牠已經把我調教到在緊張達到臨界點時立即消除。好吧，我告訴自己，冷靜點。我記得柯提斯曾對我說過的話：「你的思想會比山先打敗你。」

美嘉趕上了我們。她把雪曼的背當枕頭，趴在上面喘息。「你覺得怎麼樣？」我問她，「今天就到此為止吧？」

美嘉說：「我的速度會放慢，但我會繼續前進。也許會變好。」

「就是這種精神，」基普笑著說，「總不會變得更糟吧？」

我深吸了一肚子的空氣，希望能有所幫助，這讓我想起了柯提斯的另一個建議：「找出節奏。」驢子雖然看起來不像舞廳裡舞者，但是如果仔細觀察，牠們所做的一切都有拍子。牠們按著華爾滋節拍的小跑及呼吸，這就是讓牠們輕鬆愉快繼續前進的步伐，在陽光熾烈的峽谷中跑了一哩又一哩。因此這回我嘗試讓自己與佛洛兒同步。我把注意力集中在牠的節奏上。我們跑步時，我算出了節拍。

一、二、三……

一、二、三……

在我注意到數字前，我們已經跑了五十碼，接著又五十碼：

害怕的事……

就要去做……

害怕的事……

就要去做……

兩天後，一輛休旅車停到地球之船的門前，一群佩德雷蒂湧了出來。

瑞克說：「你真是找對了人，我哥哥可以說服我太太去做任何事。她總會帶了一些她買的東西回家，然後對我說：『你想我能不買嗎？我是和羅傑一起去的。』」

我們和泰咪一見如故，她活潑友善，而且儘管她戴著精緻的眼鏡，又預先道歉說會拖慢我們的速度（「真的，我很慢」），可是一等她脫下巴塔哥尼亞（Patagonia）牌子的外套，就可以明顯看出，如果我們之間有脆弱的環節，絕對不會是她。泰咪看起來比我們任何一個人都更結實，或許只除了齊克以外，在你強壯但卻並非骨瘦如柴時，肩膀上也會有那種虬結的肌肉。泰咪幾年前才開始跑步，她報名參加自己的第一場半馬比賽，作為自己四十歲生日的禮物，而且就像我們一樣，她立刻愛上跑步。只是多年來，泰咪目睹了許多佩德雷蒂家族成員參加驢子賽跑的恐怖故事，因此立即向我們保證，不論如何，一定要讓人人都安全歸來。她先生頭一次參加驢子賽跑的長跑道項目，倒在都是岩石的山腰上，躺了一個小時，疲憊地閉著眼睛，直到成群的蚊子俯衝而下，迫使他不得不再站起來。第二年，瑞克又因為驢子不肯踩雪而過，因此被困在冰風中一個小時。他的哥哥羅傑有一次被驢子達科他拖拽，肋骨骨折，這還算好，因為羅伯在參加萊德維爾的賽跑時，被驢子踢得很重，造成氣胸，不得不用飛機送到丹佛去救治。

「你知道他們說的，『絕不會變得更糟』？」瑞克說。「這是謊言。」

「別聽他胡說，」泰咪說，「如果我能做到，你也可以。」這讓瑞克安靜無語，但更重要的是，這讓我們發現泰咪先前曾經參加過世界錦標賽。而且還參加了**兩次**。我不記得羅傑曾經提到這件事，這立即讓我們有了雙重的希望。說到山區訓練，威斯康辛州並不比賓州高明，不是嗎？

雪曼和驢子幫好奇地從柵欄那裡望著我們，因此美嘉和齊克帶著泰咪和她的孩子們去看牠們，而瑞克和我則走回地球之船，收拾馬具。我們一走到其他人聽不見的距離，我就說：「我能問問羅伯發生了什麼事嗎？」我聽過這件事的一些片段，但自羅傑說到齊克的那句話以來，我一直想探問得更詳細一點。

瑞克說：「沒關係，我喜歡談他的事。我這哥哥是獨一無二的。」

他說，羅伯是真正的天才，舉一反三，活力無限。他從小對動物就很有天賦，祖父和外祖父都雇用他來訓練獵犬。其他的孩子在床上睡覺時，小羅伯已經穿越樹林，跟著狗吠在黑暗中追逐浣熊。羅伯在大學時越野跑步，對耐力運動非常著迷，因此畢業後移居科羅拉多，加入日益壯大、四處巡迴的超馬跑者族群。羅伯馬上養了兩隻狗，儘管他的專業是護理，但他很快就成為大受歡迎的狩獵嚮導。「是我們見過最堅強的小傢伙，」一位狩獵同好說。「雖然他個子小，卻無比強壯，可以肩背著一頭一百五十磅重的美洲獅，仍然把你拋在後面。他很擅長追逐獅子，這樣的狩獵會演變為馬拉松。有個人說：「我最好的狗就是羅伯。」

羅伯的大腦、毅力和對動物的同理心結合在一起，是驢子賽跑的理想元素，他一嘗試就迷上了這個比賽。接下來五年，他和驢子撒瑪利坦就與哈爾・華特和湯姆・薛巴爾一路纏鬥，每一次比賽的勝負通常都只有一驢鼻之差。哈爾和羅伯雖然在場上拚得你死我活，但場外卻是莫逆之交。而且也正是哈爾最先發現羅伯的奇怪行為。「羅伯總是忙碌不停，」哈爾說，「只要一有空閒，他就去忙愛心活動，例如指導少棒球隊，或在療養院擔任臨時護士。羅伯很少待在家裡，我總是想知道原因。」

當哈爾聽到羅伯突然賣掉他的獵犬，結束他的裝備生意，搬到聖路易擔任脊椎指壓治療師的消息時，不免大感意外。羅伯解釋說，他已經三十六歲了，覺得自己不該再像個孩子那樣四處奔波，應該有個穩定的職業。他的好友肯尼告訴我：「他突然離開山區，搬進城裡。他唯一追求的目標是教育，但那對他根本不是挑戰。」羅伯輕而易舉就完成課業，因此有許多閒暇，可是沒有狗陪伴，也沒有可以探索的曠野。堅強的男人是不會發牢騷的，所以即使羅伯陷入憂鬱，也只在日記裡發洩他的絕望。

瑞克說：「在最後的幾個月裡，他寫下了自己的痛苦。當你讀到它時，不由得想：『天呀，他是怎麼走到這一步的？』」二〇〇四年的那個二月天，瑞克聽到槍響，然後懷抱著死去的兄弟走出樹林。羅伯的朋友肯尼後來感嘆說：「你永遠不知道別人面對的是什麼樣的惡魔。因為如果羅伯會被打敗，那麼就沒人能勝利。」

羅伯終於找到平靜了，但他的母親卻沒有。羅伯喜愛的驢子在科羅拉多牧場上等著他，不知道羅伯會不會回來，卡蘿一想到這個念頭就不能忍受。所以羅傑前往科羅拉多要帶撒瑪利坦回來，他出發時既沒有卡車，也沒有拖車，就算有也根本不知道要怎麼操作，但這些都不是問題，因為撒瑪利坦的主人不肯放牠走。經過了整整三年不懈的努力，才終於把撒瑪利坦帶回來。羅傑想要取代羅伯，他和撒瑪利坦頭一次參加世界錦標賽以紀念羅伯時，全家族傾巢而出，全都前往費爾普雷加油，結果佩德雷蒂家族的人數比參賽選手還多。

私底下，他們來到這裡也是為了一償人情債。羅伯的母親花了三年時間爭取一頭驢子的所有權，這只是她表達對這個社區感激之情於萬一。她的兒子遠離家園，獨自一人默默地和要殺死他的疾病奮鬥，而這個社區卻伸出援手。羅伯不知道自己偶然地藉著提高血清素和催產素的量，發現治療憂鬱症的方法。他只知道自己突然被一群參加驢子賽跑的兄弟姊妹們掃過，他們給他狂奔的機會，讓他能夠呼吸飄著雪花的空氣，照顧那種自時間曙光之初就使人感到安全滿足的大型毛茸茸生物。

「你的朋友齊克，」我們帶著馬具走近牧場裡的三驢幫時，瑞克匆匆總結道：「這可能是對他最好的事。」

我們可以看到在田野對面的齊克，孩子們包圍著他，看他撫摸雪曼的耳朵，告訴大家怎麼為雪曼做牠最喜歡的深層組織按摩。雪曼喜歡受人注意。這些天牠看起來如此快樂，如此堅強和自信，有時很容易忘記，儘管牠因齊克而獲得了療癒，但牠也付出了同樣多的回報。

「有人見到兩位女士嗎？」我們和泰咪做完暖身，佩德雷蒂家族全都回到韓德旅館後，我問道。

大家齊聲答覆沒有。自那天早餐結束後，就沒有人見過她們——或者，等一下，是昨天吧？她們似乎消失在黑夜中，或者至少在黎明之前就消失了，現在再度天黑了。我因為與泰咪試跑分了心，所以整天都沒想到兩位女士。我們先讓瑪蒂達與泰咪一起跑，她馬上就展示了自己的實力。泰咪讓自己站在瑪蒂達側面最佳的位置，不斷地發出唧唧的聲音，嘴唇嘖嘖作響的聲音，催牠前進。瑪蒂達喜歡有主人同行，牠和我們一樣，馬上就與泰咪結為好友。甚至連雪曼也出奇地開心，或許在草地上撫摸牠的耳朵生了效，使牠對佩德雷蒂團隊產生好感，因為突然之間，牠可以暫時離開齊克，與美嘉和一群佩德雷蒂家的孩子們沿泥土路慢跑。我們平緩地跑了三哩，情況不太差，呼吸雖然依舊很辛苦，但如果有誰想要用枕頭讓我們窒息，他可得鬆手了。

「你一定會得到很多樂趣，」瑞克承諾說，接著又趕緊補充說：「嗯，一開始不會，太瘋狂了。這一條泥土河岸**真的**很陡，六十頭驢子突然從那裡直衝而下，東西都從他們的鞍具上飛下來……」幸好佩德雷蒂家小傢伙餓了，把他們的爸爸朝車子那邊拉，讓他無法再說我們要面對的更多血腥細節。我們和泰咪作了計畫，要在比賽當天早上見面，然後彼此揮手道別。我們往地球之船走去，與基普和克莉斯汀一家人便餐。

我查了一下手機：兩位女士仍然沒有消息。我告訴自己別擔心；自從她們到達科羅拉多以來，一直不停地閒逛，而且到目前為止，她們從沒遇過問題。她們已經兩次騎著向陌生人借來的馬上山；還有一次，她們開車穿越半個州，然後再回來與住在離懷俄明州邊境僅幾個小時的琳達的女兒共進午餐。她們回來時總是有些故事——她們看到的奇怪腳印，或者她們開車碰到隱藏的山口，或者她們在費爾普雷城裡發現的免費刺青店（機關在於：自己動手做），接著又建議帶孩子們出去，教他們如何用卡琳的手槍射擊罐子。

但是她們經歷的冒險越多，我就越擔心她們的好運氣還能持續多久。她們既聰明又堅強，因此我很難想像她們會受到傷害。但是她們會不會惹上高速公路巡警而被關進牢房？會不會因為開快車，而在亞斯本山頂車軸斷裂？會不會在路上幫助逃離虐待家庭的少女，策劃她逃到波特蘭的安全地點？在這些情境中，唯一教人吃驚的是它們竟都還沒有發生。而這樣的情況又會置我們其他人於什麼樣的境地呢？卡在孤零零台地上的地球之船，沒辦法把驢子帶回賓州，更不用說參加比賽了。儘管我認為這兩位女士多采多姿的生活很有趣，但我不希望在我們離岸這麼近時，讓獨木舟翻覆。

最後，到晚上八點，我實在無法等下去，只好嘗試撥卡琳的電話。沒有回音，沒有語音信箱。我按了電子郵件，因為卡琳知道我不發簡訊。可是還是什麼都沒有。

等車燈終於在車道上出現時，我們已經吃完晚餐，孩子們正在玩Uno卡。我們把食物拿出來，以為兩位女士衝進門內之後一定會嚷肚子餓，但她們並未現身。我走了出去，發現她們默默地坐在我們的土坯小屋裡，從一瓶鳥狗威士忌（Bird Dog Whiskey）中倒出一杯分享。

「你們不餓嗎？」我問道。

「不，今晚不餓，親愛的，」琳達恍惚的聲音說，我先前只有一次見過她這樣：在西維吉尼亞加油站的那天晚上，當她告訴我她們差點失去卡琳的時候。

卡琳說：「我們只是要在這裡安靜一下。你回去吧。我們沒事。」

坐著、安靜、或單獨，這些元素中的任何一個本身就是危險信號——三個元素同時加在一起，意味著她們問題大了。卡琳說，她沒有接電話的原因是因為她正忙著和警察說話。「我們正要開車回來，結果一輛野馬超過我們，它的車速快得像飛一樣。」幾秒後，一輛摩托車震耳欲聾地駛來，跟在野馬車尾。摩托車騎士想要快速切回卡琳這條車道，但是他彎得太厲害，擱腳板碰到路面，卡住摩托車向後退了一下，騎士摔了出去，飛到空中，摩托車在他身旁翻滾，琳達的心往下一沉：「他沒戴安全帽，他一飛到空中，我就想，『哦，不，天哪，千萬不能著地。』」

卡琳踩了煞車，車子冒著煙停了下來，她把卡車轉成側向，把兩條車道全都擋住。她甩開車門，然後停下來拿手機，而琳達——是的，年紀七十二歲，身材只有十一歲女孩大小的琳達跑向迎面而來的汽車，用自己的身體覆蓋受傷的男子。他已經停止呼吸，但是當琳達跪在他身旁時，他又抽了一口氣。他的妻子在嗎？他問道。他的妻子在那輛野馬車裡，他在追趕他的妻子，他的妻子在那裡嗎？

「她來了，」琳達說。「她馬上就來。」

騎士安靜下來。「加油，保持呼吸，」琳達懇求他，她把手放在他的胸口。「加油，繼續呼吸。」野馬的駕駛人一定從後照鏡中看到了車禍，因為片刻之後，摩托車騎士的妻子就跑到他身邊。她到的時候他正好嚥下最後一口氣。

卡琳說：「警察來的時候，他已經走了。」

她看到我臉上的表情，給我倒了一小杯威士忌。我說：「你很可能會送命。你沒有被車子壓倒算是很幸運。」儘管兩位女士誇口說她們一聽到有機會冒險，抓起皮包就走，但我卻不能忘記卡琳和琳達來這裡真正的原因是，她們是唯一聽到我們陷入困境就挺身而出的人。她們從未見過我們，但還是不顧一切地參加了這段艱苦的旅行，還得在拖車裡過一週。我知道她們喜歡冒險，但我可不希望她們因為我的緣故，而在離家數千哩的高速公路上喪命。

我說：「你對我們所有的人都很好，我很難過竟然發生這種事。」

卡琳站起來，放下玻璃杯。她說：「我在病中學了一些教訓，」她像在甩水一樣搖晃手臂，「如果發生了壞事，你一定要擺脫它，繼續前進。在這次的旅行中，我們經歷了很多。在我們回家之前，讓我們確定它值得。」

26 萬恩大軍

二〇一六年七月三十一日上午八點四十五分將會是雪曼這輩子最偉大的時刻。就在這個時候，牠探頭往外一瞧，發現驢子已經占領了全世界。

我們剛剛在費爾普雷唯一的紅綠燈處右轉，進入了滿眼驢子的小鎮。就像野蠻人軍隊集合一樣，牠們全都毛茸茸，身體結實，情緒激昂，嘶鳴之聲響徹雲霄，在大街上迴盪。我瞥了一眼後視鏡，看到在拖車裡的雪曼興奮不已：牠從往常屁股向後面對著牆的姿勢倒轉過來，頭伸在窗外，鼻孔賁張，耳朵高高地豎著。牠像男高音一樣噘起嘴巴，然後發出像約得爾（yodel，瑞士、奧地利的一種山歌唱法）山歌一樣的鳴叫，如雷貫耳，充滿了靈魂，似乎在講述牠的一生。牠的部族就在這裡，牠們聚集起來迎接牠。終於。

我告訴卡琳說：「我們恐怕只能把車開到這裡。」美嘉和我和兩位女士一起開車駛進費爾普雷，而其他成員，包括齊克和基普的家人，都在後面的車隊。離起跑槍響只剩一個多小時，大街的每一吋都擠滿了牲畜拖車，還塞進了小巷。「等我們一進城，就不會有足夠的空間掉頭了。」

「我們沒問題的，」卡琳說，「我們有貴賓停車位。」

「我們有嗎？」我可以從車外看到我們正超越柯提斯．伊姆瑞的拖車，上面有紅、白、藍色的漆，還漆上他的座右銘：「驢子、戲劇和民主」，所以絕對錯不了。我指著車子說：「柯提斯好像沒有貴賓停車位，而他已經參賽四十年了。」

「不要分散她的注意力，」琳達叱道。卡琳把這輛巨大的拖車駛過狹窄的街道，直奔古色古香韓德酒店前的比賽登記桌。當我們距起跑線約十步遠時，她停住輪子，把卡車停在一個巨大的手繪標誌前，上面寫著：**比賽日不得停車。違者拖吊！！**

我說：「我覺得我們這樣恐怕會吃罰單。」

「不，我們和那位女士談過了，她說可以，」卡琳說。

「哪位女士？」

「真是個甜姊兒，」琳達說，「我們在義大利餐廳遇見她，她說，『別客氣！隨便停。』」

生命的甜蜜奧祕。到此時，女士們唯一讓我感到驚訝的，就是她們不斷找到讓我驚訝的新方法。如果她們因為一個下午想吃披薩，而幸運地得到擁擠小鎮中最好的停車位，也不是什麼稀奇的事。「我們得趕快走，」卡琳結束討論說，「驢子適應環境的時間越

世界錦標賽早晨，費爾普雷成了驢子世界。

長越好。」我們從卡車上跳下來，打開拖車門，看著雪曼，佛洛兒和瑪蒂達緩步走出來，滿懷敬畏地加入驢子家族大聚會。

雪曼非常興奮，牠的毛似乎都豎了起來。自南北戰爭以來，恐怕再沒有比這更多的驢子在科羅拉多的年度驢子賽跑中大聚會，這已變成了家族聚會，讓那些從來不知道自己有堂表親的動物得以團聚。驢子在大街上嘶叫，互相嗅聞。雪曼仰起頭，再度發出歡樂的山歌叫喚，佛洛兒和瑪蒂達也加入作為伴唱。卡琳用手遮住耳朵。「哦，我的天哪，這簡直像重金屬合唱團。」

美嘉和女士們為我們的三驢幫準備好飼料桶和清水桶，而我去和泰咪會合。我發現佩德雷蒂家族還有許多人仍穿著睡衣和印著威斯康辛大字的紅色運動衫，聚集在韓德旅館的早餐廳。只有羅傑和瑞克沒有在吃早餐，他們穿著跑步短褲和熱身上衣，才剛慢跑過來檢視賽場上的驢子。

「牠們看起來很緊張，」羅傑說。

「牠們知道今天是比賽的日子，」瑞克附和。

「一年中最糟糕的兩個小時，」羅傑說，他把手放在自己的肚子上，好像生病的樣子。

「突然之間，空氣好像稀薄得多。」

是的——空氣。昨晚我一再地醒來，想著來附近遠足卻在萬呎高地上死亡的賓州女孩。高山症的可怕之處，就是它在殺死你之前會讓你神智不清，在你有危險的信號越來越明顯時，你的大腦卻因為氧氣不足而無法辨識它們。我知道佩德雷蒂家族的女家長卡蘿是護士，到現在為止，她已經看過許多來自平地的新手參賽。

「我該不該擔心？」我問她，「有沒有辦法在嘴唇變藍之前，知道情況嚴重？」

「我只有帶這個東西，」卡蘿說，她在提袋裡翻了一下，掏出一個手指式血壓計，伸手來拉我的手。她的朋友蕾妮也是護士，她俯身與卡蘿一起看讀數。蕾妮說：「全國各地的人都歡呼著參加馬拉松賽，但沒有賽事可以和這個比賽相比。這些人很剛強（tought），因此如果你辦不到，」她把手放在我的手臂上安慰我說，「也不必難過。」

「七十一、七十七，」卡蘿說：「哦，這不錯。你沒問題。」

「這真的行嗎？」我問道。佩德雷蒂的男孩子看著彼此，聳了聳肩。「我們還活著啊，」羅傑說。

我把手指從小血壓計中拔出來時，泰咪出現了。卡蘿警告說，如果團隊中有人覺得不舒服，要立刻停下來。不要躺下；只要靠著自己的驢子，站穩腳跟，直到有人來幫忙為止。她總結說：「你們已經來這裡一週了，所以應該沒事。但是不能冒險。如果得了高山症，那可非同小可。」泰咪和我一邊記下這話，一邊回到拖車收拾鞍具，準備去稱重和登記。

每個賽車手的鞍具都必須配備探礦者的三種傳統工具——鎬、淘金盤和鏟子，而佛洛兒這樣大小的驢子還得背負至少三十三磅的重物。齊克的雙親前一晚抵達，正好來得及讓齊克的父親安迪與基普在基普的自行車棚子裡準備我們的裝備。我曾聽過一些賽跑選手的噩夢故事，他們在雪堆和冰暴中跑完二十九哩路程，直到即將抵達終點線，才發現有些工具掉在小徑上，不得不回頭去找。安迪和基普把我們的裝備牢牢地固定在馬鞍上，然後再把一對十五磅重的槓鈴緊緊地跟佛洛兒的鎬和鏟子綁在一起，以達到規定的二十三磅重量。這會兒我們的裝備牢固到炸彈都炸不飛。

美嘉、泰咪和我肩負著繩索和馬鞍去稱重和測量時，哈爾．華特突然出現了。他穿著黑色跑步緊身褲和黑外套悄悄朝我們走來，垂著頭，臉上還留著鬍渣，就像十年前我們在初識時一樣若有所思，心煩意亂。

在萊德維爾相識。

「嘿，哈爾。」我叫道。他急急抬起頭來，擠出一絲微笑。「很高興見到你，」他說。

「你還好嗎？」我問。

「糟糕的一週，」他一臉苦笑：「我病了。真的很累，而且鼻塞，接著這古怪的血管在我的胸前突了出來，我昨天淋浴時才注意到，我試著把它推回去，但是它又彈出來。我不知道這到底是什麼，花了一整晚上網研究。還有，」他突然轉移話題：「你知道他們會不會測量繩索的長度？」我猜除了靜脈腫脹突然發作之外，哈爾還擔心泰迪，這頭精力充沛的新驢子一看到水就難以控制，因此在過一條小溪時從哈爾的肩頭咬下一大塊肉。「牠像蛇一樣狠狠地攻擊我，像發了狂一樣，」哈爾說，「牠用力咬我，鮮血直噴，教人心驚，真的。我猜牠咬斷了一些肌腱，」他嘆了口氣。「我參賽多久了？三十七年？怎麼從來就不會變得簡單一點？」由於泰迪的問題，哈爾在想他能不能用比規定十五呎更長的繩索，以便減少他遭拖拽的風險。

「我不知道，」我說，「我們還沒報到。」

「對，算了。我們在那裡見。或者不見，我不知道。」

在報到桌前，我把鞍具掛在秤上，彎腰簽免責聲明書。至於比賽項目，我們決定選擇十五哩的路線。這已經比我們在訓練中所經歷的還要遠，而且在我們整個夏天所經歷的之後，嘗試把距離增加一倍的想法不僅瘋狂，而且毫無意義。從一開始我們的目標就是：給雪曼一份牠愛的工作和與牠分享的朋友。如果我們能把自己推到那座山的半山腰，再把牠帶回來，仍然能跑得動，那就是勝利。

「哈爾有說他要去哪裡嗎？」比賽總監問，「我們即將開始了，可是他還沒來報到。」

我說：「我看他可能不會跑，他有一點健康問題。」

「他當然會。」總監說，「我們都說他是神經質。他在這項賽事中獲勝的次數比任何人都多，而且每年他都不是有這個問題，就是有那個問題。你看著吧，他會忘記自己的健康問題，來參加比賽。」

果然，我還沒填完表，哈爾就已經無精打采地走到桌前。在後面推著他的是柯提斯。「看看我找到誰了，」柯提斯說，「最好給他打上烙印，趁他再次開溜之前把他塞進人群裡。」柯提斯一看見我，就從哈爾身旁走來，用力給我一個大大的擁抱。「你辦到了！」他說：「你一頭栽進去，向一些驢子做了承諾。這會害死你。」

「你今天參賽嗎？」我問道，我看到柯提斯膝蓋上的鉸鏈支架。

「當然。你得按自己的情況去調整。」

倒數計時的時鐘滴答作響。我們匆匆回到拖車上，在女士們的幫助下，我們給驢子上鞍，並仔細檢查牠們的籠頭。我穿上了《天生就會跑》的朋友赤腳泰德給我的跑步涼鞋。我不知道在這樣的地形中，它們是否理想，但用護身符武裝自己似乎是明智之舉。美嘉穿上我們家的「快羊農場」

（Speedy Goat Farm）T恤，作為想家的象徵，雪曼身上則掛上一條特殊的棕色繩子，上面有穗邊，是我們送齊克的生日禮物。

蘇菲和我的侄女莎拉圍著雪曼，結結實實地為牠抓了抓頭，讓牠有好運氣。「我希望你喜歡你的生日禮物，蘇菲，」我說。自從我們頭一次見到譚雅騎著驢子鬆餅，從樹林裡衝出來，讓蘇菲覺得她也想要一頭驢子以來，就像是上輩子的事，「要不是你，雪曼仍然會被關在那個畜欄裡。」突然，我的胃絞成一團，我幾乎無法呼吸。哈爾．華特贏得了七次冠軍，但他仍然會感到恐懼。雪曼真的準備好了嗎？我們每一個真的都準備好了嗎？

「好了，」我嘶啞地說：「大家都準備好了嗎？」

「等等，」齊克說。他站起來，摩擦雪曼的耳朵，「這是齊克爸爸給你的最後祝福。」

「沒有你，牠就不會在這裡，」美嘉把齊克拉過來，給他一個擁抱，「我們誰都不會在這裡。」

齊克的眼睛湧起霧水，他很快地眨眨眼，移開視線。「你是感謝我，還是責備我？」他說，他媽媽走過來，用胳膊環繞住他的肩膀。

「我們最好趕快，」我告訴美嘉和泰咪。我們牽著驢子的籠頭，帶牠們朝聚在梅乾紀念碑前的人群走去。梅乾是費爾普雷鍾愛的市驢，一八六〇年代，牠在礦裡工作之後跑了，但牠並沒有消失在山上，而是按固定的路線在城鎮周圍遊蕩，費爾普雷這一頭的人可以在牠的籠頭上貼字條，讓另一頭的朋友接收。梅乾於一九三〇年死亡，但牠已經成為費爾普雷的認同象徵，因此保留了牠的紀念碑直到今天。

「**克里斯！**」有人在喊，「我們來了！」我們四周的驢子和賽跑選手像洶湧的大海一樣在移動旋轉。我環顧四周，最後在人群的盡頭看到了安珀．萬恩上下蹦跳。她身旁是她的先生布萊德，在經歷醫院的噩夢之後，仍然神采飛揚，很高興回到他的邊緣群體同伴中。安珀用手指比出手勢，我看到他們十三歲的兒子班緊張地拿著一頭驢子的繩子。

「幫我注意他！」安珀手指交疊喊道。班有生以來第一次獨自參加比賽，原本因為布萊德的病，安珀決定這一年不參賽，但班非常堅決：不管有沒有癲癇，他都要來參賽，展現萬恩家人的本事。儘管安珀自己應該很瞭解班的情況，但她還是問了柯提斯的意見。柯提斯說：「一定有人會既年輕又愚蠢，可能是班，總不能永遠是我。」然後他又輕聲補充說：「萬恩太太，你知道那座山上的每一個人都會像照顧他們自己的孩子一樣照顧班哲明。從我開始。」

我們試著往後朝班而去，但是驢子開始躁動不安，互相繞圈，糾結著繩索，讓鞍具叮噹作響。瑞克強行穿過人群，要給我們最後的建言。「這個地方即將爆發——」他開口說。

「**各位選手！你們準備好了嗎？**」比賽總監大喊。

瑞克提高了聲音。「不管你做什麼——」

暴民開始高喊：「**十**……**九**……」

「都要節制！」

「**六**……**五**……」

「如果你在這場比賽中缺氧——」

「三……二……」

「你的比賽就結束了！」

碰！

水壩爆裂，驢子淹沒了前街。領先群疾馳而過，像賈斯汀・莫克和喬治・查克這樣的精英運動員靠著鍛鍊過的馬拉松選手速度保持步伐，而被驢子拉到他們身邊，不是那麼菁英的選手則拉住繩索，疑心自己還可以堅持多久。我們旁邊的一名女子正在和她的驢子拉鋸，她的驢子一邊往後退，一邊抬腿踢出，而她則在一段距離之外繞圈，英勇地抓著她的繩索，試圖安撫驢子。我迅速搜尋班・萬恩，但他消失在混亂中。即使看到他，我也無暇照顧，得全心應付佛洛兒。

佛洛兒滿懷期待地顫抖著，渴望加入這有趣的活動，牠的力量強大，隨時可以掙脫。我讓牠向後旋轉，背對驢群，要不是牠不斷地轉動，直到再度面向前方，這策略倒有可能會奏效。所以我在半路攔住牠，抓住牠的籠頭，讓牠拖著我快走，不想要讓牠撒腿疾馳。我往後一瞥，看見一頭不認識的驢子；野東西竟然禮貌地拒絕了創造比牠夢想中更大破壞的機會，而在瑪蒂達身旁靜靜地漫步，牠們倆就像正在享受表演藝術的旁觀者一樣。

達達蹄聲從後方逼近，接著瑞克和羅傑帶著他們的大賽驢靠近我們身邊。佛洛兒用力拉，跑到牠們身邊，我趁著這個機會讓手滑下佛洛兒的籠頭，放出繩子，試試我能否控制牠的步伐。可是這麼做之後，需要被拉住的人反倒是我；從慢跑轉變為狂奔後，你的衝動是加入群體而不是抗拒它。這非但不像被巨浪打擊，反而像乘風破浪，感覺到它的力量打擊著你，但卻知道你會被輕輕推到岸邊。我們和佩德雷蒂兩兄弟並排，攀上前街的頂端，接著就像怪異事件的怪異腳註一樣，我們進入南方公園（South Park）鎮，這是重新修復的採礦小鎮，據說這裡就是有線電視頻道喜劇中心（Comedy Central）的《南方四賤客》（South Park）靈感來源。

「控制，」瑞克提醒我。他指著前方一個帶著體型不比瑪蒂達大的驢子的跑者：「你可以學學那個人，約翰．文森特（John Vincent）。」

「就是芭柏．杜蘭稱為『那個該死的妖精』的人嗎？」

「芭柏叫他『那個該死的』後面加很多名稱，」瑞克同意說，「他惹她生氣，但是他很不錯。」

這話是瑞克以威斯康辛的客套方式和我說：「再見！」他和羅傑換了我們追不上的檔，向前漂流。不過，雖然這兩兄弟速度很快，而且又加快了步代，但約翰．文森特和小「瘋馬」依然在前方拉開距離。只是約翰仍然無法甩掉一個僅落後不到兩步的年輕女子，她亦步亦趨緊跟著他。我聽說過這名奇女子：她一定是路易絲．邱斯特。就像琳茲．杜克一樣，路易絲高中時代就參加驢子賽跑比賽，如今二十歲的她是奧克拉荷馬大學新鮮人，參加了划船校隊，她以高超的技巧、強大的力量和敏捷的速度回到山區參賽。

即使從遠處看，路易絲和約翰的纏鬥看來都很美：他們的腿與驢子的腿整齊劃一地擺動，他們的腳就像拳擊手練跳繩一樣，啵啵啵地輕輕離地。他們的動作讓我想到柯提斯關於奔跑節奏的訣竅，而且正好及時：因為開跑的半哩左右，我開始感受到高度的影響。我深吸一口氣，遵循基普口訣的

泰咪．佩德雷蒂牽著瑪蒂達，雪曼隊開始賽跑。

節奏，放緩了步伐：害怕的事……就要去做……害怕的事……就要去做……

「牠又來了，」我回頭對美嘉和泰咪大喊：「大家都好嗎？」

「到目前為止是的！」美嘉說。

在賽程中，我們發現：佛洛兒最大的優點也使得牠讓人頭痛。佛洛兒有一種很討人喜歡的社交本能，牠對任何人都很友善，而且非常執著要緊貼著雪曼和瑪蒂達。牠也愛跟從別人，只要前方有任何人，牠都要趕上前去。這種本能對訓練極為有用。在家裡訓練時，我們總讓孩子騎自行車在前面當兔子誘餌，佛洛兒會緊緊跟隨，牠呼吸的氣息都會吹到孩子的頭髮上。但是現在在山上，眼前一望無際都是兔子誘餌。到這時，我們已經跑了大約一哩，滿場選手已經形成往山上而去的長隊。在佛洛兒看來，我們前面的每一個跑步者都比我們剛剛超過去的跑者更有吸引力。

但我不得不承認，我愛牠的膽量。佛洛兒迫使我嘗試我自己辦不到的事：競爭。兩天前，美嘉和我還在基普的車道上氣喘如牛，不知道該怎麼在一萬呎的高度上跑出比幾十碼長的距離。我們今天的策略是慢步小跑，就算是最後一名也很開心，只要能跑完全程就好。不過現在情況卻有了變化：原本只要佛洛兒看到小徑前方有別的驢子，我就要準備撒腿狂奔，面對暈眩和腿軟，可是到目前為止，我卻好好的，什麼不舒服都沒有。若不是因為接觸到周遭的這些動物使我們的腎上腺素和血清素分泌衝上雲霄，就是我們已經適應了這個高度，讓艾瑞克教練給我們艱苦的山上訓練發揮效果。

我們搖擺著步伐前進，情況很好，讓我昏昏欲睡，就在此時，佛洛兒卻帶著我直接走向死亡。「老兄！」我脫口而出，「搞什麼鬼！」比賽路線已經出了樹林，有一小段路是要繞過公路。我還來不及注意，佛洛兒就拐出步道，直朝公路上飛馳的汽車而去。我把牠拉回來，重新出發，但才跑了三碼，牠又像受到自殺本能驅使一樣，朝公路而去。是因為牠追上其他驢子的本能反射短路，受到飛速汽車的噪音和能量所驅使嗎？我不知道，但幸好，對這種神祕的情況，我們準備了應付的措施。

「該派瑪蒂達上場了，」我喊道。

泰咪立刻與她的夥伴跑上前來。「你看看瑪蒂達能不能帶我們擺脫這個問題，我不知道佛洛兒怎麼回事，」我說道。泰咪發出小小的一聲杜蘭咆哮，瑪蒂達應聲向前方直衝，繞過佛洛兒領先，雪曼也衝刺跟上，讓佛洛兒跟在泰咪後面走出了危險區。我們很快又回到了樹林裡，讓我得以讓佛洛兒再度成為領跑者，定下步調。這條小徑曲折難行，除了深深的車印之外，四處都藏著高低不平的岩石，就像教人摔斷足踝的陷阱一樣。我只顧專心地朝腳下看，沒想到一個轉彎，就突然和基普面對面，教我大吃一驚

「五哩！」他喊道。

「真的嗎？我們已經走了五哩？」我環顧四周，「其他人呢？」

「那個男孩，班，他的驢子出了麻煩，所以女生都回去幫忙他。」

十秒鐘前，我們還在樹林裡辛苦地開路，現在我們知道自己已經走了多遠，我不想停下來。「要等孩子們，還是繼續前進？」我問泰咪和美嘉。

「繼續前進！」她們齊聲唱道。

我非常欣賞美嘉和雪曼在我身後上演的各種地形技能表演。雪曼非常高興自己能跟著驢子遊行隊伍前進，牠幾乎一路蹦蹦跳跳，但牠依舊只是繫在那段繩索上第二快樂的生物。因為我每一次回頭，都看到美嘉對著雪曼喊喊喳喳，不斷地用甜言蜜語鼓勵牠前進。我不知道美嘉是不是因為腎上腺素大量分泌，還是因為我們先前的山地訓練終於讓她獲得了應得的回報，讓紅血球數量增加，不過這是她畢生難忘的跑步經驗。突然我覺得美嘉與雪曼共享這一刻是多麼合適。

先前我們所有的人都把注意力放在齊克的意外上，因此一直到那時，我們從沒有想到美嘉經歷的轉變和雪曼一樣大，而這一切僅出於一個原因：協助其他人。我、齊克、雪曼——我們會捲入這

美嘉與佛洛兒一起訓練，綻開微笑。

件事，是因為我們全都有一些地方需要修復。可是美嘉本來就好好的，她從來沒有要參與這一切，但她只不過看了一頭跛腳的病驢一眼，看到牠孤零零地站在運乾草的馬車後面，她就決心要盡一切努力，讓牠恢復健康。在華氏二十度低溫中堆乾草堆，穿著雪鞋去小溪打水，等著我想出該怎麼走出迷宮的那些日子裡，她從來沒有不歡欣鼓舞。過去的這一年裡，沒有人比她和雪曼更努力，走得更遠。齊克是雪曼最好的朋友，毫無疑問；但美嘉卻是讓這一切終能發生在我們所有人身上的可愛精靈。

再跑了半哩後，我聽到低沉的隆隆蹄聲，趕緊拉住佛洛兒的繩索。領先的跑者群正朝我們奔回來，我很激動地看到路易絲緊跟在曾獲冠軍的約翰．文森特後面，一步不失。他們倆像彈球一樣，熟練地在蜿蜒的小徑上奔來跑去，在岩石和車轍上你來我往，卻沒有絆倒。只剩五哩多一點的路程，路易絲看起來很堅強，隨時都可能超過約翰。

「**加油，路易絲！**」我大喊，她露出困惑的微笑。謝謝了，老哥。不過你又是誰？

領跑群風也似的掃過之後，我們讓驢子回到小跑步伐，不久就從樹林裡冒出來，走上一條下坡前往轉彎處的泥土路。我感覺到腿上有東西在碰撞我，對我噴氣，低頭一看，發現是雪曼——雪曼！牠正向前衝來，要向佛洛兒挑戰領先的位置。在那之前，牠一直都在穩步前進，但是看到領先的驢子朝我們湧來，為牠的步伐注入了活力，使牠豎起耳朵，彷彿牠頭一次因為親眼看到快速的驢子可以達到什麼樣的地步而受到啟發。我們從山上一路衝下來，到達中點和正宗的驢子賽跑補給站：一個破爛的冷藏箱，裡面有幾瓶水和一條驢用的食槽。

我們六個都迅速喝了幾口水，接著五個轉身回頭。我不知道發生了什麼事，直到走了一百多碼，攀上回頭的坡路，才聽到雪曼傷心欲絕的吼叫聲在我身後迴盪。我轉過身，看到雪曼還在冷藏櫃旁不肯動。美嘉盡一切努力要讓牠再度開跑，她看到我們在看她時，聳了聳肩：現在怎麼辦？泰咪和我轉過身，但我腦海裡卻浮現了卡琳的聲音，她說：「用牠的眼光來看。」雪曼想要做什麼？牠希望佛洛兒和瑪蒂達在食槽附近和牠一起漫步一下，就算我們回頭也不會改變這一點，只有一件事會讓牠改變主意。

「走吧，」我告訴泰咪，「我們要離開他們。」

她睜大眼睛：「你要離開你太太？在山上？」就連速度最快的女選手都會遵守「方便休息」的約定，發揮姊妹情誼，不會在這裡放棄她們的同伴，而我卻要拋棄我的配偶？「她會明白的，」我說，並且也如此希望。我把佛洛兒拉過來，讓牠開始跑。泰咪和我回到原路，這回雪曼嗚叫時，我一直注視著前方。雪曼又發出另一聲教人心碎的呼喊；這聲音持續並迴響，接著是一片沉寂。我盡量以最小的角度轉頭一瞥，看到那野東西撒腿朝我們疾馳。美嘉已經放完了每一吋繩子，幾乎拉不住最後那一小段。

「該死，現在我們得轉回頭了，」我告訴泰咪，並且推著佛洛兒轉身。如果美嘉和雪曼分開，她就不能繼續比賽，直到她自己抓住牠，並回到牠掙脫的地點重來。還剩七哩的路程，我們不能冒險在洛磯山上追逐雪曼，耗盡力氣。我和泰咪急忙趕下坡。雪曼看到我們過來，放慢了步伐變成小跑。美嘉設法跟住牠，直到我們全都再度集合。我們讓雪曼與牠的夥伴們相互嘶咬嬉戲，接著再次出發往鎮上而去。

前方，我們可以聽到喊叫和刺耳的口哨聲。我看到班．萬恩正在和波雷多掙扎，而不知道從哪裡神奇地冒出了一群觀眾為他加油打氣。走近後，我才發現這不是魔法，而是基普開車載了人們來之故：他用力把我們租來的小貨車從那條防火道路駛上來，打開車門，讓克莉斯汀、齊克和孩子們出來加油，讓班知道，無論他在哪裡，附近都有朋友。就在班往山坡下而去時，我們往山頂上攀登，雙方輕輕擊掌加油。現在我們要跑的距離不到五哩，但我們也登上一萬一千呎高的海拔，開始氣喘如牛。我們正要離開防火道路，而我也害怕即將發生的事。

「我不能再陷在迷宮裡了，」我喃喃自語，接著才意識到自己在想什麼。迷宮？我剛才是否昏了頭，以為我回到了南端，在蒸騰的夏日中練習，努力要從採石場中找到出路？我強迫自己把心思拉回到當天早上與卡蘿的對話，想記起她對高山症所說的話。譫妄是不是高山症的紅色警報？我舉起一隻手，要大家放慢腳步，但接著我又想到這還有另外一個可能。我筋疲力竭，正大口吸氣，但卻憶起第一天在迷宮中的深刻印象，當時我們把驢子帶進樹林，卻不知道該怎麼才能出得來。我永遠不會忘記那一刻，那種不做就會死的感受讓我明白，如果我們真的要參加世界錦標賽，就非得征服對迷宮的恐懼。難怪在我想到最後這幾哩可能會超出我們承受的能力時，那印象又再度席捲而來。

「好，我現在好了。」我轉向美嘉說：「準備要在迷宮中找點樂子嗎？」

「一向如此，」她說。這是接下來幾哩路程中，我們所有人唯一的交談。我們低下頭，目不轉睛地盯著小徑，在感覺力氣消退時，強迫自己的心智保持敏銳，這段路程彷彿永恆，等我們抬起頭，看到前方可怕的陡峭山坡，簡直像是酷刑。接著我想起來：「那就是瑞克告訴我們的泥土岸嗎？」我問泰咪。

「我想是，當然是。沒錯。」

那意味著……

我們一起攀緣爬行，登上濕滑的堤岸，我們的腳踩著像沙子一樣柔軟的碎土。驢子自己衝刺振作起來，工具在鞍具上叮噹作響。我滑了一下，膝蓋著地，當我看到美嘉即將失去平衡時，我趕緊把手放在她的運動鞋下，作為立足點。我從沒有這麼想要爬上山坡，因為我有種感覺，我們會在山頂發現……

瑞克說得對。那座山是野獸，但是當我們征服它時，往下一望，就看到沿著前街一直到終點線的最後四分之一哩。「準備參加你的勝利大遊行了，雪曼？」我說。雪曼甩動鬃毛，一邊咬佛洛兒，不耐煩地等這些緩慢的人類開始前進。畢竟，牠有工作要做。「來吧，佛洛兒，」我叫道，然後把牠拉了回來。如果說有人今天真的到達終點，那就是美嘉和雪曼。我不知道雪曼會如何面對歡呼的人群，但是在美嘉帶牠往前，我們在街上小跑時，牠的頭揚了起來。我不用擔心該不該讓美嘉先走：雪曼一看到齊克在終點線等待，就像箭一樣發射……

只是瑪蒂達不肯讓牠搶先。牠弓身彈起，快速超越雪曼，領著我們越過終點線，成績是四小時零二秒，讓我們在五十二名先發選手中排名第二十八、二十九、三十。我的雙手落到膝蓋上，筋疲力盡，興高采烈，直到我抬頭，看到安珀和布萊德・萬恩。這一年來我們與雪曼一起經歷了很多事情，有時候覺得自己和我們永遠也無法真正明白的挑戰搏鬥，但比起他們經歷的一切來，這根本不算什麼。萬恩夫婦把他們的希望放在一頭驢子身上，現在他們的愛兒隻身奮鬥，而他們在那裡等待，心焦如焚，只希望他們做得對。

就在我努力想找出一些話來說時，安珀的眼睛亮了起來。就在前街的遠處，有一個小小的身影正穩步逐漸靠近。人群紛紛低語，然後歡呼聲逐漸增強，最後變成了吶喊。在班越過終點線時，歡呼聲震耳欲聾，聽不見播音員喊他的名字。但人人都看得到班襯衫上的文字，而在那一瞬間，我瞭解了在雪曼恢復健康，獲得新生活的機會後，牠心裡必然有的念頭：

相信我。我可以應付。

27　家就是有你與我同在的所在

幾個月後，我到譚雅家去，她正從馬具棚鑽出來，手臂上掛著一副馬鞍。我趕上前要幫她，但她揮手要我走開。「我沒事。」她說，「你去拿你的馬鞍。」

自譚雅發生意外以來已經將近半年，而我則因為要應付從科羅拉多回來的一切騷亂，還要為孩子們準備上學，以及做農場過冬的準備，所以這是我們頭一次真正有空聊聊，告訴她所錯過的一切。我們一回家，美嘉和我就帶她去吃烤肉慶祝，但要說的事太多，要吃的食物太多，因此我們才剛談了一些，譚雅就得回家照顧她的動物。譚雅家附近有一名少女來問她能不能教騎馬後，我們找到了再次聚會的絕佳機會。當然，譚雅把這當成去屠宰前最後一站拍賣會上搶救馬匹的機會，她救了一匹四肢細長的紅馬，取名「辣椒」，而由於我也有興趣學習，所以那天早上譚雅帶我去上第一堂課：花三個小時穿過迷宮，沿著鐵軌越過幾條小溪，並進入至少六個農場背後的牧場。這是譚雅在意外之後第一次和佛洛兒團聚，而我則要試著駕馭辣椒。

「你可以騎嗎？」譚雅把自己拉到佛洛兒的背上時，我問道。

她說：「只要是騎這頭寶貝就沒問題，驢子比馬穩得多，所以我應該沒事。」

頭一哩路程，我們都保持沉默，我跟在譚雅後面搖晃，竭盡所能記住她教的訣竅，並把我的臂部緊緊釘在馬鞍上，放下腳跟，學她保持平衡。從迷宮的一頭到另一頭，我幾乎無法放鬆，難以好好呼吸，但撐過那段雲霄飛車行程後，我終於可以安心向前，和譚雅並排，與她聊天。教人難以置信的是她後來又遭受了一次可怕的厄運：一根電線桿在雷雨中落到她的畜欄裡，電死了她最喜愛的拉車用馬。譚雅自己也差點送命，她在變壓器爆炸聲中跑到屋外，到最後一刻才突然想到不能用手去碰金屬門。不過最近有一點跡象顯示她的瘋狂倒運循環即將結束。她意外後恢復良好，部分原因是她與少女鄰居的騎馬課增強她背部的力量，而且讓她進入樹林，使她恢復了精神。她依舊忙著支撐她的農場，不過她在本地艾米許人社區中已有了口碑，有許多需要她運載的客戶，讓她能生存下去。

她很高興聽到和她一樣喜歡以粗獷風格騎馬的兩位女士，就像她的靈魂姊妹一樣。她們和我們結為冒險夥伴，所以我打算再過幾週，等我學會騎馬，就去看她們，一起去參加維吉尼亞的一場活動。譚雅也很想知道她的老朋友齊克百科全書最近的消息，他現在已帶著他的獨眼貓回到賓州州大，研究時間旅行，或者他主修的任何奈米／神經／核子材料。我很高興地向她報告，齊克已經從他與物理學的婚姻出軌，和真正的女人約會，當然這個消息是齊克以他獨特的風格告訴我的，他說：「她是偉大的數學家，」在接下來的詢問中，他才透露，哦，是的，她可愛熱情又機智。齊克的姊姊艾希琳也有好消息，她在賓州州大表現傑出，因此獲得費城最負盛名醫院的藥理學獎學金。

我也向譚雅敘述了那些參加驢子賽跑的年輕女性狠角色。路易絲．邱斯特雖然在世錦賽遭約翰．文森特淘汰，但兩週後她捲土重來，在布納維斯塔雪恥復仇。同時，原本應該已經死亡兩次的琳茲．

哈爾和哈瑞森在一場徑賽會上。

杜克則暫時擱置了她作為芭柏・杜蘭第二的未來，把重心放在學校和跑道上。她畢業時會是學校最好的運動員之一，也是全班頂尖，她會繼承母志，擔任護理工作。

但是那年冬天，琳茲失去了她一大粉絲：驢子賽跑部族最受愛戴的酋長柯提斯・伊姆瑞因心臟病發作驟逝，當時他正帶著自己最傑出的一頭驢子在丹佛參加全國西部牲畜展。哈爾・華特不知道該怎麼把這個消息告訴他的兒子哈瑞森。有許多次都是眼神銳利的柯提斯叔叔最先注意到哈瑞森正處於爆發的邊緣，於是他突然喊道：「小傢伙，你要開始發作了嗎？我們把它帶到外面！」歷盡滄桑的老牛仔和正在和自己掙扎的十一歲男孩於是雙雙衝出大門，在泥土裡翻滾，彼此角力，盡情發洩，直到哈瑞森心中沸騰的情緒終於緩和並消失。哈爾和哈瑞森一起和使他們心痛的問題奮鬥。跑步有幫助，等哈瑞森上高中時，他已經成為奇蹟人物。「哈瑞森現在被大學選入校隊，」哈爾驕傲地說：「他在同一場比賽中參加四百、八百、一千六和三千二公尺賽跑，沒有其他孩子能辦得到。」哈瑞森戴上很大一副降噪耳機，以免因觀眾的噪聲觸發情緒，由於他聽不到起跑槍響，因此是看身旁其他跑步選手的腳來起跑。在跑道外，他的隊友也非常保護他。哈爾告訴我：「有個養閹牛的老太太，名叫凱莉．馬丁（Kyleigh Martin），是個女牛仔。沒人敢欺負哈瑞森，因為怕凱莉會踢他們的屁股。」哈爾本人也越來越擅長指導哈瑞森參加徑賽，後來被聘為總教練，不久其他有各種神經問題的學生都來跟隨哈瑞森，加入團隊。哈瑞森仍然是火山——最近才有一名田徑隊員得躲在桌下和哈爾討論事情——但哈爾的生活卻有了巨幅的改變，他驚嘆說：「社區、目標、友誼、社交生活。誰會想到跑步竟成為讓他歸屬的門票？」

在愉快的越野騎乘中，譚雅和我分享了這些故事，我們度過一個美好的早晨——直到我向她描述雪曼的老主人來探望牠的那一天。

一天下午，我在屋後工作，突然瞥見樹木之間有人出現在房子後面，並往柵欄那裡移動。我緩緩走過去，心想大概是附近的孩子過來看山羊。但等我走近，卻突然感到一陣恐懼：那個動物囤積者就在這裡。他和他的妻子、女兒正倚在圍籬上，彈響手指，對著雪曼大喊。我趕快倒數了一下月分，已經兩年了嗎？不，還有一陣子，但是對著迷某個事物的人來說，這是小事。

「蓬毛！」他們叫道，「你不想過來打個招呼嗎？」

雪曼堅守陣地，躲在佛洛兒和瑪蒂達之間，距柵欄約五十呎遠。囤積者聽到我從大門走進來時，環顧四周。我決心不讓雪曼離開我們，因此知道場面不會很好看。囤積者的妻子首先開口告訴我，因為她的丈夫非常愛動物，所以她們帶他到馬里蘭州的一個小動物園過生日。在回來的路上，發現他們正好經過一位教友的住所，當初就是這位教友來交涉雪曼的解放，他們想到我就住在這條路附近，所以開車過來，發現了雪曼。他們一邊說，一邊一直回頭看著雪曼，再次試圖把牠吸引到柵欄這一頭來，但雪曼只是瞪著眼睛，一動也不動。

回到家，與雪曼跑步時，向鄰居揮手致意。

與雪曼同跑。

囤積者的妻子說：「牠看起來很好。爸爸，牠看起來不是很好嗎？」

囤積者答道：「我希望牠過來打個招呼。」他臉上的表情是如此難過，如此困惑和失落，教我立刻放下了因雪曼的病而對他起的一切責難。他對動物非常著迷，很高興和牠們為伍，因此他不知道自己的情感其實變成了病態。不過他和家人都可以清楚地看出，雪曼在牠的新家過得幸福得多，他們為牠高興。他們不是要來帶牠回去，他們是來說再見的。

譚雅喃喃地說：「幸好我不在那裡。」她比我更難以原諒故意對動物的罪行，即使犯行的人是出於善意。我們攀爬完往她家最後一段漫長的上坡，然後硬邦邦地從鞍座上滑下來，我們倆都全身痠痛，後悔該早一點閉上嘴，結束長得荒謬的旅程和聊天。我們兩個人都沒力氣和佛洛兒摔角，把牠塞進拖車裡，但不可思議的是，譚雅才

打開門，牠就自己走了進去

「嘖嘖，」譚雅驚奇地說，「你一定把牠教得非常好。」

但是幾分鐘之後，當我們來到往我家的山坡，佛洛兒一看到雪曼和瑪蒂達在柵欄前等她，我的祕密就破功了。佛洛兒興奮地嘶喊，接著牠們全都鬧了起來，三頭驢都唱出驢子的情歌。譚雅微笑著向我掃了一眼。她知道，我唯一真正教雪曼的是，牠永遠不會再孤單。

謝辭

一天下午，我剛駛進牙醫診所的停車場時，接到了《紐約時報》編輯塔拉・帕克—波普（Tara Parker-Pope）的電話。塔拉邀請我去普林斯頓大學和她的新聞系學生聊聊，在掛電話之前，她問道：「最近你在忙什麼？」她原本以為會聽到關於寫作的消息，但我滿心都是急著要拯救的這頭病驢。「這一定會是一本好書，」塔拉說。我告訴她，不，沒什麼可寫的，因為我甚至還不知道牠能不能活下來，她回答說：「這就是它為什麼會是偉大故事的原因。」她接著建議我為她寫一個關於動物與人夥伴關係的每週專欄，這就是「與雪曼同跑」的開端，也是書名的起源：我一直糾纏塔拉，提供其他許多書名，但她只是要我安靜，說：「信任你的編輯。書名就叫 Running with Sherman。」

我仍然不確定該怎麼寫這本書，後來我與我的經紀人 Inkwell Management 的 Richard Pine 談，他是個好人，但說起話來直言無諱，從不介意直指我的錯誤——我很確定他確實很喜歡這樣做，他不僅對一本講驢子的書很有興趣，而且還想出了副標題：「滿懷雄心壯志的毛驢」。

真完美。

我們向我在 Knopf 出版社的主編 Edward Kastenmeier 提出了這本書的想法，迄今為止，他在十三（！）年中引導我完成了三本書，而且他也一如以往，立即看出了這本書的潛力。這可能是我們一起完成最奇怪的努力，因為這個故事朝許多方向發展，牽涉到我關心的許多人，我非常感謝

Edward 一路給我的傑出指導。他很明智地聘請 Knopf 的重點人物 Caitlin Landuyt，讓她處理所有我做的最後改變和更正，以及添加的照片。Knopf 徵募人才的手段非常有效，因此吸引了這些才華洋溢的人才。

不知什麼原因，我在大西洋彼岸也同樣幸運。在《天生就會跑》還沒沒無聞之前，我就已經和 Profile Books 合作，這是我夢寐以求的合作關係。Andrew Franklin 及他的團隊對待我就像家人一樣，他們熱情而且不斷鼓舞我，但對於我該做的事，該賣的書，他們也絕不容情。我會想念因孩子而辭職的 Profile Master 的宣傳人員 Anna-Marie Fitzgerald（萬歲！），但我確定在各位讀到本文時，他們已經找到了另一個充滿活力的人加入。

我盡力把所有協助雪曼的人都記錄在這些篇幅中，但是幕後仍然有很多無聲的英雄，值得特別的掌聲，如 Don Korenkiewicz，Ruby Rublesky 和 Steve Farrah，在齊克和我各部位受傷，需要緊急替補人員來協助我們訓練驢子時，他們挺身而出。我們的鄰居使南端成了我們居住近二十年的神奇地點，他們突然見到我們每天早上帶著三驢幫沿路跑步時，眼皮連眨都沒眨。Boomsma 和 Metzler 兩家人在我們需要幫助時，永遠都伸出援手，而且我們也確實總是需要幫助。Gini Woy 不僅拍下了雪曼這張漂亮的封面照片，而且她的女兒 Stella 也認真考慮從高中輟學，參加專業的驢子賽跑。她會成為超級巨星。

我在書中已經談到關於柯提斯．伊姆瑞的許多內容，但那只是他應得讚賞的一小部分。我們失去他時，就像地球的一部分消失了一樣。對柯提斯和所有驢子賽跑社群的成員，我和雪曼銘感五內。

一起奔跑吧，小毛驢雪曼！

作者	克里斯多福．麥杜格（Christopher McDougall）
譯者	莊安祺
文稿編輯	林芳妃
責任編輯	何維民

版權	吳玲緯
行銷	吳宇軒　陳欣岑
業務	李再星　陳紫晴　陳美燕　葉晉源
副總編輯	何維民
總經理	陳逸瑛
發行人	涂玉雲
出版	麥田出版 104台北市中山區民生東路二段141號5樓 電話：（886）2-2500-7696　傳真：（886）2-2500-1967
發行	英屬蓋曼群島商家庭傳媒股份有限公司城邦分公司 104台北市中山區民生東路二段141號2樓 書虫客服服務專線：(886)2-2500-7718；2500-7719 24小時傳真服務：(886)2-2500-1990；2500-1991 服務時間：週一至週五09:30-12:00；13:30-17:00 郵撥帳號：19863813　戶名：書虫股份有限公司 讀者服務信箱E-mail：service@readingclub.com.tw 麥田部落格：http://blog.pixnet.net/ryefield 麥田出版Facebook：http://www.facebook.com/RyeField.Cite/
香港發行所	城邦（香港）出版集團有限公司 香港灣仔駱克道193號東超商業中心1樓 電話：852-2508-623 傳真：852-2578-9337
馬新發行所	城邦（馬新）出版集團【Cite (M) Sdn Bhd.】 41-3, Jalan Radin Anum, Bandar Baru Sri Petaling, 57000 Kula Lumpur, Malaysia. 電話：(603) 9056-3833 傳真：(603) 9057-6622 Email：service@cite.my

印刷	前進彩藝有限公司
電腦排版	洸譜創意設計股份有限公司
書封設計	兒日設計

初版一刷	2021年4月
定價	420元
ISBN	978-986-344-888-4

國家圖書館出版品預行編目資料

一起奔跑吧，小毛驢雪曼！/克里斯多福.麥杜格(Christopher McDougall)著；莊安祺譯. -- 初版. -- 臺北市：麥田出版：英屬蓋曼群島商家庭傳媒股份有限公司城邦分公司發行, 2021.04
368面；15×21公分
譯自：Running with Sherman : the donkey with the heart of a hero.
ISBN 978-986-344-888-4(平裝)

1.人生哲學 2.動物心理學

191.9　　110000959